George Cruikshank

Karikaturist

W0292114

Wilhelm-Busch-Museum Hannover
2. Oktober 1983 – 8. Januar 1984

Westfälisches Landesmuseum für Kunst
und Kulturgeschichte Münster
8. April – 19. Mai 1984

Hamburger Kunsthalle
16. August – 30. September 1984

Münchner Stadtmuseum
25. Oktober 1984 – 13. Januar 1985

Württembergischer Kunstverein Stuttgart
13. Februar – 30. März 1985

GEORGE CRUIKSHANK

1792–1878

Karikaturen zur englischen und europäischen
Politik und Gesellschaft
im ersten Viertel des 19. Jahrhunderts

VERLAG GERD HATJE

Die Ausstellung im Wilhelm-Busch-Museum Hannover
steht unter der Schirmherrschaft des
Niedersächsischen Ministers für
Wissenschaft und Kunst Dr. Johann-Tönjes Cassens

Die Wilhelm-Busch-Gesellschaft dankt dem
Britischen Museum London für die Überlassung
von 26 Leihgaben

Ausstellungsplan und Katalog:
Dr. Herwig Guratzsch
Katalogautoren: Ursula Bode, Marianne Müseler,
Dr. Jürgen Schultze
Redaktionelle Bearbeitung des Exponatenkatalogs:
Dr. Georg Ramseger
Mitarbeit: Dr. Jürgen Eyssen, Ingrid Haberland,
Monika Herlt
Photographische Arbeiten für die Schwarzweiß-
abbildungen: Jutta Görke

Herausgeber: Wilhelm-Busch-Gesellschaft e.V.
und Verlag Gerd Hatje Stuttgart, 1983
ISBN 3 7757 0190 7
© für Texte und sämtliche Abbildungen:
Wilhelm-Busch-Gesellschaft e.V.
Georgengarten · 3000 Hannover 1

Gesamtherstellung: Dr. Cantz'sche Druckerei,
Stuttgart-Bad Cannstatt
Offsetlithos: Repro-Technik Ruit GmbH, Ostfildern
Graphische Gestaltung: Peter Steiner

Abbildung auf dem Umschlag: Kat.-Nr. 41

Inhalt

George Cruikshank

Nach einer Zeichnung von Daniel Maclise

A. Croquis del.
Geo Cruikshank

Vorwort

Rauschender Beifall und immense Popularität – George Cruikshank im 19. Jahrhundert. Und dennoch haben die Ovationen seiner Zeit nicht hinübergereicht in unsere Tage. 1978 hätte man sich seines 100. Todestages erinnern können – aber weder eine Publikation noch eine Ausstellung nahmen davon Notiz. Cruikshank ist durch das Netz der allgemein verbreiteten Jubiläumsfreudigkeiten gefallen – und das trotz eines Werkes, zu dessen Dimensionen neben der Karikatur geistreicher Wortwitz und köstliche Illustrationskunst gehören. Auch das Wilhelm-Busch-Museum Hannover, das die kritische Graphik sammelnd und ausstellend seit drei Jahrzehnten auf seine Fahne schreibt, reagierte mit dem Plan einer Cruikshank-Ausstellung mehr auf einen Zufall als auf ein lang bedachtes Programm. Studiendirektor Ernst Heinrich in Nienburg bot 1980 dem Museum seine Cruikshank-Sammlung an: 160 hervorragende Blätter, altkoloriert und in ausgezeichnetem Zustand. Bei der Bearbeitung wurde deutlich, wie repräsentativ diese Sammlung das karikaturistische Œuvre des begabten Engländers, zu dem mehr als 1000 Blätter zählen, spiegelt. Erlesene Stücke darunter, die selbst in der umfänglichsten Cruikshank-Auflistung, der des Britischen Museums in London, fehlen. Vor 1960 befand sich die Sammlung noch bei Minto Wilson in England, dessen Passepartout-Bemerkungen, die wichtige Informationen bieten, erhalten geblieben sind.
Das große Konvolut von Cruikshank-Karikaturen, vermehrt um jüngere Zukäufe des Busch-Museums, brachte uns in die glückliche Lage, die erste Cruikshank-Ausstellung in Deutschland veranstalten zu können. Es gelang, zusätzlich 26 Leihgaben aus dem Britischen Museum London heranzuziehen. Mit insgesamt 176 Exponaten wird die politische und gesellschaftliche Situation in England und Europa zwischen 1807 und 1826 reflektiert. Der lockere Linienfluß dieses unerschöpflichen Engländers, seine Unverbrauchtheit in phantasievollen Anspielungen, sein galliger Hohn auf die Zeitgenossen aller Schichten, von der Krone bis zum Bettelmann, seine scharfsinnigen Entlarvungen von Torheit, Laster und Heuchelei und seine fulminanten Überzeichnungen lassen ihn zu einer ungewöhnlichen Entdekkung werden. Ursprünglich Autodidakt, sprengt er auf erfrischende Weise Traditionen und erreicht Ebenbürtigkeit mit den englischen Häuptern der Karikatur, mit Hogarth, Gillray und Rowlandson. Schon zu seinen Lebzeiten,

gewiß nicht ohne sein Verschulden, sank sein Stern als Karikaturist. Ende der zwanziger Jahre des vorigen Jahrhunderts brach er mit den Karikaturen ab, um sich die vierzig folgenden Lebensjahre als Illustrator und – mit geringerem Erfolg – als Maler einen Namen zu machen. Das verdeckte sehr bald seine frühere Berühmtheit als Satiriker. Möglicherweise aber sind seine Karikaturen von größerer Langzeitwirkung, weil ihr ätzendes Gift auch heute noch wirkt. Gewiß, der historische Abstand verklärt die seinerzeitigen Akteure und ihre Schwächen. Und doch würde auch heute die Versuchung der Machtträger groß sein, auf die scharfen Attacken eines Karikaturisten ähnlich zu reagieren wie in damaliger Zeit König Georg IV. von England. Er griff nach seinem Portemonnaie, um Cruikshank zum Schweigen zu bringen. Allerdings vergeblich. Weder glückte es ihm, die Auflage eines ihn schonungslos bloßstellenden Blattes aufzukaufen (Kat.-Nr. 87), noch reichten 100 Pfund Bestechungsgeld aus, um ihn von seinen Angriffen abzubringen (Kat.-Nr. 65). So sehr sich gesellschaftspolitisch in den seitdem verstrichenen 150 Jahren die Verhältnisse geändert haben – der Schärfe Cruikshankscher Aussagen ist nichts genommen, weil die menschlichen Schwächen, die er aufs Korn nimmt, die gleichen geblieben sind.
Das – und natürlich auch die historische Brücke zwischen dem hannoverschen und dem englischen Königshaus – ermutigte in ganz besonderem Maße die Vorbereitungsarbeiten zu dieser Cruikshank-Premiere. Sie wurde finanziell unterstützt durch das Niedersächsische Ministerium für Wissenschaft und Kunst – Minister Dr. Cassens ist dankenswerterweise Schirmherr – und durch die Zuschüsse der Stadt Hannover, die eine kontinuierliche Ausstellungsarbeit im Wilhelm-Busch-Museum ermöglichten. Daß der politische und gesellschaftsgeschichtliche Horizont dieses Themas für den Betrachter mit diesem Katalog präsent wird, danke ich Marianne Müseler, die schon bei der Inventarisierung der Blätter Graphik für Graphik zum Gegenstand historischer Interpretation machte. Unterstützt von Ernst Heinrich und Reginald Williams, dem Leiter der Bibliothek des Print-Rooms im Department Prints and Drawings im Britischen Museum, bilden ihre Arbeitsergebnisse die Grundlage für diese Publikation. Ohne die Mitarbeit von Monika Herlt, die zu den Angaben im Katalogteil viel beigetragen hat und ohne die Mithilfe von Dr. Jürgen Eyssen, Ingrid Haberland und Dr. Georg Ramseger, ohne die freundliche Bereitstellung prominenter Leihgaben aus dem Britischen Museum durch seinen Direktor Dr. John Rowlands, ohne die fotografische Tätigkeit Jutta Görkes und die stets fördernde Anteilnahme des Verlegers Gerd Hatje und seiner Mitarbeiterin Ruth Wurster wäre das Projekt in der vorgelegten Form nicht möglich gewesen. Ich danke allen Genannten für ihr hilfreiches Engagement und würde mich mit ihnen freuen, wenn dem lange vergessenen Karikaturisten aus Leidenschaft, wenn George Cruikshank spontane und anhaltende Resonanz zuteil würde.

Herwig Guratzsch

»Die Schlechten sind schlechter – die Guten sind besser« England zur Zeit George Cruikshanks

Ursula Bode

In seinem 84. Jahr tanzte er vergnügt und eifrig den »Hornpipe« (einen Seemannstanz), um jemandem seine exzellente Verfassung klarzumachen. Zwei Jahre später, noch kurz vor seinem Tod 1878, spazierte er wie stets durch die Stadt, die er nie für längere Zeit verlassen hatte: Von Hampstead Road aus ging er durch London, als hätte ihn das Alter vergessen; ein Mann, ein wenig unter Mittelgröße, mager, aber solide gebaut, eher langarmig als langbeinig, mit massivem Kopf und hoher Stirn, auf der einige bräunliche Locken kunstvoll drapiert waren. Seine Nase war prominent, sein Mund scharf geschnitten und – wie es hieß – von »seltsamen Ornamenten« geziert – nicht Schnurrbart noch Backenbart. Der ältere Herr – denn alt wollte er nicht sein – war George Cruikshank, der berühmte, wie seine Freunde gern hinzufügten.

Berühmt war er als Karikaturist, als Satiriker und Moralist, als Buchillustrator, als Radierer und Zeichner, der »tüchtigste Champion in seinem Fache«, ein trotz totaler Abstinenz strahlend heiterer Gentleman, wie man sagte: manchmal etwas störrisch, aber humorvoll; ein bißchen geschwätzig und dabei tief verwurzelt wie eine uralte Eiche in den uralten Vorurteilen der britischen Nation; entschieden exzentrisch, eigensinnig und grillig; gottesfürchtig, wahrheitsliebend, der Königin ergeben, kurz – ein ehrenwerter Engländer. Das war George Cruikshank im Urteil seiner Umwelt und der »Prinz aller guten Kerls« dazu.

Als der Journalist und Schriftsteller Blanchard Jerrold 1882 in seiner schmeichelhaften Biographie dieses Bild des von ihm verehrten Meisters entwarf, mußte er bereits davon ausgehen, daß des guten Kerls Berühmtheit schon geschwunden war, daß er einem breiten Publikum erst wieder ins Gedächtnis rufen mußte, was dieser »inimitable George«, dieser unnachahmliche Cruikshank, seiner Nation und seinem Jahrhundert eigentlich gebracht hatte: Gegenwart als Groteske, Sozialkritik in einer schier unermeßlichen Folge bitter komischer Ansichten aus dem Alltag, Anklagen gegen die Herrschenden in explosiven graphischen Kommentaren. Daß Cruikshank nach den wilden Karikaturen-Zeiten seiner Jugend ein tüchtiger Buchillustrator gewesen war, mag Jerrolds Lesern noch eher bekannt gewesen sein. Freund Dickens' *Oliver Twist,* Werke von Smollett, Fielding, Sterne und Cervantes, aber auch Chamissos *Peter Schlemihl* oder die englische Ausgabe der Grimm-

45
Princely Agility or the Sprained Ancle
Unser behender Prinz,
oder: Der verstauchte Knöchel

schen Volksmärchen waren schließlich gesicherte kulturelle Werte und weniger vergänglich als die volkstümlich deftigen Karikaturen für den täglichen Gebrauch oder die satirisch-humoristischen Radierungen und Holzstiche in Buchform.
Der von 1835 an in neunzehn jährlichen Folgen erscheinende *Comic Almanack* gehört dazu, mit Cruikshanks insgesamt 250 Kommentaren zu »tatsächlichen und mutmaßlichen Ereignissen«, so Jerrold. »Shrewdest exposures of folly and vice and cant and of his original fancy« (scharfsinnige Entlarvungen von Torheiten, Lastern, Heuchelei und von erfinderischer Einbildungskraft) nennt der Biograph sie, »his happiest bits of observation«. Diese glücklichen Beispiele ausgeprägter Beobachtungsgabe finden wir in Cruikshanks gesamtem Werk. Wir sehen sie, trotz mancher Hand-in-den-Mund-Arbeit. Und manchmal beobachtet der unnachahmliche George sogar präzise, was er gar nicht kannte: Nach den erfolgreichen, zusammen mit seinem Bruder gestochenen Szenen zu *Life in London* von Pierce Egan (1820) setzt er zwei Jahre später mit *Life in Paris* nach.
Die Fähigkeit zur nüchternen, wenngleich wertenden Beobachtung, zum direkten Zugriff auf die Realität (und der Ansicht, daß nichts und niemand die eigene Nation und das eigene Land übertreffen könne), zählt Nikolaus Pevsner in seinem Essay über das »Englische in der englischen Kunst« zu den bedeutsamen Aspekten seines Themas. Er führt dazu auch William Hogarth als Beispiel an, den Maler und Zeichner des 18. Jahrhunderts, der sich nicht als Karikaturist, sondern als Schöpfer von Charakteren sah, gleichwohl aber der großen Zeit der englischen Karikatur um 1800 bestimmend vorausging. Hogarth, im großen Stil der Historienmalerei wenig erfolgreich, entschied sich, so zitiert Pevsner, seine »Gedanken einem neuartigen Weg des Vorwärtskommens zuzuwenden, nämlich dem Malen und Stechen moderner moralischer Gegenstände, einem noch in keinem Land und zu keiner Zeit beackerten Feld«; solche Gegenstände, fand der Maler, würden »unterhalten und den Geist fördern«, zugleich aber von allgemeinem Nutzen sein. Hogarths Haltung entspricht der seiner Zeit, der europäischen Aufklärung, und ist doch, so Pevsner, in seiner kühlen Selbstbeschränkung ganz und gar englisch. »Ich sähe mir lieber das Porträt eines Hundes an, den ich kenne, als alle Allegorien, die Sie mir zeigen können«, soll Dr. Samuel Johnson, Hogarths Zeitgenosse und das literarische Gewissen seiner Epoche, geäußert haben.
Cruikshank, der späte Nachfahre, hat sich sein Leben lang an die modernen moralischen Gegenstände gehalten, sie umgesetzt in die zeitgemäße Sprache satirischer Überzeichnung – Beobachtung und Moral, schnell genießbar und unterhaltsam. Als er um die siebzig war, wollte er noch mehr: Er malte ein großes Ölbild mit dem Titel *Der Triumph des Bacchus,* und in diesem vom Publikum mit wenig Interesse an dem Alternden aufgenommenen Werk verbanden sich nun die künstlerischen Ambitionen eines Veteranen grotesker Hausmannskost mit dem Realitätssinn des geübten Beobachters,

»The Rose and The Lily« Titelblatt zum gleichnamigen Märchen von Mrs. Octavian Blewitt, 1877

wobei auch das vehemente Sendungsbewußtsein des »Teetotalers«, des Abstinenzlers, hinzukam. Denn dem Tabak und dem Alkohol schwor Cruikshank in seinen letzten dreißig Jahren so heftig ab, wie er ihnen zuvor fröhlich und ungebrochen gehuldigt hatte.

Seine letzte Buchillustration erschien 1877, ein Jahr vor seinem Tod: Es war eine Radierung, das Titelblatt zu *The Rose and the Lily,* einem viktorianischen Märchen von Mrs. Octavian Blewitt, 1873 vom Künstler gestochen: ein freundlicher Elfenreigen als milder Abschiedsgruß, mit dem kleinen Zwinkern eines amorphen Ungeheuers, das im stillen See ruht wie ein sanfter Hinweis darauf, daß »Georgie« auch ganz anders konnte.

»Some smiling offspring of painful labour« (ein lächelndes Ergebnis schmerzhafter Arbeit) nannte William M. Thackeray das Werk des Freundes. Der Romancier und kritische Gesellschaftsschilderer, der auch als Journalist arbeitete, hat bis zu seinem Tod 1863 den Zeichner wohlwollend begleitet. 1840, als knapp Dreißigjähriger, pries er den Renommierten in einem umfänglichen Beitrag in der *Westminster Review* und bewunderte darin dessen Arbeitskraft und Unabhängigkeit mit gravitätischer Feierlichkeit. Kein Wunder, die Zeiten hatten sich verändert. Die junge Königin regierte schon drei Jahre, und verschwunden waren die Leichtigkeit, auch die Leichtfertigkeit einer Epoche voller Widersprüche und Seltsamkeiten – jenes Regency, die Zeit der Regentschaft des »Ersten Gentleman Europas«, des Prince of Wales, der als Georg IV. noch zehn Jahre bis 1830 regiert hatte.

Thackeray, 1811 geboren, hat sich in dem 1848 erschienenen Roman *Vanity Fair* (Jahrmarkt der Eitelkeiten) der Zeit um 1815 sarkastisch angenommen, mit einer Brillanz und Treffsicherheit in der Schilderung gesellschaftlichen Lebens, in dem stets auch ein puritanischer Ton mitschwingt – der des viktorianischen Gentleman und reputierlichen Mitglieds des Athenäum Club ebenso wie der des politisch Liberalen, der sich zum sozialen Fortschritt bekannte und dem die aristokratischen Ausschweifungen und konservativen

Repressalien seiner Jugend ein Greuel waren. In seinen frühen Jahren, so heißt es, war Thackeray ein hemmungsloser Spieler und Lebemann, und dies wird niemandem als etwas Außergewöhnliches erscheinen, der die ersten Jahrzehnte des 19. Jahrhunderts betrachtet.
Cruikshank (Abbildung Seite 7), am 27. September 1792 geboren und zusammen mit seinem drei Jahre älteren Bruder Isaac Robert Lehrling und Erbe seines Vaters Isaac, der einen Namen hatte als deftiger Kommentator öffentlichen Lebens, war mehr als Thackeray ein Kind dieser bemerkenswerten Zeit. Sie liegt zwischen dem aufgeklärten 18. Jahrhundert, das England nach dem »Goldenen Zeitalter« agrarischer Blüte eine erste industrielle Revolution brachte, und dem Viktorianischen England, das mit einer Tüchtigkeit ohnegleichen und puritanischem Gottvertrauen zur wirtschaftlichen und politischen Weltmacht wurde und dabei mit den Höhenflügen wie den sozialen Schwierigkeiten einer zweiten industriellen Revolution konfrontiert wurde. Jahrzehntelange Kriege, die in der Bezwingung Napoleons durch die Alliierten 1815 in Waterloo kulminierten, hatten das Königreich geschwächt und seine wirtschaftliche Lage empfindlich untergraben. Sie hatten nicht zuletzt unter dem Eindruck und Einfluß der Französischen Revolution das englische Volk aufgestört. Die Regentschaft des Prince of Wales fällt mit einer unsicheren Phase in der Geschichte Großbritanniens zusammen: Was überliefert war, blieb noch; was neu war, hatte die Gesellschaft noch nicht angenommen.
In seiner höchst lebendigen Studie *(The Prince of Pleasure and his Regency 1811–20),* die 1969 in London erschien, hat J. B. Priestley diese Epoche mit einem Hügel zwischen zwei Plateaus verglichen. Die Phänomene und einige jener handelnden Personen, die darauf ein unerhörtes Schauspiel entfalteten, hat der Schriftsteller in einem Zeitbild komprimiert:
»Das Regency war vergleichsweise kurz, aber die Epoche besaß Charakter, Atmosphäre und Klang – alles in ganz spezifischer Weise. Nichts war beständig: Auf der einen Seite der Straße mochte man die Evangelisten sehen, die Pedanten und die Prüden und hinten auf der anderen die Spieler, die extravaganten Dandies, die trunkenen Weiberhelden, die alle – wie Prinzessin Caroline in Italien – einen letzten Ausbruch völliger Freiheit erlebten. Dieses Zeitalter schwankt zwischen den Extremen der Eleganz und Verfeinerung und dem Dunkel von Brutalität und Elend. Es erscheint in einem Moment erschreckend und im nächsten bezaubernd. Alles und jedes kann sich ereignen. Im Norden erfinden und installieren einige Leute neue Maschinen, während andere mit gewaltigen Hämmern nächtens darangehen, sie wieder zu zerstören. Wellington läßt fünfzig Mann auspeitschen, während Wordsworth gedankenverloren eine Pflanze betrachtet. Jane Austen schickt ihren Verlegern *Mansfield Park;* Lady Caroline Lamb sendet Lord Byron ein wenig von ihrem Schamhaar. Wilberforce klagt den Sklavenhandel an, und Beau Brummell (Abbildung Seite 15) ebenso ernsthaft eine schlecht gebundene Krawatte. Unter einem Dach denkt Jeremy Bentham über alle Maßen Ver-

George »Beau« Brummell

nünftiges, während unter einem anderen William Blake von Erzengeln heimgesucht wird. Hannah More unterrichtet die ›guten Armen‹, während Harriette Wilson die bösen Reichen unterweist. Die Sonne kämpft sich durch den Londoner Dunst und scheint auf Lord Castlereagh wie auf Percy Bysshe Shelley. Davy und Faraday kommen zu neuen wissenschaftlichen Erkenntnissen, und sie werden von Ärzten behandelt, die aus dem Mittelalter zu stammen scheinen.
In einer Stadt, in der viele Leute es für unpassend halten, am Sonntag in einem Boot zu rudern, verlieren junge Adlige 25 000 Pfund in einer Nacht bei Watier; kleine Jungen von sechs Jahren werden gezwungen, Schornsteine zu fegen; Prostituierte von vierzehn durchstreifen die Straßen. Unten in Brighton in seinem phantastischen Pavillon sieht die öffentliche Meinung den Prinzregenten Orgien feiern, vermutlich mit entführten Jungfrauen; in Wirklichkeit sitzt er mit gelöstem Korsett überm Curaçao-Likör und imitiert Kabinettsmitglieder, um Großmütter, seine Favoritinnen, zu amüsieren ... Die Führer der Tories ergreifen Maßnahmen, um jede Opposition zu unterdrücken, und gleichzeitig brüllen Gruppen von Menschen vor den Graphik-Läden vor Lachen über Karikaturen eben dieser Politiker. Burschen, die mit saurem Brot und alten Kartoffeln aufgewachsen sind, gehen und befehligen die Meere und helfen, Napoleons Marschälle aus Spanien zu vertreiben. Und zwischen diesen Extremen und aus dieser reichen Vielfalt heraus schoß wie ein Springbrunnen die größte englische Dichtung seit Shakespeares Zeiten empor« (Abbildung Seite 11).
Eine Zeit der Extreme. Eine Zeit, die gegen Ende des 18. Jahrhunderts aufbrach aus der ruhigen Klarheit der Aufklärung, die vorwärtsdrängende Kräfte entwickelte und ein hohes Maß an Individualismus – und das betraf die Politik und Wirtschaft wie die Künste. Die Zeit zwischen 1780 und 1820, so meinten viele während dieser Jahre, sei eine Epoche wachsenden Übels. »Die Sozialreformer hatten schreckliche Tatsachen herausgefunden«, heißt

es in M. Dorothy Georges Untersuchung *London Life in The Eighteenth Century* (1925/1965): »Und die politischen Reformer sahen sich mit der Reaktion konfrontiert, während die Konservativen sich bewußt waren, daß die Welt sich unter dem Einfluß revolutionärer Ideen ändern mußte. Die alte ›John-Bullish-, Roast-Beef-of-Old-England-Selbstzufriedenheit‹ des mittleren 19. Jahrhunderts nahm seinen Anfang.«
John Bull, das Symbol des behäbigen Engländers, blieb (auch den Karikaturisten) erhalten, doch ihn umgab nun ein Dschungel der Zügellosigkeiten und auf der anderen Seite moralische Reform- und religiöse Erneuerungsbewegungen. »Es scheint mir«, notierte 1917 Hannah More, Schriftstellerin und Erzieherin zum rigiden Christentum, »daß die zwei Möglichkeiten des Charakters entschiedener ausgeprägt sind als jemals zuvor: die Schlechten sind schlechter, die guten sind besser.« Hannah More, Parteigängerin des weitaus gewandteren Wilberforce, erklärte sich in ihren vielgelesenen Büchern über praktische Frömmigkeit und christliche Moral in einer Weise, die dem leichtlebigen Teil ihrer Mitbürger absurd erscheinen mußte. Nicht nur, daß ihre und ihrer Mitstreiter Kampagne gegen die Entheiligung des Sonntags ihre Wirkung nicht verfehlte (was bis heute in Großbritannien schmerzhaft zu spüren ist). Nein, sie kannte noch ganz andere eherne Gesetze: »Die Vergnügungen eines Christenmenschen dürfen nicht so geartet sein, daß sie jene Leidenschaften erwecken, die er doch unterdrücken muß; sie dürfen weder den Zustand reiner Geistigkeit behindern, noch die Lust des Fleisches, die des Auges oder irgendwelchen Übermut des Lebens entzünden.«
Was für eine Zeit für kritische Geister, was für Futter für Karikaturisten, die im übrigen vor allem in London auf Jagd gingen – so wie der Vater und die Söhne Cruikshank (Abbildung Seite 17).
Dabei war England trotz immenser Industrialisierung, zum Beispiel im nördlichen Kohlenrevier oder im Textildistrikt von Yorkshire, immer noch weitgehend vom Leben auf dem Lande bestimmt. Um 1815 lebte nur ein Fünftel der englischen Bevölkerung in Städten mit über 50 000 Einwohnern. London, die Metropole, war jedoch zur Millionenstadt geworden, ein überwältigendes Konglomerat von Straßen und Häusern, mit den Vierteln der Reichen im Westen und den engen Arbeiterquartieren im Osten. London, mit seiner vielbewunderten Gasbeleuchtung bereits 1807, hatte seine entschieden dunklen Seiten, auch wenn zum Beispiel der Alkoholmißbrauch – vor allem der übermäßige Genuß von Gin – im Verhältnis zum 18. Jahrhundert unter den Kleinbürgern und Arbeitern zurückgegangen war. (William Hogarth beschwor damals mit seinem Zyklus »Gin-Lane« die entsetzlichen Folgen der Trunksucht.) Wohnverhältnisse, Gesundheitswesen, die Lebensbedingungen der unteren Klassen hatten sich gegenüber dem »Goldenen Zeitalter« des 18. Jahrhunderts jedoch verbessert. Der Rückgang der Kindersterblichkeit wurde dafür gern angeführt: Es überlebte nicht länger nur eines von hundert Kindern armer Leute sein erstes Lebensjahr; es waren einige mehr.

George Cruikshank »Ein Besuch bei meinem Onkel & Ein Besuch bei meiner Tante« (Kat.-Nr. 173)

Die Sozialreformer, auch die Mediziner, konnten sich zu Beginn des 19. Jahrhunderts verhältnismäßig zufrieden über ihre Hauptstadt äußern. London war zwar durch die wirtschaftlichen Beschränkungen der Napoleonischen Kriege, der Isolation von kontinentalen Märkten, hoher Steuern, hoher Preise und Lebenshaltungskosten wegen außerordentlich belastet gewesen, doch Befriedigendes ließ sich dennoch finden: William Place, sozial engagierter Historiker, begründete dies 1824 so: »Vieles (an der positiven Situation) ist auf die verbesserte Gesundheitspraxis zurückzuführen, vieles auf die Steigerung von chirurgischen und allgemein medizinischen Kenntnissen, viel auch auf Veränderungen, die nicht nur in London stattgefunden haben, sondern im ganzen Land, und die in den Gewohnheiten der arbeitenden Klassen begründet sind; diese Leute sind entschieden moralischer und mäßiger geworden, sauberer, was ihre eigene Person und ihre Behausung angeht, als sie vorher waren, besonders die Frauen, was zum Teil ein Erfolg der Baumwollindustrie ist und zum Teil an der wachsenden Kenntnis der Haushaltsführung und Kindererziehung liegt. Ungeachtet des Lasters, des Elends und der Krankheit, die es immer noch in großem Maße in London gibt, hat deren allgemeine Vorherrschaft doch abgenommen.«
Nehmen wir nun – bei allen sozialen Errungenschaften – das unübersehbare Elend vieler Bürger mit ihren schlechten Wohnbedingungen, niedrigen Einkommen und geringen Lebenschancen und stellen dem den irrlichternden Glanz der Epoche, das Londoner Westend, die Lebensgewohnheiten des schillernden Hochadels und des gehobenen Bürgertums gegenüber, dann

stehen wir wieder vor den Extremen der Epoche: das Dunkle und das Helle und beides potenziert. Das sahen die frommen Evangelisten, das sahen die Sozialreformer, das sah überhaupt die aufstrebende »middle class« – der im übrigen in England der Zugang zum Adel nicht sonderlich schwer gemacht wurde, sofern Geld, Einfluß, Tüchtigkeit oder sonstwie erstrebenswerte Eigenschaften eingebracht werden konnten.
Diese »middle class« bildete schon seit einem Jahrhundert das bürgerliche Lesepublikum für Buchveröffentlichungen, für vielfältig orientierte Zeitungen und Zeitschriften, Almanache, natürlich auch für Karikaturblätter. Um 1815 – dem Jahr der endgültigen Befreiung von Napoleon und dem Höhepunkt der Regency-Ära – gab es im Vereinigten Königreich rund 250 Tageszeitungen, wobei die meisten in ihrem Einfluß auf ihren jeweiligen Erscheinungsort beschränkt waren. In der Hauptstadt erschienen allein acht Morgen- und acht Abendzeitungen sowie einige andere, auf spezielle Vorlieben wie Auktionen oder Weinhandel zugeschnittene. In diesem Jahr erhöhte die Tory-Regierung – die der konservativen, vom Landadel geprägten, schon im 18. Jahrhundert regierenden Partei – die Drucksteuern so empfindlich, daß der Verkaufspreis der Zeitungen fast um das Doppelte stieg. Die Opposition der liberalen, reformerischen, von Hochadel wie Bürgertum getragenen Whig-Partei konnte mutmaßen, dies sei ein Akt gegen jene Masse ärmerer Zeitungskäufer, die so von gefährlicher (weil liberaler) Propaganda abgeschnitten werden sollte.
Mit diesem Schlag halfen die Tories ungewollt billigen, reißerischen Massenblättern auf den Weg. Den blühenden Markt der Karikatur, der etwa George Cruikshank (und vor ihm James Gillray und Thomas Rowlandson) zu enormer Popularität verholfen hatte, konnte die Regierung offensichtlich nicht angreifen. Schon Zeitgenossen mutmaßten, daß sie es auch nicht wollte – gleich, ob Tories oder Whigs regierten. Denn in der Karikatur, in der satirischen Überzeichnung der Alltagsskandale, der Gegenwartsprobleme und politischen Forderungen konnte sich der Unwillen der Hauptstadt-Bürger artikulieren, konnten revolutionäre Ideen über den Weg komischer Kommentierung aufgefangen werden. Die »Riots«, die Aufstände Hungernder und die der um ihre Lebens- und Arbeitsbedingungen kämpfenden Arbeiter im England des frühen 19. Jahrhunderts, fanden nicht in London statt, sondern in den eigentlichen Industriestädten. »Peterloo«, der von Truppen blutig niedergeschlagene Aufstand unbewaffneter Männer, Frauen und Kinder am 16. August 1819 in St. Peter's Fields, Manchester, war ein Fanal – ein schwarzes Ereignis des Regency und der Politik von Innenminister Lord Sidmouth.
Zeitungen, so scheint es, gehörten zum englischen Leben wie das Frühstück. (Man lese nur die Romane der Zeit, die in der Provinz wie in der Metropole eine wichtige Rolle spielten.) Schmähschriften wurden dazu nur allzugern aufgenommen. Karikaturen hatten ihr Publikum quer durch die Bevölkerung. »Vieles im Journalismus dieser Zeiten war von einer Art, die keine

Dame von zartem Gemüt laut lesen würde und die kein Gentleman, so lebensfroh er sein mag, in Anwesenheit einer Dame zu lesen wagen würde.« Der sich da erinnert, ist ein viktorianischer Chronist.

Was auch immer der prüde Herr im Sinn gehabt haben mag – Zeitungen und kritische graphische Kommentare des Regency können etwas Tolldreistes haben; sie zeichnen sich aber auch durch erfrischende, blitzende Frechheit aus, durch Zivilcourage und durchaus hohe Ziele. Man liest zudem nicht ohne Heiterkeit, daß George Cruikshank in den hohen Zeiten seines Temperenzler-Überschwangs so gern beteuerte, wie sehr er eigentlich von früher Jugend an gegen den Alkohol gewesen wäre.

Wenn es um Zivilcourage und um die Presse geht, so darf hier ein Fall nicht fehlen, der überdies vorteilhaft zum Hauptakteur seiner Epoche, dem Prince of Wales, überleitet: Im Jahre 1808 hatten die Brüder John und Leigh Hunt – letzterer Kritiker, Essayist und Poet – in London die liberale Wochenschrift *The Examiner* gegründet, ein von der Tory-Regierung mit Mißtrauen beäugtes Presseerzeugnis. Im März 1812 berichtete die Zeitung *Morning Post* über ein politisches Essen mit dem Prinzen, nicht ohne ihn als den »Ruhm des Volkes« und einen »Adonis in all seinem Liebreiz« hinzustellen. Leigh Hunt benutzte den Anlaß, zum einen die liebedienerischen Kollegen aufs Korn zu nehmen, zum anderen aber mitzuteilen, daß der Regent kein Adonis sei, sondern ein korpulenter Herr von Fünfzig, daß er überdies als schändlicher Wüstling gelten könne, der seine Verpflichtungen mißachte, ein Kumpan von Spielern und Halbweltleuten sei ...

Dies brachte die Brüder Hunt vor Gericht und für zwei Jahre ins Gefängnis – eine Strafe, die sie vorzogen anzunehmen, statt mit einer Entschuldigung davonzukommen, wie ihnen avisiert worden war. Und wie Regency-Leben so ist: Die Verurteilten durften sich in der Haft wie zu Hause fühlen. Leigh Hunt bewohnte einen angenehm möblierten Raum, versorgt »mit einem nie abreißenden Strom von Blumen«, er hatte seine Bücher und sein Klavier dabei, gab seine Zeitschrift heraus und wurde ständig von Familie und Freunden besucht.

Der Wüstling jedoch, den er beleidigt hatte, indem er aussprach, was viele dachten, besaß auch noch andere Seiten, und es ist kaum möglich, die Facetten dieser komplexen Persönlichkeit hier zusammenzubringen. Er war ohne Zweifel jemand von dem Kaliber, in das ihn die *Times* zu seinen Lebzeiten einzuordnen beliebte: »... ein Mann ..., der jederzeit ein Mädchen und eine Flasche der Politik und den Predigten vorzöge.« Er war wohl auch, wie Priestley meint, »a giant child«, ein überdimensionales Kind: auf absurde Weise extravagant, verschwenderisch, egozentrisch, gedankenlos, willensschwach und ohne jede Festigkeit, unfähig, Vorsätze einzuhalten und überdies eher unpolitisch und Einflüsterungen ausgeliefert. Wer nicht gerade die Ehre, vielleicht manchmal auch das Vergnügen hatte, Begleitpersonal und Nutznießer seiner zahllosen Eskapaden und seines unglaublich luxuriösen Daseins zu sein, konnte das wirklich nicht gutheißen. Den Untertanen seiner

Nichte, der Queen Victoria, leuchtete dieser Regent im nachhinein nicht im mindesten ein.
Thackeray, der Viktorianer aus dem Regency, hat den Monarch in einer seiner Satiren der »Snob Papers« (1848 im *Punch* erschienen) ein literarisches Denkmal gesetzt, nicht unähnlich dem Bildnis der Karikaturisten, vor allem Cruikshanks: »Mit einem Wort, sollte nicht der Lebenswandel des ersten Gentleman von Europa derart sein, daß seine Biographie in höheren Töchterschulen und Unterrichtsanstalten junger Leute zu aller Nutzen gelesen werden könnte? ... Wenn Georgius ein Standbild in dem neuen Palast ... erhalten soll, so sollte es im Lakaienhaus errichtet werden. Man sollte ihn darstellen, wie er ein Gewand zuschneidet, in welcher Kunst er es ja, wie es heißt, zur Vollendung gebracht hat. Er hat auch den Maraschino-Punch und eine Schuhschnalle erfunden (das geschah in der Vollkraft seiner Jugend und der Blüte seiner Erfindungsgabe) und einen chinesischen Pavillon, das scheußlichste Bauwerk der Welt. Er konnte ein Vierergespann fast ebenso gut lenken wie der Postkutscher von Brighton, focht elegant und war angeblich ein guter Violinspieler. Und er lächelte so unwiderstehlich, daß jeder, der in seine erhabene Nähe kam, ihm mit Leib und Seele zum Opfer fiel, so wie ein Kaninchen die Beute einer großen Boa constrictor wird ...«
Die Meinung des Satirikers Thackeray unterscheidet sich nicht von der des Historikers und Essayisten Thackeray, wenn er die Hannoveraner auf Englands Thron in *The Four Georges* um die Jahrhundertmitte noch einmal kritisch betrachtet. Doch bevor es in der Karriere des schmucken Prinzen Georg zum »Prince of Pleasure«, dem Opfer aller Karikaturisten, weitergeht, sei hier kurz etwas zur Geschichte der 137 Jahre dauernden Regierung dieser Könige aus dem Hause Hannover gesagt. Der Prince of Wales hat zwar Hannover (als König) einmal besucht – man ging zur Jagd, er lud Metternich ein, um mit ihm zu plaudern, und bald langweilte er sich –, doch es gehörte zu seinen irritierenden Vergnügungen, in späteren Jahren Stuart-Könige offen zu bewundern und seinen Krönungsfeierlichkeiten 1820 ein opulentes Gepränge im Stil der ersten Königin Elisabeth zu geben. Immerhin konnte er 1814 – zusammen mit den prächtigen Feiern des vermeintlichen Siegs über Napoleon – auch das Fest des hundertjährigen Regierungsjubiläums der Hannoveraner in London feiern. Diese von Feuerwerk und Volksbelustigung erfüllten Tage und Nächte erschreckten übrigens die Kühe im Hyde Park und Green Park so sehr, daß sie vorübergehend ihre Milchproduktion einstellten.
Doch nun zum »House of Hanover«: Georg I. (1660–1727), mit dem die Herrschaft der hannoverschen Kurfürsten begonnen hatte, war als Sohn der pfälzischen Kurfürstin Sophie und damit als Urenkel Jakobs I. von England auf den englischen Thron berufen worden. Die letzte Stuart-Königin Anne hatte keine Erben, und ein protestantischer Nachfolger mußte gefunden werden. Georg I., von dessen totaler Unkenntnis der englischen Sprache und dessen Vorliebe für dicke deutsche Mätressen selbst seriöse Lexika berichten, trat politisch hinter Parlament und Kabinett zurück.

Joshua Reynolds
»Georg III. als
Prince of Wales«
1759

Georg III. als
alter Mann
in Schloß Windsor
(zeitgenössische
Radierung)

Georg II. (1683–1760), noch in Herrenhausen, der Sommerresidenz bei Hannover geboren, Stifter der Universität Göttingen, hatte im Siebenjährigen Krieg nur wenig Verständnis für die weltpolitischen Interessen seines Landes. Unter William Pitt d. Ä., einem der großen Premierminister Englands, wurde Kanada erobert. Georg III. (1738–1820), sein Enkel, wird im Gegensatz zu seinen beiden Vorgängern als vorbildlicher Gatte und Vater von fünfzehn Kindern gerühmt. »Farmer George«, wie das Volk ihn nannte, verließ England nie, lebte ein beschauliches Familienleben, versuchte aber ohne Erfolg, seine königliche Rolle in der Politik zu stärken. Seine starr konservative Haltung führte zum Verlust der amerikanischen Kolonien. Das Schwergewicht politischer Macht lag bald wieder beim Parlament, dessen Ministerpräsident der Tory William Pitt d. J. wurde. Georg III. litt um die Jahrhundertwende mehr und mehr unter den Folgen einer erblichen Stoffwechselkrankheit, der Porphyria, die die Psyche des Königs verwirrte. Er verbrachte seine letzten zehn Jahre im Schloß Windsor, ein wiedergeborener König Lear, blind und taub, heimgesucht vom Wahn, seinen mal friedlichen, mal schrecklichen Gesichten preisgegeben.

Die eigentliche Krankheit und Ursache seiner Verwirrungen hat die medizinische Forschung durch die Entdeckung der Porphyria erst in den dreißiger Jahren unseres Jahrhunderts diagnostiziert. Vorher galt Georg III. schlicht als verrückt, und wenn seine Untertanen den freundlichen, zunächst milde exzentrischen Familienvater in Windsor auch bedauerten, so konnte »Wahnsinn« das Vertrauen in die Königsfamilie nicht gerade stärken. Die Krankheit Georgs III. machte seinen ältesten Sohn Georg (1762–1830) zunächst zum Prinzregenten (1811) und 1820 zum König Georg IV. Der erste Gentleman Europas hatte sechs Schwestern und acht Brüder, von denen zwei als Kinder starben. William, Herzog von Clarence, wurde als William IV. 1830 für sieben Jahre sein Nachfolger. Und Edward, Herzog von Kent, wurde der Vater jenes liebreizenden Kindes, das dem kommenden Zeitalter seinen Namen geben

Prinzessin Victoria

John Russell »Georg IV. als Prinz von Wales«

sollte: Victoria. Denn der Prinzregent und König hatte keine (legitimen) Nachkommen. Seine Tochter Charlotte aus der unglückseligen Ehe mit Caroline von Braunschweig, Georgs Cousine, war 1817 bei der Geburt eines (toten) Kindes gestorben. Die hübsche, durchaus populäre Prinzessin war ihrerseits in mannigfache Heiratshändel mit jungen Prinzen des europäischen Hochadels verstrickt gewesen, bis sie 1816 den Prinzen Leopold von Coburg geheiratet hatte – ausnahmsweise (in diesen Kreisen) für ein stilles, kurzes Glück.

Es führt zu weit, den Lebenswegen aller Kinder Georgs III. zu folgen. Niemand könnte sagen, daß sie übermäßig glücklich verlaufen seien, der strengen und gottesfürchtigen Erziehung von »Farmer George« und seiner Frau Charlotte von Mecklenburg-Strelitz zum Trotz. Schulden hatten sie alle, die jungen Herzöge, und manch einer wurde von der radikalen Presse nur als teurer Clown gehandelt – als gefährlicher, wie der erzkonservative Duke of Cumberland, dem düstere Dinge nachgesagt wurden und der 1837 König Ernst August von Hannover werden sollte, weil es hier keine weibliche Thronfolge gab. Als eher ruhiger Clown und jovial lärmender Seemann im Ruhestand galt William, Duke of Clarence; er lebte friedlich mit seiner Mätresse, einer Schauspielerin, und ihren gemeinsamen zehn illegitimen Kindern und heiratete nach dem Tod der Lebensgefährtin 1818 Adelaide von Sachsen-Meiningen. Nach dem Tod der Thronfolgerin Charlotte beeilten sich weibliche wie männliche Mitglieder der königlichen Familie, auf ihre ziemlich alten Tage noch einen Erben zu präsentieren. (Cruikshank hat solche Bemühungen in »Hombourg Waltz« mit seinem Hohn bedacht; Abbildung Seite 115.)

Edward, Duke of Kent, trennte sich nach 27jähriger Verbindung von seiner Geliebten und heiratete die Witwe des Prinzen von Leiningen, Marieluise. Und er gewann den Preis: Siebzehn Jahre nach seinem Tod wurde die junge Victoria gekrönt. Der zweitälteste Sohn Georgs III., Frederick, Duke of York,

Matthew Brown
»Georg IV. als
Prinz von Wales«
1790

Caroline,
Prinzessin von
Wales, mit
ihrer Tochter
Charlotte
1798

war ein guter Befehlshaber der Streitkräfte auf dem Kontinent; verheiratet mit einer obligaten deutschen Prinzessin, die ihre zahllosen Hunde aber mehr liebte als alles auf der Welt, hatte er das Pech, mit einer Geliebten, Mary Anne Clarke, geschlagen zu sein, die ungeniert Offizierspatente gegen gutes Geld verkaufte. Das kostete den wackeren Armeesoldaten seinen Posten – und die Hochachtung seines Vaters.
Im Gegensatz zu seinen Brüdern hatte der Prince of Wales, auch wenn er für prachtvolle Uniformen ein besonderes Faible besaß und als Kommandeur seinem Husarenregiment zugetan war, keine militärische Ausbildung. Er war bis 1821 auch nicht auf dem Kontinent gewesen und hatte nie die »Grand Tour« – die im 18. Jahrhundert und nach 1815 wieder übliche Frankreich-Schweiz-Italien-Griechenland-Reise der jungen Herren aus guter Familie – absolviert. Georg war literarisch gebildet; er schwärmte für Walter Scott und las Jane Austen (die ihm *Emma* widmete). Er kannte sich in den Theatern von Drury Lane und Covent Garden aus; in seiner Regierungszeit unterstützte er die Gründung der Nationalgalerie, und er wurde zum Mäzen des Porträtisten Thomas Lawrence, unter anderem, indem er ihn beauftragte, für je 525 Pfund Honorar jene Heerführer und Herrscher zu malen, die er 1814 nach London einlud.
Georgs Liebe zum Theater, respektive seine erste aufsehenerregende Affäre, sollte seinen künftigen erotischen Lebensweg bestimmen: Er verliebte sich als Jüngling in die damals 26jährige Schauspielerin Mrs. Robinson, die »Perdita« in Skakespeares »Wintermärchen«, und wurde ihr ergebener »Florizel«. Die Karikaturisten begannen, sich an ihm zu erfreuen. Die nächste Dame des Prinzen galt als gesetzt, und wieder war sie wesentlich älter: Mrs. Maria Fitzherbert. Die Affäre gedieh zur heimlichen und ungültigen Heirat. Denn erstens war der Prinz unter 25, wie es das Gesetz als Heiratsalter vorsah, und zweitens war die Dame katholisch, und auch dagegen gab es eine Klausel. Der von der Volksmeinung hochstilisierte Verführer ruhte sich sein

Regent Street mit dem »Quadranten«, städtebaulicher Entwurf von John Nash

Die Ställe des Pavillons in Brighton

Leben lang gern bei üppigen, erfahrenen und älteren Frauen aus, und von Mrs. Fitzherbert kam er nie ganz los.

Doch im Frühling 1795 tritt Caroline von Braunschweig (Abbildung Seite 23) auf. Die von der ersten Begegnung überlieferte Reaktion des Bräutigams spricht nicht für den Erfolg der von Georg III. forcierten Bindung. »Harris, mir ist nicht gut«, sagte der Prinz zu Lord Malmesbury, der die Prinzessin vom Kontinent her begleitet hatte, »bitte gib mir ein Glas Cognac.« Es heißt, mehr davon hätte ihm über den Hochzeitstag hinweggeholfen.

Ungeachtet aller politischen Sorgen und ungeachtet von »Boneys«, Napoleons, Schatten, bestimmten solche und viele ähnliche Nachrichten vom Hofe die aktuelle Londoner Politik, auf jeden Fall waren sie Tagesgespräch. Daß diese Heirat unsinnig war, wußte bald jeder, als sich der Prinzregent und seine Gemahlin kurz nach der Geburt der Tochter in aller Form trennten, zumindest, was ihren Wohnsitz betrifft. Der Prinz ging seiner leichtherzigen Wege. Caroline, eine offenbar schwierige und in seinen Augen wohl auch wenig für sich einnehmende Person, ging daran, die ihren zu entdecken.

Georg hatte in diese Heirat unter anderem deshalb eingewilligt, um von seinen immensen Schulden loszukommen und dem Vater wie dem Parlament geordnete Verhältnisse präsentieren zu können. Der Lebenslustige, der sich politisch in aufreizenden Gegensatz zu seinem Vater stellte, indem er offen mit den führenden Köpfen der Whigs sympathisierte, hatte sich finanziell ungeheuer übernommen. Georg III. hielt seine Apanage knapp, das Leben eines Dandy war teuer, und zudem entwickelte der Sohn sich zu einem Kunstsammler von hohem Geschmack und zu einem Bauherrn mit luxuriösen Gelüsten. Er sammelte unter anderem niederländische Kunst der großen Zeit des 17. Jahrhunderts; er war ein Kenner jedweden Kunsthandwerks; er war über Jahrzehnte Auftraggeber für Maler, Architekten, Möbelbauer usw.

Der wichtigste Baumeister in seinen Diensten war John Nash. Er gestaltete Regent Street und Regent's Park in London und verwandelte den Pavillon in Brighton zum chinesisch-orientalischen Traumgebilde. Die bauliche Gestalt seiner Hauptstadt, so muß man heute sehen, hat Georg IV. in einem Maße geprägt wie kaum ein anderer englischer König zuvor.

Daß Brighton zu einem Seebad der großen Gesellschaft wurde, hatte sicher nicht zuletzt seinen Ursprung in jenem märchenhaften Sommerhaus, an des-

»Bademaschinen« am Strand von Brighton zu Beginn des 19. *Jahrhunderts*

sen Stelle einmal ein simples Farmhaus gestanden hatte. Der Prinz hatte die Seebäder zur Mode gemacht – vermutlich in höherem Maß als jeder medizinische Ratschlag. Nach Brighton fuhr »man«, und was dort zu sehen war, beschreibt Kronzeuge Thackeray in *Vanity Fair:*

»Manchmal schaut der Londoner verzückt aufs Meer hinaus. Zahllose Grübchen zeigen sich da, wo es lächelt, das Blau ist gesprenkelt von den weißen Flecken der Segelboote, Hunderte von Badehäuschen küssen den Saum seines Gewandes. Wer sich mehr für Menschen interessiert als für irgendwelche Ausblicke, wird sich jedoch den Fenstern und dem Gewimmel menschlichen Lebens zuwenden, das sich dort zeigt. Aus einem dringt Klaviermusik; dort übt eine junge Dame mit lockigem Haar sechs Stunden täglich zur Freude ihrer Mitbewohner. An einem anderen sieht man die reizende Polly, das Kindermädchen, den kleinen Master Omnium auf dem Arm hätscheln, während am Fenster darunter Jakob, sein Papa, Garnelen ißt und die *Times* zum Frühstück verschlingt. Drüben sieht man die kleinen Misses Leery nach den Kürassieroffizieren Ausschau halten, die mit ziemlicher Sicherheit beim Spaziergang auf der Promenade anzutreffen sind. Dort wiederum hat ein Londoner Geschäftsmann in Seemannsausrüstung ein riesiges Teleskop seewärts gerichtet, so daß ihm auch kein einziges Vergnügungsschiff, kein Heringsboot, keine Bademaschine entgeht, die an den Strand kommen oder in See stechen ...«

In diesem Brighton residierte Georg gern und häufig in seiner hochartifiziellen Ferienresidenz – bis die Tage seiner letzten Mätresse, der nicht mehr jungen, aber munteren und blonden, ihm eher ernüchternd zugetanen Lady Conyngham kamen. Ihr gefiel es nicht. Da kehrte der König ins Haus der Väter, nach Schloß Windsor, zurück. Er ließ es – natürlich – renovieren, und im »Royal Lodge« fand sich fortan die sogenannte Cottage-Clique ein: das von der Regierung mißtrauisch beäugte »Schattenkabinett«, zu dem sich unter anderen Wellington, der österreichische Botschafter Esterhazy, der französische Botschafter Polignac und der russische Botschafter Lieven samt Gattin trafen. Prinzessin Lieven, eine höchst intelligente Dame, war eine der wichtigsten Figuren der Regency-Gesellschaft (Abbildung Seite 26).

Auch die »Hütte« in Windsor kam dem König teuer, so wie alles, was er im Laufe seines Lebens mit den Händen berührt hatte. 1815, nach dem Ausbau

Thomas Lawrence
»Prinzessin
Dorothea Lieven«

Thomas Lawrence
»Der Prinzregent«
1819

der Londoner Residenz des Regenten, des Carlton-Hauses, und dem des Pavillons, waren seine Schulden beispielsweise schon wieder auf knapp 400 000 Pfund aufgelaufen. Allein die Möblierung von »Carlton House« hatte das Land 260 000 Pfund gekostet (Abbildung Seite 27).
Heute können wir feststellen und bewundern, mit welchem Sach- und Kunstverstand Georg da zu Werke gegangen ist. Damals sah das Verhältnis seiner Ausgaben zum Einkommen der von Kriegsbeschränkungen und Steuererhöhungen gepreßten Untertanen tatsächlich ungeheuerlich aus: Ungefähr 250 000 Menschen im ganzen Vereinigten Königreich verdienten um 1815 mehr als 700 Pfund im Jahr. Etwa 500 000 Händler hatten rund 150 Pfund, Bauern, der niedere Klerus und etliche Schulmeister verdienten 120 Pfund; zwei Millionen Handwerker und ähnliche Berufsgruppen nahmen 55 Pfund im Jahr ein – das war schon die Grenze zu erheblicher Armut. Für Schwerstarbeit bekamen Bergarbeiter 40 und Landarbeiter 30 Pfund. So kann man sich ausrechnen, daß ein Bergarbeiter 725 Jahre zu schuften gehabt hätte, um nur für die in wenigen Jahren ausgeführten Blattgoldarbeiten Seiner Königlichen Hoheit aufzukommen ... Es ist kein Wunder, daß es mit der Popularität des Regenten und Königs nicht weit her war und daß die öffentliche Meinung befand, daß sich das Land einen solchen Verschwender eigentlich nicht leisten konnte.
Dem Herrscher eines prosperierenden Landes mit eigenem hohen Vermögen hätte man seine Verrücktheiten und seine Liebe zu schönen Dingen weniger übel genommen. Georg IV. trat strahlend auf, doch er agierte vor einer verdunkelten Szenerie – der repressiven Regierung und dem Land, das sich in Not befand. Er war ein Ergebnis konstitutioneller Monarchie, und sein politischer Einfluß ging nicht allzu weit. Er wollte das wohl auch nicht. Er hinterließ seinem Land außer vielen Histörchen wundervolle Kunst-, Möbel- und Porzellansammlungen und als Touristenattraktion von heute den Pavillon im heruntergekommenen Seebad Brighton ...

Carlton House, Residenz des Prinzregenten

Daß es in »Prinnies« Dasein auch vieles gab, was Londoner höchlichst amüsierte, ist verbürgt. Sein Auftritt war glänzend und voller Charme, und seine Feste waren es nicht minder – er ließ sie auch nicht ungern gleich zum Volksfest ausdehnen. London tanzte Walzer, nachdem der Zar Alexander I., einer der vom Regenten eingeladenen Verbündeten, 1814 in einem der eleganten Ballsäle der Hauptstadt diesen verrufenen Tanz vom Kontinent salonfähig gemacht hatte. Cruikshank hat sich mit Grazie und Witz über die Walzer-Manie der Feinen und der weniger Erlesenen amüsiert. (So wie er sarkastisch die Reiselust seiner Landsleute – vor allem in Frankreich – nach 1815 kommentierte; Abbildungen Seite 28 und 29.)
Es gab einen sich über Jahre hinziehenden Anlaß, der Georgs Untertanen weniger amüsierte als empörte: das war sein Verhältnis zur Gattin Caroline (Abbildung Seite 30). Und am empörendsten fand man den peinlichen, in letzter Minute ergebnislos abgebrochenen Scheidungsprozeß gegen die inzwischen zur Königin Avancierte 1820 vor dem House of Lords. Die Prinzessin hatte sich auf ihren Kontinent-Reisen, vor allem in Italien, jahrelang so aufgeführt, daß ebenfalls reisenden Engländern das Grausen überkam. Sie war, um es bescheiden zu formulieren, eine äußerst libertine, äußerst reizbare, äußerst gefallsüchtige Person, noch dazu wohl ohne jeden Charme, und sie forderte für sich, was in England ein »fling« ist, so einen rechten, echten Ausbruch in letzter Minute. Sie hatte ihn gehabt, als sie 1820 nach London zurückkehrte, ihren Haushofmeister und Geliebten Bergami im Gefolge, unterstützt in ihren Ansprüchen als ehrbare, beleidigte und verstoßene Ehefrau von vielen, auch von Cruikshank – und vor allem von Henry Brougham, dem Whig-Politiker, Volksbildner und Sozialreformer, der als Anwalt ihre Rechte vertrat.
Die Volksmeinung votierte vehement für »notorious« Caroline (wie sie später hieß). Und sie war nicht minder vehement gegen sie, als sie nach ihrem Sieg über das Scheidungsansinnen des Gatten darauf bestand, an dessen

George Cruikshank
»Der neue
deutsche Walzer«
(Kat.-Nr. 82)

Krönung teilzunehmen und dabei vergeblich an alle Türen von Westminster Abbey klopfte. »Oh, holdselige Königin, wir bitten Sie, wegzugehen und nicht mehr zu sündigen«, lästerte ein Spottgedicht, »oder, wenn diese Mühe zu groß sein sollte, auf jeden Fall fortzugehen.« (»Our gracious Queen, we Thee implore to go away and sin no more; or, if that effort be too great, to go away at any rate . . .«) Caroline hatte überzogen, so wie manche, die ein glänzenderes Entree gehabt hatten als die reizlose und wenig liebenswürdige Braunschweiger Prinzessin und Cousine. George »Beau« Brummell gehörte zu ihnen, dieser Dandy par excellence. Beau bestimmte die Regency-Mode und dachte sich nette, unterhaltsame Möglichkeiten des Zeitvertreibs aus. Beau, der Liebling vieler Saisons, erfand den schwarzen Abendanzug und fegte seine Mitbrüder aus den bunten Fräcken. Beau liebte gestärkte Krawatten, und fortan liebte sie jeder, der auf sich hielt. Er war seines Namensvetters Hätschelkind, doch dann benahm er sich daneben, machte zu viele Schulden, die niemand bezahlte, mußte nach Belgien fliehen, um einer Verhaftung zu entgehen, und starb dort in geistiger Umnachtung.
Harriette Wilson, zusammen mit ihren Schwestern Amy und Fanny Prototyp der Regency-Kokotte, äußert in ihren vielgelesenen Memoiren nichts sehr Liebenswürdiges über diesen Super-Dandy der Epoche. Henriette, nach dem Urteil Sir Walter Scotts ein smartes, freches Mädchen mit guten Augen und den Manieren eines wilden Schuljungen, war eine der flotten Lebedamen der Londoner Herrchen. Die schätzten Munterkeit, nicht Raffinement – das besaßen ihre erotisch selbstbewußten Damen zu Hause selber.

George Cruikshank »Die Vorzüge des Reisens, oder: Geringe Kenntnisse sind gefährlich« (Kat.-Nr. 162)

Die Affären der feinen Gesellschaft waren Legion, die Zahl der illegitimen Kinder auch. Die Wilson-Schwestern waren weniger fein, aber burschikos, smart und eben in Mode – so wie Fuchsjagden, Boxkämpfe, Theater und Schauspieler wie Edmund Kean, wie Cricket und Walzertanzen, wie Promenaden im Hyde Park, die Cruikshank zu seinem »Monstrositäten«-Kabinett anregten …

In Mode war auch für kurze Zeit George Gordon Noel, 6. Baron Byron, der Held der Saison 1812, Dichter und Gesellschaftslöwe, gefeiert, von Skandalen begleitet und von allgemeiner Verachtung verfolgt, bis er 1816 aus England floh und nie wiederkam. Byron, der exzessive Romantiker und Poet, war kein leichtherziger Sünder. Er genoß dennoch seine dramatische Liaison mit der wilden Caroline Lamb, Gattin des sanften und klugen Lord Melbourne, der einmal der väterliche Ratgeber der Queen Victoria werden sollte. Und noch mehr lebte Byron seine Leidenschaft zur Halbschwester Augusta Leigh aus. Er heiratete 1812 die puritanische, wenig lebensfrohe Annabella Milbanke, weniger aus Zuneigung, als um von seinen anderen Neigungen abzulenken. Die Scheidung 1816 wurde zum nationalen Skandal. Dover, so heißt es, war voll von Frauen, die einen letzten Blick auf den flüchtenden Poeten werfen wollten. Byron war 28 Jahre alt, Englands größter lebender Dichter, bald eine Symbolfigur des romantischen Zeitalters. Er verlor die Stadt London, die er liebte. Doch London hatte ihn verloren. »Die Gesellschaft, die er zurückließ«, meint Priestley, »begann, sich in Europa den Ruf zu erwerben, dumm, unsensibel, blasiert und heuchlerisch zu sein. Dieses war

Caroline von Braunschweig, Prinzessin von Wales

ein Land, dessen Poeten gehen mußten. So mag das Viktorianische England im Jahre 1816 hier seinen ersten Auftritt gehabt haben.« Auch George Cruikshank, schon im Fall der Königin Caroline auf der Seite der öffentlichen Meinung, kommentierte Byrons Abschied ironisch. Was jedermann ja auch von ihm erwartete. Skandale waren stets willkommen, Politik war das tägliche Brot. Der Monarch, seine Umgebung, seine Brüder, seine Favoritinnen – wie zum Beispiel die einflußreiche Tory-Lady Hertford und ihr schwerreicher Sohn, Lord Yarmouth, bildeten besonders ergiebige Angriffsflächen für seinen Witz. Yarmouth, zum Beispiel, taucht nicht nur bei Cruikshank auf; er ist als Lord Steyne in *Vanity Fair* und als Lord Monmouth in Disraelis *Coningsby* in die englische Literatur eingegangen – als ein Ausbund an Reichtum, Raffinesse, Lebensart und Gemeinheit.

Einen edlen und sehr tugendhaften Helden läßt Thackeray in seinem Roman einer Epoche in Gestalt des tapferen Hauptmann Dobbin erstehen. Und der erlebt einen leicht melancholischen, wenngleich sehr tugendhaften Abend dort, wo auch unser Karikaturist gern seine burlesken Szenen aufführt, in Vauxhall Gardens, dem längst dahingegangenen Vergnügungspark an der Themse (Abbildung Seite 31). Hier hatte schon Händel gesessen, für Vauxhall hatte er Unterhaltendes komponiert, und dort stand ein steinernes Denkmal des Hofmusikers, in freundlich legerer Pose und mit Zipfelmütze. Hier, wo sich das leichte, lockere Leben für jedermann abspielte, der es sich leisten wollte (und konnte), fand Cruikshank seine Typen, die bürgerlichen und die exzentrischen. Und in Vauxhall, wo es laut William Dobbin, dem Schüchternen, das trübseligste Vergnügen war, allein zu sein, wollen wir Cruikshank, den guten Kerl und unermüdlichen Zeichner des »London Life« verlassen und uns an den Tisch des jungen Herrn aus Thackerays Romanensemble setzen:

George Cruikshank »Vauxhall Gardens«

»Für alle lockenden Herrlichkeiten des Gartens hatte er kein Auge, für die hunderttausend Lampions, die jeden Abend angezündet wurden, für die Geiger in ihren Dreimastern, die mitten im Garten unter einer vergoldeten Muschel eine hinreißende Melodie nach der anderen spielten, die Sänger, die mit lustigen oder empfindsamen Balladen das Ohr erfreuten, die Volkstänze, die unter Sprüngen, Stampfen und Gelächter von drallen Cockneys und Cockney-Frauen aufgeführt wurden. Er bemerkte das Zeichen für den Auftritt der Madame Saqui nicht, die auf schlaffem Seil himmelwärts zu steigen begann, achtete nicht auf den Einsiedler in seiner dunklen Klause und die dunklen Gänge, wo sich die Liebenden trafen, übersah die Bier herumreichenden Kellner in ihren schäbigen alten Livreen, die lichterfunkelnden Lauben, in denen frohe Schmauser so taten, als ob sie unsichtbare Schinkenbrote aßen, und sogar von dem dummen August nahm er nicht die geringste Notiz ...«
Dies, so kann man sicher sein, wäre »inimitable George« nie passiert.

»Der unnachahmliche George«
Zu Cruikshank als Karikaturist

Jürgen Schultze

»Der moderne Hannibal, sonst König von Rom genannt, schwört England ewige Feindschaft« (Abbildung Seite 33). Hier wird viel geboten, grellbunt und vollgepackt mit Einfällen. Man sieht und liest dabei die Sprechblasen, die dort eingefüllt sind, wo noch Platz ist, zwischen den dichtgedrängten zwanzig (!) Figuren und den üppig verteilten Requisiten eines Jahrmarktstheaters, in dem Zeitgeschichte gespielt wird. Am unteren Rand der Darstellung steht: Publiziert am 16. Januar 1814 von T. Tegg. 111 Cheapside London. G. Cruikshank hat es gemacht.

111 Cheapside. – Ich stelle mir vor: London 1814. Das Wetter entspricht der Jahreszeit – very slippy weather? –, man geht natürlich trotzdem seinen Geschäften nach. Führt einen der Weg über die Straße, so betrachtet man gern ein paar Auslagen. Der Umweg zu den Graphikhändlern, wo Karikaturen zu sehen sind, sollte auch dieses Mal nicht ausbleiben; vielleicht gibt es auch heute am – sagen wir – 18. Januar wieder neue Angebote. Die Leute produzieren ja wirklich rasch. Müssen sie auch, denn die Verleger überbieten sich gegenseitig durch aktuellste Angebote. Auch hier das Neueste vom Tage. Was man in der Zeitung liest, hat man in diesen mit spitzer Feder entworfenen Blättern schnellstens vor Augen. Wer das zeichnet, radiert, muß sein Handwerk beherrschen, um sich rasch sein Bild machen zu können, das den Nagel auf den Kopf trifft. Hoffentlich sind die Koloristen mit ihren Aquarellpinseln ebenso rasch vorangekommen und haben ihre Vorlage genau beachtet. Bunt soll es sein. Die unkolorierten Blätter läßt man dann ja doch zugunsten der farbigen liegen, auch wenn sie teurer sind. Schließlich ist man Sammler, legt sich Serien zu, die man ergänzt, und hat schon manchen Abend – allein oder mit Freunden – seinen Spaß daran gehabt.

Ein wesentlicher Grund für die Verbreitung solcher Blätter war also ihre Aktualität, die, stets auf neuestem Stand, zu Herzen und von Herzen sprach, die »Stimme des Volkes« spiegelte, dessen Meinungen und Urteile, Ängste und Empörungen jeweils so ausdrückte, daß man sich als guter Engländer im Gelächter unter seinesgleichen aufs beste wiedererkannte. Damals, in jener weltpolitisch bewegten Zeit, hat sich die Bildsprache der englischen Karikatur zur weitverbreiteten Volkssprache entwickelt. Durch sie lebten Figuren der Politik und anderer prägender Zeitgenossen im Bewußtsein vieler als karikierte Prototypen eines so pointierten wie verkürzten Bildtheaters, in

II
THE MODERN HANNIBAL ALIAS
THE KING OF ROME,
SWEARING ETERNAL ENMITY TO ENGLAND
DER MODERNE HANNIBAL,
SONST KÖNIG VON ROM GENANNT,
ENGLAND EWIGE FEINDSCHAFT SCHWÖREND

James Gillray
»Ein Wetter zum Ausrutschen«
1808

dessen Zerrspiegel die Welt als scharfzüngiges Kasperstück erscheint. Das Aktuelle und das allgemein Verbindende ihres – schrillen – Volkstons verschaffte damals der Karikatur zum ersten Mal in großem Umfang ihre zahlreichen Freunde und Interessenten. Zugleich entstand dabei jener besondere Abnehmerkreis für eine »Kunst für viele«, ein Sammlerkreis, der sich nur zum Teil mit den Kunstfreunden der großen Ausstellungen deckte. Seitdem bildet diese Spezialform der zeichnerisch-graphischen Äußerung einen eigenen kunstgeschichtlichen Bereich, auch wenn dieser erst in späterer Zeit von Kritik und Wissenschaft als solcher gewürdigt wurde. Der zeitgenössische Handel, die zahlreichen Verleger und Händler für Karikaturen sowie die umfangreiche Produktion der Karikaturisten selbst ermöglichen auch heute noch eine Vorstellung dessen, was sich damals ereignet hat.

London 1814. 111 Cheapside.– Wie solche Läden aussahen, zeigt zum Beispiel Gillrays Blatt von 1808: ein flach gebogenes Schaufenster voll Karikaturen. Leute stehen davor. Der Herr prüft mit dem Lorgnon die Qualität der Ware, der Offizier steht stramm; verschiedene Stände, darunter auch ein Kutscher mit seiner Peitsche, sind von den Blättern offenbar angezogen. Sogar der Gassenjunge mit seinen Schlittschuhen unterm Arm tritt hinzu. Im Inneren des Ladens sieht man hinter der Tür zwei Betrachter, die sich ein Blatt vorgenommen haben, und man zweifelt daran, daß der kauzige Herr im Vordergrund allein aus meteorologischen Gründen – very slippy weather – zu Boden gegangen ist; der Blick auf die Karikatur kann zum Straucheln führen.

Isaac Cruikshank »Die Ankunft der Vogelscheuchen« 1803

Dies alles bei Mrs. Humphrey's Laden, deren Hauptlieferant der berühmte Gillray war. 1808 war George Cruikshank den Käufern noch wenig bekannt. Es gab da jenen Isaac, der neben Gillray und den vielen anderen – weniger berühmt – seine Karikaturen machte, eine eigene Werkstatt hatte, in der der damals sechzehnjährige Sohn half. Dessen älterer Bruder Robert war zunächst drei Jahre zur See gefahren und arbeitete seit 1811, nach dem Tode des Vaters, in der Druckwerkstatt Cruikshank mit George zusammen.
George Cruikshanks Durchbruch als Karikaturist und die daraus erwachsene Stellung als »Nachfolger« James Gillrays, des »Grand old man« der englischen Bildsatire, ist eng mit Mrs. Humphreys Laden verbunden. »Gillray the caricaturist who resides at Mrs. Humphrey's, the caricature shop in St. James's Street«, versuchte, wie im *Examiner* zu lesen war, sich an einem Mittwochnachmittag im Juli 1811 aus dem Fenster zu stürzen. Damit bricht das Werk jenes Künstlers ab, der bis dahin in etwa eintausend gedruckten Blättern die vorgegebene Wirklichkeit als trügerischen Schein entlarvt und dabei zugleich seine scharfsichtig-witzigen Bildphantasien so suggestiv als erfundene Bildwirklichkeit vorgeschlagen hatte. Seitdem lebte er – noch bis 1815 – in einer Welt zwanghafter Fiktionen.
R. W. Buss, der 1874, also noch zu Lebzeiten Cruikshanks, sein auf zeitgenössischen Informationen basierendes Buch *English Graphic Satire* in London herausgab, berichtet dort von einer Begegnung Cruikshanks mit dem kranken Gillray. »Sie sind nicht Cruikshank«, begrüßte dieser den jüngeren Besucher, »sondern Addison; mein Name ist nicht Gillray, sondern Rubens.«[1]
Ab 1811 arbeitet Cruikshank für Humphrey's. Zunächst vollendet er einige

George Cruikshank
»Die davon-
gelaufenen
Türklopfer«
1855

von Gillray begonnene Platten. Danach produziert er selbständig für die Verlegerin und versucht dabei, dem von ihr und ihren Kunden geschätzten Stil seines »Vorgängers« möglichst nahe zu kommen. Dies geschah an Gillrays Arbeitstisch, den der Nachfolger übernahm, dann ins eigene Haus verbrachte und an dem er bis zu seinem Tode tätig war.[2] »Designed and Etched by George Cruikshank. Age 83 1875«[3] gravierte er an diesem Tische unter eine letzte Platte am Ende seines Lebenswerks, das ein Vierteljahrhundert begleitet und es dabei, auf ganz unterschiedliche Weise, gespiegelt und kommentiert hat. Das erste Kapitel dieses Werkes, »Cruikshank der Karikaturzeichner«, um das es hier geht, erschien dem älteren Künstler im Rückblick als jugendliche Sturm-und-Drang-Phase, von deren satirischer Schärfe er sich seit Mitte der zwanziger Jahre fortschreitend entfernt hatte. Auch wenn er danach humorvolle Illustrationen schuf, sind diese doch weniger angriffslustig, illustrieren eher erzählerisch, schildern vielfältiger und damit weniger kraß als die wilden Blätter der ersten Stunde, in denen die Torheit der Welt ihren grotesken Tanz aufführt.
Schon der Illustrator Cruikshank, der seit Anfang der zwanziger Jahre rasch Beliebtheit erlangt, der 1838 einem Journalisten seine »Sketches« illustriert und dem damals unbekannten, unter dem Pseudonym »Boz« publizierenden Charles Dickens damit zum Durchbruch verhilft, schon der Illustrator versteht sich mehr als Künstler denn als Karikaturist. Und Künstler wollte der Autodidakt, den das Minderwertigkeitsgefühl gegenüber Akademikern sein Leben lang quälte, sein. So erklärt sich sein später Versuch, als Genremaler in der Akademie zu reüssieren, eine merkwürdige Episode im Künstlerleben dieses geborenen Graphikers.
Die meiste Zeit seines Lebens fühlte er sich unfrei, als Karikaturist abhängig von den Verlegern, als Illustrator von diesen und den Autoren. »Ich mußte für andere arbeiten, anstatt daß sie für mich tätig wurden, und so war mein Motto: Auf ein Neues.«

James Gillray
»Irrsinns-Maniac oder Little Boney während eines heftigen Anfalls«
1803

At it again! Zum Beispiel: »Der moderne Hannibal« (Abbildung Seite 33). – Wir kehren zurück nach London, zu dem Blatt, das am 16. Januar 1814 bei dem Verleger Tegg erscheint. Das Publikum betrachtet das neue Angebot: Cruikshank. Man sieht ihn seit einiger Zeit in mehreren Handlungen. Etwas Neues von diesem Napoleon hat er gemacht. Von dem Kerl leben unsere Karikaturisten seit Jahren, von »little Boney«, dem kleinen Knochen, der ganz Europa zu erobern sucht. Mit uns liegt er schon seit 1806 im Kriege. Kontinentalsperre! Doch ist sein großer Traum wohl schon ein Jahr lang ausgeträumt. 16. bis 19. Oktober 1813: Desaster bei Leipzig. Little Boney sitzt nun in Frankreich, und selbst dort will man ihn offenbar nicht mehr haben. 1812, ein Jahr, nachdem Cruikshank Gillrays Platz eingenommen hatte, begann Napoleons Niedergang mit dem Rückzug durch das vereiste Rußland. Ein Kapitel europäischer Geschichte neigte sich dem Ende zu, zugleich ein Kapitel europäischer und vor allem englischer Karikatur; denn seit 1798 diente dort die Figur des Korsen geradezu als Leitmotiv. Durch Gillray wurde diese Entwicklung entscheidend geprägt, obwohl er nicht der erste war, der den streitbaren Franzosen in seine Bildsatiren aufnahm. Bei Gillray taucht 1803 auch zum ersten Mal der Spitzname »little Boney« auf,[4] und bei ihm trifft man im gleichen Jahr die Figur des tobenden Männchens, die Cruikshank später – und in gewandelter Fassung – seinerseits agieren läßt (vgl. auch Kat.-Nr. 13 von 1813).

Ein Vergleich zwischen dem »Irrsinns-Maniac« Gillrays und dem »Neuen Hannibal« Cruikshanks zeigt zugleich Verwandtschaften und Unterschiede.

Die ekstatischen Gebärden, das Miteinanderumgehen von Figuren, Dingen und Schriftblasen findet man grundsätzlich bei beiden, auch die Kraft der bewegten Linie als Kontur, Binnenzeichnung oder dicht verwobene Schraffur sowie die bildbestimmende Wirkung herausragender Formen als Bildgesten prägen bei dem einen und dem anderen die Darstellung. Vergleicht man

jedoch diese Merkmale genau, wird dabei zugleich ihre jeweils unterschiedliche Behandlung und Funktion deutlich. Gillray komponiert seine Darstellungen regelrechter – und seien sie auch so bewegt angelegt wie hier. Boney tobt zwar, doch alle Dinge, die um ihn herumtaumeln – Tisch, Hut, Sessel, Globus usw. –, agieren, verhältnismäßig detailreich ausgeschildert, geordnet in einem System von deutlich aufeinander bezogenen Schrägen. Bei Cruikshank werden dagegen solche kompositorischen Grundlagen brisant durchbrochen und umgestoßen, erscheinen als zusammenmontierte Versatzstücke. Die Brüche, die dabei entstehen, haben ihren besonderen Reiz, verleihen den kompilierten Elementen seiner Moritaten – gerade in ihrer Unverbundenheit – exemplarische Bedeutung: Rechts vorn, beim rauchenden Altar, gibt es perspektivische Verkürzung, die die Figur des tobenden Napoleon übernimmt, ebenso – und sozusagen als kleine Echoform zu dem auftrumpfenden Alten – der »moderne Hannibal« selbst und dann ganz links der Thronwagen. Dies geschieht alles auf einer Bühne, die mit Schattenschlag Tiefe suggeriert. Dagegen wirken die beiden Frauenfiguren, die den Königswagen flankieren, wie ausgeschnittene »Companions«, kulissenhaft flach, so wie die flachen Schwaden des rechts aufsteigenden Rauches und die Sprechblasen. Hinter dieser Bühne taucht, wie aus der Versenkung gezogen, ebenfalls als flache Folie, das »Volk« auf. Räumliche Projektion und flächige Verknüpfung der Bildelemente stehen im gegenseitigen Widerspruch. Selbst die zeichnerisch angelegte Tiefenprojektion wird durch die Kolorierung in die Fläche gerückt, so daß das ganze Blatt vor allem durch sein dichtes Ineinandergreifen frei ornamentierter Flächen spricht, Flächen, die ihm Bewegung und Rhythmus verleihen.
Ein Einfall jagt den anderen: Zwischen Boney – hier zum wildgewordenen Hutständer degradiert – und den dazu im Gegensatz angeordneten schweinsköpfigen Frauen; zwischen antikisierendem Herrscherwagen als Kackstuhl und dem makabren Altar, auf dem Menschenopfer dargebracht werden; zwischen den Großen der Kleine. Sein Königsornat wird zum Strampelhöschen für einen pausbäckigen Dreijährigen, dem der Vater, unter Anrufung so blödsinniger wie schrecklicher Zeugen, den Schwur ewiger Englandfeindschaft entlocken möchte; eine absurde Szene, die von der mehrfachen Darstellung grotesker Mißverhältnisse lebt, und zwar in Bild und Wort: Napoleon ruft die Hölle an und brüstet sich mit Millionen Morden, beschwört seine eigene Größe und die Tradition seiner alten Familie. (Wer nicht so genau Bescheid weiß, dem wird vom Zeichner auch hier geholfen: bei den Worten »ancient house« ist »ancient« durch Unterstreichung hervorgehoben.)
Aber nicht nur als Wortwitz, auch optisch spielt der Text im Bild seine Rolle. Gegenüber der »Sprechwolke« des sich aufbäumenden Vaters erscheint das leicht aufsteigende Wölkchen des Babykönigs: eine Verbildlichung des ungleichen Dialogs.
Eine Karikatur muß »ankommen«. Den verkannten Karikaturisten, als Paral-

James Gillray
»Die korsische Pest«
1803

lelfall zum verkannten Künstler, gibt es nicht. Die Karikaturen Cruikshanks und seiner Zeit wirken zunächst durch ihre von vornherein einkalkulierte Kolorierung, die ihnen ihren lebendigen, lautstarken Klang verleiht. Zugleich wirken sie durch ihre Einfälle, deren gehäufte Vielfalt den Betrachter beschäftigt. Sie wirken durch ihre »Moral«, indem sie in vereinfachter Erzählung alle Ereignisse auf das allgemein Menschliche beziehen. L'Empereur mit Sohn, zwischen Gattin Marie-Louise und Mutter Laetitia, ist hier nicht nur der verhaßte Britenfeind, sondern der Böse, dessen Beschränktheit sich in einem kläglichen Ausbruch entlarvt. Ein Mörder – swear by the blood of the millions I have murdered – ist ein aufgetakelter Zwerg, der sich übernimmt und der mit seinem Sohn offenbar Erziehungsprobleme hat. Schreckliches und Lächerliches verbinden sich zur absurden Komödie, die so simpel wie lapidar angelegt ist und die – mit vertauschten Rollen – im Grunde immer wieder dasselbe Stück vorspielt: die Posse von der verkehrten Welt.
Um die Eigenarten dieser Bilderpossen noch deutlicher zu sehen, noch einmal ein Vergleich mit Gillray. Bei seiner »Korsischen Pest« von 1803 tritt der Teufel selbst auf und röstet den Englandfeind mit allen Finessen. Ein gehörnter Kleinteufel facht mit seinem Blasebalg das Feuer an, ein fliegender Vertreter dieses Standes beträufelt den Gerösteten mit Öl. Gillray inszeniert Höllentheater mit großem ikonographischen Aufgebot. Cruikshank kannte auch dieses Blatt seines Vorgängers. Im Vergleich zu seinem »Klein Boney auf dem Topf« von 1814 (Abbildung Seite 67) wirkt Gillrays Horrorstück jedoch, als Zeugnis älterer Kunst, geradezu wie ein letzter Nachhall der Höllenvisionen von Hieronymus Bosch und dessen Folgen. Dagegen glaubt Cruikshank nun überhaupt nicht mehr an den Teufel. Für ihn ist er ausschließlich eine Kunstfigur, ein negativer »Deus ex machina«, der das ins Bild bringt, was sich Zeichner und Publikum wünschen. Der Teufel ist hier ein grotesker Fremdkörper in einer absurden Darstellung: Der ehemalige Imperator, dem das eigene Land zu klein war und der deshalb ganz Europa haben

Thomas Rowlandson
»Leichter Sommerhut und modische Spazierstöcke«
1801

wollte, sitzt nun im Meer auf knapper Inselplatte; der ehemalige Kaiser thront auf dem Nachttopf usw. Um ihn zum Selbstmord aufzufordern, muß einfach ein Teufel her; denn wer sollte wohl sonst diese Rolle übernehmen? Die Posse von der »verkehrten Welt« wirkt hier in umgekehrter Form: Durch die Usurpation des Kaisers eine verkehrte Welt. Durch ihre Wendung ins Gegenteil – Napoleon auf den Pott gesetzt – ist sie wieder in Ordnung. – »Pourvu que ça dure«, wie Mutter Laetitia schon immer gesagt hatte.
Mit den Napoleon-Blättern wurde Cruikshank zum prägenden Karikaturisten im England seiner Zeit. Dabei orientierte er sich an unterschiedlichsten Vorbildern, besonders an den Arbeiten jener beiden Zeichner, die bereits um die Jahrhundertwende als Meister ihres Fachs galten und die für die Geschichte der englischen Bildsatire – vor und neben ihm – Maßstäbe setzten: Rowlandson und Gillray. Brachte ihn seine Tätigkeit für Mrs. Humphrey mit Gillray zusammen, so die für den Verleger Tegg mit Rowlandson. Denn Tegg war, neben anderen, Rowlandsons Verleger, und wenn er Cruikshank beschäftigte, so versuchte dieser, charakteristische Merkmale des dort eingeführten Hauskünstlers in seine Arbeiten aufzunehmen. Zum Beispiel 1814: »Boney wird ausgelöscht« (Abbildung Seite 65). Ein Kosake schnipst mit einer Dochtschere die »Kerze« Napoleon aus.
Wir begegnen hier in unserem Zusammenhang zum ersten Mal der großen Figur, die als Einzelform die Bildfläche beherrscht, ein Darstellungstyp, wie ihn Cruikshank – neben den für ihn so charakteristischen Mehrfigurenszenen – auch später von Fall zu Fall wieder aufgreift. Diesen bildbeherrschenden Figurentyp zeigt bereits etwa der »Leichte Sommerhut«, den Rowlandson nach einer Zeichnung von Woodward bereits 1801 radierte. Was sich bei Cruikshank durch drastische Gebärde und Miene äußerte, wirkt bei Rowlandson, dem Thema entsprechend, als eher spielerische Form. Das Modeblatt entstand für den Verleger Ackermann. Arbeitete Rowlandson für Tegg, dann griff er dagegen drastisch-derb zur Radiernadel, wie etwa bei dem

Thomas Rowlandson
»Schnapsbrenner bei der Betrachtung ihrer Angelegenheiten«
1811

Blatt »Schnapsbrenner bei der Betrachtung ihrer Angelegenheiten«. Drei schrecklich entstellte »Knollköpfe« beugen sich über ein Faß mit der Aufschrift »Doppelt rektifizierter Alkohol« und triefen dabei aus Mund und Nase.

Tegg schätzt die Drastik, und Cruikshank weiß dies bei seinem Kosakenblatt zu berücksichtigen. Doch wirkt er gegenüber Rowlandson vielfältiger und verleiht seinem Blatt eine so scharfe wie witzige Intelligenz: Knapp wird ein Typ und damit ein Land charakterisiert. Der bärenhafte Kosak ist ein kräftiges und zugleich pfiffiges »Brüderchen«, das Freude am zierlichen Spiel mit der Kerze hat, auch wenn es sich hier um eine Hinrichtung »in effigie« handelt.

Selbst dieses von der großen Einzelfigur bestimmte Blatt zeigt wieder Cruikshanks erfinderisches Spiel der Kontraste – großer Kosak, winziger Napoleon – und das knisternde Zusammenwirken verschiedener Einfälle: Die große Figur mündet in kleiner Geste und hat gerade damit ihre entscheidende Wirkung. Das Wandbild bringt im Kleinformat noch eine Variante der Bildidee: Dort arbeitet der Kosak mit einem Lichthütchen.

Wenn Rowlandson vielfigurige Szenen schuf, dann konnte Cruikshank bei ihm lernen. Das »Elend beim Reisen« (1807; Abbildung Seite 42) des Älteren bringt jenes Durcheinander der handelnden Personen, eine verwirrende Verknüpfung von Haupt- und Nebenszenen, wie sie der Jüngere für seine eigenen Szenen gern nutzte. Rowlandsons Blatt ist dabei jedoch, im Vergleich mit Arbeiten Cruikshanks, eine ausgewogene Komposition. Hier zeichnet ein Künstler, der seine akademische Ausbildung in der zweiten Hälfte des 18. Jahrhunderts erhalten hat und deren reizvoll-eleganten Stil in die Karikatur überträgt.

In einer turbulenten Szene Cruikshanks spricht dagegen ein neuer Stil einer neuen Zeit (Abbildung Seite 76). Das ist nicht mehr der unterhaltsame Gesellschaftswitz des vergangenen Jahrhunderts, als modifizierte Form

Thomas Rowlandson
»Elend beim
Reisen«
1807

galanter Szenen, sondern eine grotesk klirrende Montage karikierter Prototypen, die Rowlandsons radierte Verbindlichkeit hinter sich gelassen haben. Wiederum eine Komposition voller Brüche, wiederum die Vermengung von zusammenfassender Szene und bilderbogenartiger Vereinzelung, realistischem Detail und zeichenhafter Reduktion, ein bildkräftiges Konglomerat aus Bild und Schrift: Madame Françoise geht es unter dem Zugriff der Alliierten schlecht. John Bull als Betrachter kommentiert das Ganze mit einem »Vor Tische las man's anders«.

»Ich mußte für andere arbeiten, anstatt daß sie für mich tätig wurden.« Die Verlegeradresse unter den Blättern nennt uns jeweils die einzelnen Auftraggeber. Cruikshank vermerkt ebenfalls, nach gutem Stecherbrauch, wenn die Darstellungen nach Zeichnungen anderer Verfasser radiert sind, und man weiß, daß er auch häufig die Skizzen von Dilettanten umsetzte, deren Namen dann als »Erfinder« auftauchen. Der alte Künstler erzählte seinem Biographen William Bates, daß nicht nur für ihn, sondern auch für Rowlandson und Gillray das »washing of other people's dirty linen« ein höchst einträgliches Geschäft gewesen sei, und Bates führt aus, Cruikshank habe damit das »putting on to copper the crude designs of fashionable amateurs« gemeint. »Diese Arbeiten waren schnell ausgeführt und wurden großzügig bezahlt; und die Künstler betrachteten sie ... als ›fette Brocken‹ – eine Art Kanaan in der Wüste.«[5]

Der Karikaturist muß nehmen, was kommt, sucht seinen Weg als Zeichner und Radierer zwischen dem Gestrüpp aus Tagesgeschehen und öffentlicher Meinung, Partei und politischen Gruppierungen, nach Maßgabe seiner Auftraggeber, deren Anweisungen, Texten oder Bildvorlagen. Zwischen all dem schlägt sich Cruikshank durch. Die Frage nach einer eigenen Bildsprache, ja nach dem Stil, erhält auf diesem Zickzackweg ganz unterschiedliche Antworten. Antworten, die ihn jeweils als herausragenden Prototyp des Satirikers in jener Zeit auszeichnen, als einen Künstler, der einfallsreich *reagiert*

und der, um dies tun zu können, erfinderisch mit allem Möglichen, denkend-zeichnend, umgeht.
1815 wird Napoleon endgültig nach St. Helena verbannt. Die politische Karikatur verliert damit ihr Hauptthema. Gillray arbeitet damals schon länger nicht mehr und stirbt im gleichen Jahr. Rowlandson, der, von der Napoleonwelle mitgerissen, einige Boney-Karikaturen verfaßt hatte – die einzigen politischen Karikaturen seiner Hand –, kehrt wieder zur satirischen Gesellschaftsschilderung zurück.
Auch Cruikshank widmet sich bereits seit 1812 diesem Bereich, nimmt dabei jedoch speziell den höchsten Stand seines Landes aufs Korn, macht die königliche Familie und ihre Begleitung, besonders den Prinzregenten und Prinzessin Caroline, zu Hauptakteuren seiner grotesken Szenen. Sieht man sie dort, so meint man noch heute, sie seien im Grunde überhaupt für die Welt der Karikatur erschaffen. Georg und die Seinen machen nur Unsinn und sind doch »beste Kreise«, bei denen man allzugern Schwächen und Torheiten entdeckt – »unsereins sollte sich so etwas einmal leisten« –; es sind »hochgestellte Personen«, die niedrig handeln; das hatte und hat Erfolg. Es sind Cruikshanks Georg und Caroline, sie verselbständigen sich fast als Rollen und sind sich dort ähnlicher als in Wirklichkeit.
Dabei bilden die einzeln erscheinenden Blätter Stationen einer Bildgeschichte. Der Käufer wartet jeweils auf Fortsetzung.
Der Regent ist trottelig und lüstern, wird etwa von Lord Yarmouth verdroschen, weil er sich in dessen »familiäre Angelegenheiten« gemischt hat (Abbildung Seite 197). Als er beim Tanzen stürzt und sich im Bett kurieren muß, nutzt Cruikshank die Gelegenheit und führt in der Darstellung seine heimlich angetraute Frau im Bilde vor (Abbildung Seite 11).
Oder die »Königlichen Hobbys« von 1819 (Abbildung Seite 84). – Der da auf dem Laufrad liegt, ist der Prinzregent, der im kommenden Jahr als Georg IV. den Thron besteigen wird; der sich beim kindischen Reiterspiel abstrampelt, »regiert«, gemäß seines Amtes, schon jetzt das Volk der Briten. Doch der zeitgenössische Betrachter erkannte und verstand hier noch mehr: Auf dem Regenten sitzt die üppige Lady Hertford, und die – das weiß ja jeder – kümmert sich weniger um ihren Mann als um ihren lieben Georg. So zeigt der Wegweiser auch, in Fahrtrichtung der beiden, zum »Hörnergasthaus Hertford«. In der Sprechblase aus dem Munde des zum Draisinensattel degradierten Kavaliers wird angedeutet, daß er der Vergnügungssucht seiner Lady keinesfalls gewachsen ist. Nur sie hat Spaß an diesem »delightful way of riding«. Der entgegenradelnde Bruder, der Duke of York, zieht dagegen die Einzelfahrt vor, denn er ist gerade für seinen »Windsor-Job« tätig: Einmal im Monat besucht er seinen kranken Vater und wird dafür üppig aus der Staatskasse honoriert (Abbildung Umschlag).
Das Blatt ist besonders beziehungsreich komponiert. Die Kreisformen der Räder markieren es symmetrisch. Eine große und drei kleine Kreisformen bilden die Grundlage für den Aufbau der Hauptfigur als witzige Variationen

auf ein rundes Thema. Und trotzdem *fährt* das Laufrad mit dem Regenten gegen die Richtung des entgegenkommenden Verkehrsteilnehmers.
Mit der Frau, die den Mann reitend an der Kandare führt, zitiert Cruikshank einen alten Bildtopos der Kunstgeschichte und damit eine Szene aus der Aristoteles-Sage: Der Philosoph läßt sich von der schönen Phyllis, vor den Augen seines königlichen Schülers Alexander, zäumen und als Reittier benutzen, ein Gleichnis der »Weibermacht«, der sich der Mann bis zur Erniedrigung ausliefert. – Bedeutete es für Georg einen Trost, daß sein Vorbild ein Philosoph war? Eine solche Entlastung war vom Zeichner sicher nicht vorgesehen, der durch die Einführung des Laufrads, eines damals neuartigen und fashionablen Spielzeugs der feinen Herren, seine vielfältig angelegte Parodie um einen zusätzlichen Gag erweiterte.
Cruikshank war sicher kein konsequenter Königsgegner. Auch hier stellte er sich auf die Wünsche seiner Auftraggeber ein. William Feaver verweist in solchem Zusammenhang auf das im Krönungsjahr 1820 bei Humphrey's erschienene königstreue Blatt, das Georg als Coriolan zu den Plebejern sprechen läßt.[6] Dieses Blatt erschien im Februar; im Juni desselben Jahres – und bei demselben Verleger – kam aber auch das Spottblatt auf die Scheidungsverhandlungen zwischen dem König und Caroline heraus, eine eklatante Anspielung darauf, daß nicht nur der König in puncto ehelicher Treue seiner Frau etwas vorzuwerfen hatte. Offenbar wurde diese Form eines kritisch-satirischen Vorwurfs als normales »Volksgemurmel« vom Hofe hingenommen und galt nicht als Darstellung des Königs »in einer unmoralischen Situation«. Denn solches wollte der Hof – ohne Erfolg – verhindern, indem er die entsprechenden Zeichner zu »kaufen« suchte. Im Juni 1820, also in dem Monat und Jahr, als sein Scheidungsblatt entstand, hatte auch Cruikshank vom Hofe 100 Pfund angenommen »auf Grund eines Versprechens, davon abzusehen, Ihre Majestät in irgendeiner unmoralischen Situation zu karikieren«, wie man in den Finanzaufstellungen des königlichen Archivs in Windsor Castle nachlesen kann.[7]
Das Geld nahm er, aber kaufen ließ er sich nicht. Doch auch unabhängig von solchen Bemühungen seiner Opfer, geht Cruikshanks Beschäftigung mit dem Spottblatt nach 1820 merklich zurück und ist um die Mitte des Jahrzehnts beendet. Der Zeichner widmet sich fortan dem Buch, gibt Bildfolgen heraus und wird als Illustrator tätig.
Zu Wörtern und Sätzen hat er offenbar immer ein besonderes Verhältnis gehabt. Wörter regten ihn zu Bildern an – Zeitungsmeldungen, Spottgedichte, Stichworte seiner Auftraggeber –, und zugleich sprachen seine Bilder Worte aus, nämlich in den Sprechblasen und Beischriften, die im witzigen Assoziationsspiel seiner Darstellungen eine so wichtige Rolle spielen. Dieses scharfsinnige Wortgeplänkel, die Schimpfworte und Ausrufe folgen nicht nur dem Brauch der Zeit. Sicher begann auch er zunächst in seinen Spottzeichnungen damit, weil dies in der zeitgenössischen Karikatur damals üblich war, und schon als Kind konnte er bei den Arbeiten seines Vaters diese

Isaac Cruikshank
»Ein neuer Stützpfahl für einen wackligen Hocker«
1798

Wortballons als Bildelemente betrachten. Doch nutzt er solche Tradition, um seinen Karikaturen auch von dieser Seite her ihren spezifischen Charakter zu verleihen. Ohne die Worte fehlte ihnen ein wesentliches Element. Cruikshanks Karikaturen leben von den Funken, die zwischen Bild und Text überspringen.

Hat er als Karikaturist immer auf aktuelle Stichworte reagiert, darauf mit seinen Bilderfindungen geantwortet, die wiederum Stichworte äußern, so kommt er als Illustrator mit dem künstlerisch geformten Wort in Verbindung. Nun zieht er aus erzählten Geschichten Szenen, Momentaufnahmen aus dem fließenden Ablauf der Handlung, so, wie er dies auch als Satiriker getan hat. Die Wurzeln seiner Kunst liegen in der Karikatur. Die dort gewonnenen Fähigkeiten wendet er nun als Illustrator in gewandelter Form an.

Als er sich 1872 öffentlich zu Wort meldete und angab, er habe den Verlauf der Handlung und zahlreiche Figuren für Dickens' *Oliver Twist* konzipiert, meinte man, ein alter Künstler, der sich zu wenig beachtet fühlt, versuche mit falschen Behauptungen auf sich aufmerksam zu machen. Dickens lebte damals nicht mehr und konnte sich also zu dieser Frage nicht mehr äußern. Aber der Autor W. Harrison Ainsworth. Dessen *Tower of London* war 1840 mit Cruikshanks Lithographien erschienen, und auch für diesen Text beanspruchte der Illustrator, rückblickend, Autorenrechte.[8] Er habe die Geschichte konzipiert. Ainsworth wies das von sich, und erst neuere Untersuchungen[9] haben gezeigt, daß Cruikshank in diesem Falle den wahren Sachverhalt genannt hatte; der Text des Buches ist tatsächlich weitgehend vom Zeichner bestimmt worden. Der Bilderzeichner entwarf Romanfiguren und das Konzept der Handlung.

Wir erwähnen diese etwas umständliche Kontroverse, um auch damit auf Cruikshanks eigenartige Tätigkeit zwischen Wort und Bild hinzuweisen. Als Karikaturist fand er in beiden seine Pointen, als Illustrator suchte er im Wort das Bild und erfand zugleich literarische Konzepte und Vorformen, die

andere ausschrieben – etwa so, wie er die Zeichnungen anderer radierte – und die er danach wieder in Bilder umsetzte.
Mit Cruikshanks Abschied als Karikaturist endet das maßgebende Kapitel der englischen satirischen Darstellung und damit ein wichtiger Abschnitt der Geschichte der europäischen Karikatur. Was in Italien entstanden war, um zunächst die möglichen Beziehungen zwischen Form und Ausdruck gerade auch in extremer Steigerung und Verzerrung zu erforschen, wurde in England mit aktuellem Geschehen und moralischen Bezügen verbunden. Hier trat die Karikatur aus dem speziellen Bereich des Künstlerateliers auf die Straße, wurde als graphisches Blatt für viele verbreitet und rückte damit an die Stelle jener Flugblätter und Spottschriften, deren volkstümliche Formen dabei zum Teil – neben den realistischen Merkmalen der niederländischen Genrebilder – in die Karikatur aufgenommen wurden.
Dies beginnt in England mit Hogarth. Er bediente sich der Mittel der satirischen Darstellung, um moralisierend Mißstände anzuprangern, bestimmte, besonders mit seinen graphischen Zyklen, die weitere Entwicklung der Bildsatire und überschritt zugleich in seinem Werk deren Bereich.
Erst mit Rowlandson, Gillray und Cruikshank findet dann die englische Karikatur um die Wende vom 18. zum 19. Jahrhundert ihre eigentliche Ausprägung als volkstümliches und zugleich aggressiv-kritisches Sittenbild. Dabei trennt sie sich fortschreitend von der offiziellen Kunsttradition. Während Rowlandson noch ein Maler ist, der aus Geldnot zum Satiriker wird und dessen akademische Ausbildung ganz offensichtlich seine Karikaturen bestimmt, löst sich Gillray in viel stärkerem Maße von solcher Vorprägung. Doch auch er bleibt – wie wir sahen – in den Grundlagen seiner Kompositionen in der Tradition des alten Jahrhunderts verhaftet, was besonders im Vergleich mit seinem Nachfolger, dem Autodidakten Cruikshank, deutlich wird. Dieser erscheint dagegen wie eine Verkörperung der neuen Zeit, jener Zeit zwischen den beiden Jahrhunderten und zwischen den Stilen: ein Aufbruch als Satyrspiel aus einem Lande, das im bildnerischen Bereich lange Zeit eine Randerscheinung war und das sich, eben in dieser Blütezeit seiner Karikatur, in die Kunstgeschichte einschaltete. 1824 geben die im Pariser Salon ausgestellten Bilder John Constables der französischen Malerei neue künstlerische Impulse.
Cruikshanks Karikaturen sind Aufbruch und Ausbruch eines Außenseiters, der jedoch von ihm selbst bald wieder zurückgenommen wird. 1837, als er fünfundvierzig Jahre alt war, beginnt die Regierungszeit von Königin Victoria. Etwa gleichzeitig entwickelt sich mit Honoré Daumier in Frankreich ein neues Kapitel der Karikatur.

Anmerkungen

1 R. W. Buss, *English Graphic Satire,* London 1874, S. 128. Gemeint ist wohl der Essayist und Kritiker Joseph Addison (1672–1719).
2 Draper Hill, *Mr. Gillray the Caricaturist,* London 1965, S. 152.
3 William Feaver, »The Artist's Role«, Ausstellungskatalog *George Cruikshank,* Victoria and Albert Museum, London 1974, S. 5.
4 Draper Hill, op. cit., S. 127.
5 William Bates, *George Cruikshank, the Artist, the Humorist and the Man,* Birmingham 1879, S. 83.
6 William Feaver, op. cit., S. 10.
7 Mary Dorothy George, *Catalogue of Political and Personal Satires,* Bd. 10, London 1952, S. XII.
8 William Feaver, op. cit., S. 17f.
9 John Harvey, *Victorian Novelists and their Illustrators,* London 1970, und Richard Vogler, *Cruikshank and Dickens, a Reassessment of the Role of the Artist and the Author,* Princeton University Library Chronicle, Bd. 35, Nr. 1 und 2.

1792

Am 27. September wird George Cruikshank als zweites Kind von Mary und Isaac Cruikshank (1765–um 1811) geboren. Die Familie ist schottischer Herkunft. Der Vater hatte in London eine Radierwerkstatt, war als Karikaturist tätig (Abbildung 1) und führte zugleich verschiedene Illustrationsaufträge aus.

1
Isaac Cruikshank »Beim Verteilen der Beute«

2
Isaac und George Cruikshank »Das von Jack erbaute Haus«

1806

Ist als Gehilfe seines Vaters tätig und illustriert Liederblätter, Lotteriereklamen und andere Werbedrucksachen sowie Kinderbücher (Abbildungen 2 und 3).

3
Kinderzeichnung von George Cruikshank

1811

Übernimmt die Werkstatt des Vaters und arbeitet dort mit seinem älteren Bruder Robert (1789–1856) zusammen, der zunächst zur See gefahren war. Beginn regelmäßiger Auftragsarbeiten für die Zeitschriften *The Scourge, Town Talk, The Satirist, The Meteor* und andere.

1812

Nach sporadisch entstandenen früheren Arbeiten widmet er sich nun speziell der politischen Karikatur als satirischem Einzelblatt, die er für verschiedene Verleger ausführt. Dies geschieht in der Nachfolge von Thomas Rowlandson (1756–1827; Abbildung 4) und vor allem von James Gillray (1757 bis 1815), als dessen Nachfolger er bald als führender Karikaturist seines Landes geschätzt wird. Um 1815 entstehen als Schwerpunkt dieser Tätigkeit seine Napoleon-Karikaturen (Abbildung 5). Bis 1826 behandelt er nun alle Sparten der politischen und sozialkritischen Karikatur.

4
Thomas Rowlandson »Der Taubenschlag«

5
»Tiddy Doll, der große Bäcker französischen Ingwerbrots«

1816

Arbeitet, neben seinen Einzelblättern, für den politisch linksgerichteten Verleger William Hone bis 1821 und vertritt dabei – gegen Georg IV. – die Sache der Liberalen (Abbildung 6).

6
»Die Heiratsleiter der Königin«

1819

Mit seinen Darstellungen für die Zeitschrift *The Humorist* (bis 1920) entstehen die ersten wichtigen Buchillustrationen des Künstlers.

1821

Illustriert, zusammen mit seinem Bruder Robert, *Life in London* von Pierce Egan, ein Buch, das zum Bestseller wird.

1823

Illustriert die erste englische Übersetzung von Grimms Märchen (Abbildung 7) und schafft damit ein maßgebendes Werk der englischen Buchillustration. Ebenfalls 1823 erscheinen seine Illustrationen zu *Peter Schlemihl* von Adalbert von Chamisso (Abbildung 8), ein Markstein in der Entwicklung des Buchillustrators Cruikshank.

7
»Die Gänsemagd« Illustration zu Grimms Märchen

8
Illustration zu »Peter Schlemihl« von Adalbert von Chamisso

1823–1824

erscheint die Folge *Points of Humour,* eine Serie humorvoller Darstellungen, in denen die Mittel der satirischen Einzelblätter zu einem illustrierenden Erzählstil gewandelt werden (Abbildung 9).

9
»Points of Humour«

1826

Die Reihe der satirischen Einzelblätter, durch die Cruikshank zum führenden englischen Karikaturisten seiner Zeit wurde, bricht ab.
Er arbeitet nun als erfolgreicher Illustrator klassischer und zeitgenössischer Autoren.
Es erscheinen unter anderem:

1830 Walter Scott, *Letters on Demonology;*
1831 Daniel Defoe, *Robinson Crusoe* (Abbildung 10);

10
Illustration zu »Robinson Crusoe« von Daniel Defoe

1832 Lawrence Sterne, *Tristram Shandy;*
1836–1839 Charles Dickens, *Sketches by Boz* und *Oliver Twist* (Abbildung 11);
1840 William Harrison Ainsworth, *The Tower of London;*
1842 von demselben Autor, *The Miser's Daughter* (Abbildung 12).

11
Illustration zu »Sketches« von Charles Dickens

12
Illustration zu »The Miser's Daughter« von W. H. Ainsworth

Daneben als eigene Publikationen:
1828–1832 *Scraps and Sketches;*
1834–1836 *My Sketchbook;*
1835–1853 *The Comic Almanack;*
1842 *George Cruikshanks Omnibus;* 1845 *George Cruikshanks Table Book;*
1846 *Our Own Times,* eine Folge, die den Sozialkritiker Cruikshank – noch vor dessen Antialkoholikerkampagne – charakterisiert.
1847 *The Bottle,* zusammen mit Charles Mackay, eine Publikation, die Cruikshanks populärstes Buch wurde (Abbildung 13).

13
Illustration zu »The Bottle«

1848 *The Drunkard's Children,* ebenfalls zusammen mit Charles Mackay herausgegeben. Diese und die vorhergehende Publikation markieren des Künstlers Wandlung zum Temperenzler, die seinem Werk als Zeichner und Illustrator einen neuen Themenbereich erschließt (Abbildung 14).

14
Illustration zu »The Drunkard's Children«

1851

Cruikshank verfaßt sein erstes sozialkritisches Pamphlet, dem in den nächsten Jahren weitere folgen.

1853

Es erscheint *George Cruikshank's Fairy Library* (bis 1864), eine Folge vom Künstler verfaßter und illustrierter Märchen (Abbildung 15).

15
Illustration aus »George Cruikshank's Fairy Library«

16
»Der Führer der Pariser blutroten Republik, oder der teuflische Unhold!«

1857/58

Als letzte wichtige Illustrationsreihe erscheint *The Life of Sir John Falstaff.*

1864

Veröffentlichung des großen Stahlstichs *The Worship of Bacchus, or the Drinking Customs of Society,* große Apotheose von Cruikshanks Temperenzlertum, ausgeführt von Charles Mottram nach Cruikshanks Vorzeichnung auf der Druckplatte.

1871

Es entsteht das satirische Blatt »The Leader of the Parisian Blood Red Republic, or the Infernal Fiend«. Der Neunundsiebzigjährige greift noch einmal auf die Mittel seiner politischen Karikaturen zurück, wie er sie bis 1826, in der Nachfolge Gillrays, entwickelt hatte, um hier eine aggressive Attacke gegen die Pariser Kommune zu reiten (Abbildung 16).

1878

George Cruikshank stirbt am 1. Februar sechsundachtzigjährig in London.

Die Tafeln

I

GRAND EXPEDITION OR THE COMMANDERS IN CHIEF
WATCHING EACH OTHERS MOTIONS!!
DER GROSSE FELDZUG, ODER: DIE FELDMARSCHÄLLE
BEOBACHTEN DIE BEWEGUNG DER ANDEREN!

4
Whitlock the second or another tarnish
of British Valor
Whitlock der Zweite, oder: Eine neue
Trübung britischen Heldenmuts

5
The Battle of Vittoria
Die Schlacht von Vittoria

7

King Richard Burlesqued
or King Jocys Flight from the
Battle of Vittoria

König Richard als Posse,
oder: König Jocys Flucht aus der
Schlacht von Vittoria

10
Delusion a New Farce. Perform'd at Paris
with great Eclat –
principal performer the King of Rome!!!
»Verblendung«, eine neue Posse.
Mit grossem Erfolg in Paris aufgeführt –
Hauptdarsteller der König von Rom!

8
The first Exploit of Boney the Second!!
Die erste Heldentat Boneys des Zweiten!

13

Boney receiving an account of the
Battle of Vittoria – or, the Little Emperor
in a Great Passion!

Boney erhält einen Bericht von der
Schlacht bei Vittoria, oder:
Der kleine Kaiser in grosser Wut!

12
Anticipation for Boney or,
A Court Martial on the Cowardly
Deserter from the Grand Army!
Was Boney erwartet, oder:
Ein Kriegsgericht für den Deserteur
von der Grossen Armee!

14
COMPARATIVE ANATOMY OR BONE=YS
NEW CONSCRIPTS FILLING UP THE SKELETONS
OF THE OLD REGIMENTS
VERGLEICHBARER KÖRPERBAU, ODER:
BONEYS NEUES AUFGEBOT FÜLLT DIE VERBÄNDE
DER ALTEN REGIMENTER WIEDER AUF

17
Snuffing Out Boney!
Boney wird ausgelöscht!

18
A Grand Manœuvre! or, The Rogues march
to the Island of Elba
Ein grosses Manöver!, oder: der Marsch
des Schurken nach Elba

19
LITTLE BONEY GONE TO POT
KLEIN-BONEY AUF DEM TOPF

22

A View of the Grand Triumphal Pillar

Eine Ansicht der grossen Triumph-Säule

23
THE PEDDIGREE OF CORPORAL VIOLET
DER STAMMBAUM VON CORPORAL VIOLET

24
Boney's meditations on the Island
of St. Helena – or –
The Devil addressing the Sun
Boneys Betrachtungen auf der Insel
St. Helena, oder:
Der Teufel betet die Sonne an

25
The Corsican Shuttlecock
or the pretty Play thing for $\frac{E}{Y}$ Allies
Der Korsische Federball, oder:
ein hübsches Spielzeug für die Alliierten

26
THE CORSICAN WHIPPING TOP IN FULL SPIN!!!
DER KORSISCHE KREISEL VOLL IN FAHRT!

27
Old Blucher Beating The Corsican
Big Drum
Der alte Blücher schlägt die grosse
korsische Trommel

THE TWO VETERANS.

Hectora quem laudas, pro te pugnare juncto,
Militia est operis altera digna tuis.
OVID.

OH! wine is the thing to make veterans tell
Of their deeds and their triumphs—and punch does as well—
As the R——T and B———R, that sober old pair,
Fully prov'd t'other night, when they supp'd—you know where,
And good humour'dly bragg'd of the feats they'd been doing,
O'er exquisite punch of my Y——R——TH's own brewing.
This diff'rence there was in the modes of their strife,
One had fought with the *French*—t'other fought with his ——
"How I dress'd them!" said B———R, and fill'd up sublime—
"I too," says the P——E, "have dress'd men in my time."
Bl. One morning at dawn——
Reg. Zounds, how early you fight!
I could never be ready (*hiccups*) *my* things are so tight!
Bl. I sent forward a few pioneers over night——
Reg. Ugly animals these are, in general, I hear——
(*hiccups*)
The Q——, you must know, is *my* chief pioneer."
Bl. The foe came to meet us——
Reg. There I manage better,
The foe would meet *me*, but I'm d——n'd if I'll let her.
Bl. Pell mell was the word—dash thro' thick and thro' thin.
Reg. C—l—n H——to a tittle!—how well we chime in!
Bl. For the fate of all Europe, the fate of men's rights,
We battl'd——
Reg. And I for the grand fete at White's!
Bl. Though the ways, deep and dirty, delay'd our design——
Reg. Never talk of the dirt of *your* ways—think of *mine!*
Bl. And the balls hissing round——
Reg. Oh, those balls be *my* lot,
Where a good supper *is*, and the P—NC—SS is *not*.
And for *hissing*—why, faith, I've so much ev'ry day,
That my name, I expect, in the true Royal way,
Will descend to posterity, "G—OR LE SIFFLE!"
Bl. But we conquer'd, we conquer'd—blest hour of my life!
Reg. And blest moment of mine, when I conquer'd my W——.
Here the dialogue falter'd—he still strove to speak,
And strong was the punch, and the R——T's head weak;
And the Marshal cried "Charge!" and the bumpers went round,
'Till the fat-toilet veteran sunk on the ground;
And old BL—CH—R triumphantly crow'd from his seat,
To see one worthy Potentate more at his feet!

LONDON: Printed by PLUMMER and BREWIS, Love-Lane, Eastcheap; for THOMAS TEGG, 111, Cheapside.

28
THE TWO VETERANS
DIE BEIDEN VETERANEN

29
THE ALLIED BAKERS OR,
THE CORSICAN TOAD IN THE HOLE
DIE ALLIIERTEN BÄCKER,
ODER: DIE KORSISCHE FLEISCHPASTETE

30
The Afterpeice to the Tragedy of Waterloo –
or – Madame Françoise & her Managers!!!
Die Nachwirkungen der Tragödie von Waterloo,
oder: Madame Françoise und ihre Manager!

32

THE DEPARTURE OF APOLLO & THE MUSES –
OR – FAREWELL TO PARIS

DIE ABREISE VON APOLLO UND DEN MUSEN,
ODER: ABSCHIEDSGRUSS FÜR PARIS

34
PEACE & PLENTY OR GOOD NEWS
FOR JOHN BULL!!!
FRIEDEN UND ÜBERFLUSS, ODER:
GUTE NEUIGKEITEN FÜR JOHN BULL!

35
THE GOUT, THE KING & THE DOCTORS, –
OR THE CASE OF LO^S XVIII
DIE GICHT, DER KÖNIG UND DIE ÄRZTE,
ODER: DER FALL LUDWIG XVIII.

37
RETURN OF THE PARIS DILIGENCE –
OR – BONEY RODE OVER
RÜCKKEHR DER PARISER POSTKUTSCHE,
ODER: BONEY ÜBERFAHREN

38
Louis XVIII climbing the Mât de Cocagne
Ludwig XVIII. erklimmt den Klettermast

39
Old Bumblehead the 18$^{\underline{\text{TH}}}$ trying on the
Napoleon Boots – or,
Preparing for the Spanish Campaign
Der alte Brummkopf XVIII. versucht,
Napoleons Stiefel anzuprobieren,
oder: Vorbereitungen
für den spanischen Feldzug

40
France, (The Great Nation) Driven by the North – into the South!!!
Frankreich (die grosse Nation) wird vom Norden in den Süden geschoben!

41
Royal Hobby's,
or The Hertfordshire Cock=Horse!
Königliche Liebhabereien,
oder: Das Steckenpferd von Hertfordshire!

42
Accidents in High Life
or, Royal Hobby's, Broke Down!
Unglücksfälle im eleganten Leben,
oder: Königliche Steckenpferde –
zusammengebrochen!

43
Royal Hobby's. – "De gustibus non est disputandum: – / That is, there is no disputing against / Hobby=Horses"; Tristram Shandy
Königliche Liebhabereien. – »De gustibus non est disputandum: – Über Steckenpferde kann man nicht streiten«; Tristram Shandy

46

The Court at Brighton à la Chinese!!

Der Hof in Brighton auf chinesische Art!

47
GENT, NO GENT, & RE GENT!!
HERR, KEIN HERR, HERRSCHER!

48
A Levee Day
Audienz-Tag

49
The Royal Dock yard,
or The Walnut-Shell Squadron
Die königliche Werft,
oder: Das Nussschalen-Geschwader

50

The Pall Mall Apollo, or R---ty in a blaze!!!

Der Apollo von Pall-Mall, oder: Eine fürstliche Persönlichkeit in Flammen!

51
SALUTING THE R XXXX TS BOMB UNCOVERED
ON HIS BIRTH DAY, AUGUST 12TH 1816
WIE DES REGENTEN ENTBLÖSSTES HINTERTEIL
AN SEINEM GEBURTSTAG, AM 12. AUGUST 1816,
BEGRÜSST WURDE

53

Meditations amongst the Tombs

Meditationen zwischen den Gräbern

54
A Sepulchral Enquiry into English History
Geschichtsforschung durch Öffnung von Gräbern

60
JOHN BULL IN THE COUNCIL CHAMBER
JOHN BULL IM BERATUNGSZIMMER

56

Nosing the Nob at Ramsgate –
An Historical Fact
Einem Adeligen in Ramsgate
die Frau ausspannen.
Eine historische Tatsache

58

A Venomous Viper Poisoning
The R---L Mind

Eine gefährliche Schlange vergiftet
das königliche Gemüt

61
THE BRITISH SPREAD EAGLE
DER BRITISCHE ADLER
MIT AUSGEBREITETEN SCHWINGEN

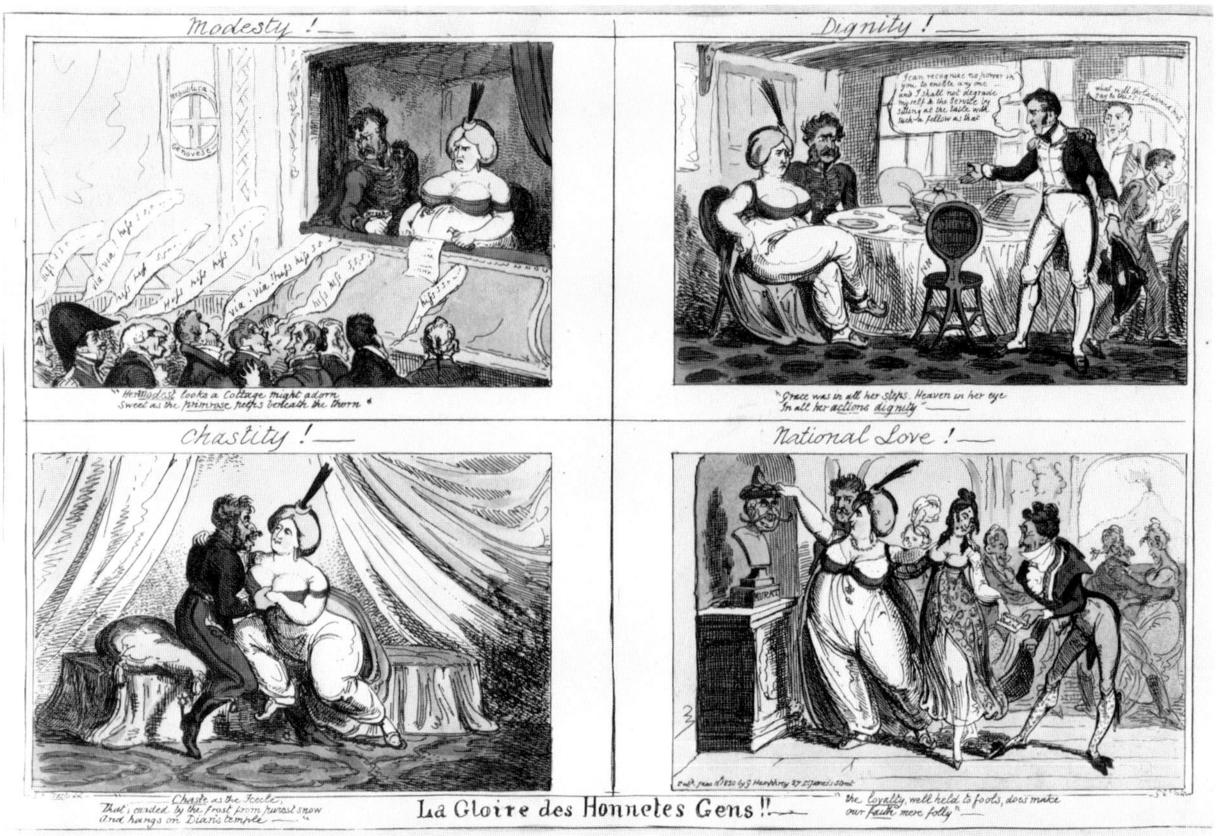

62
La Gloire des Honnetes Gens!!
Der Ruhm der ehrbaren Leute!

64
INSTALLATION OF A KNIGHT OF THE BATH, –
OR – DELICATE RECREATIONS
ON BOARD A POLACRE
ERNENNUNG EINES »RITTERS VOM BADE«,
ODER: HEIKLE ERFRISCHUNG
AN BORD EINES HANDELSSCHIFFES

63
Symptoms of C. C.
Anzeichen von C. C.

65
"Ah! sure such a pair was never seen
so justly form'd to meet by nature".
Old Sherry – / Dedicated to Old Bags
Ah! Gewiss hat es noch nie ein solches
Paar gegeben, von Natur so genau
füreinander geschaffen! Alter Sherry –
Alten Säcken gewidmet

67
A Dutch Toy!!! or, a pretty Play-thing
for a Young Princess!!!
Ein holländisches Kinkerlitzchen!,
oder: Ein hübsches Spielzeug für eine
junge Prinzessin!

68
The R---t Kicking up a Row.
or, Warwick House in an Uproar!!!
Der Regent schlägt Krach,
oder: Warwick House in Aufruhr!

69
THE ROYAL RUNAWAY & COACHEE
– OR THE FEMALE RICHARD
DIE KÖNIGLICHE FLUCHT UND DROSCHKENFAHRT,
ODER: DER WEIBLICHE RICHARD

70
THE ROYAL TRANSPORT & THE CAPTIVE DAUGHTER
OR, PRINCE BLUE BEARD TRIUMPHANT!!!!
DIE KÖNIGLICHE ABREISE UND DIE
GEFANGENE TOCHTER, ODER:
PRINZ BLAUBART TRIUMPHIERT!

71
FEMALE INTREPIDITY!! OR HOW TO
BOARD A KINGS SHIP IN A MANLY STILE!! – VIDE –
A LATE ROYAL/CRUIZE OFF WEYMOUTH
WEIBLICHE UNERSCHROCKENHEIT!, ODER:
WIE MAN AUF MÄNNLICHE WEISE AN BORD EINES
SCHIFFES GEHT! – SO GESCHEHEN BEI
EINER KÖNIGLICHEN KREUZFAHRT VOR WEYMOUTH

72
A Brighton Hot Bath,
or Preparations for the Wedding!!
Ein heisses Bad in Brighton,
oder Hochzeitsvorbereitungen!

73
Progeny in Perspective
or – a Royal Accouchment!!
Aussicht auf Nachkommen, oder:
Eine königliche Niederkunft!

75
FRENCH GENERALS RECEIVING AN ENGLISH CHARGE
FRANZÖSISCHE GENERALE HABEN EINE ENGLISCHE SENDUNG ERHALTEN

78
A Financial Survey of Cumberland
or the Beggars Petition
Eine finanzielle Überprüfung des
Duke of Cumberland,
oder: Die Eingabe des Bettlers

80
Miss Mary & her loving Cousin!
or – / Single Gloucester prefer'd to
German Sausage!!!
Miss Mary und ihr verliebter Vetter,
oder: Der ledige Gloucester
wird deutscher Wurst vorgezogen!

81
A couple of Humbugs
Das Ehepaar Humbug

82
The new German Waltz
Der neue deutsche Walzer

83

The Hombourg Waltz, with Characteristic Sketches of Family Dancing!

Der Homburg-Walzer, Tanz der Mitglieder der königlichen Familie mit charakteristischen Hinweisen auf die Tänzer!

84

Sales by Auction! – or Provident Children disposing of their / deceased Mother's Effects for the Benefit of the Creditors!!
Auktion!, oder: Sparsame Kinder verfügen über die Hinterlassenschaft ihrer verstorbenen Mutter zugunsten der Gläubiger!

88
The Prince of Whales
or the Fisherman at Anchor
Der Fürst der Wale,
oder: Der Fischer vor Anker

85
THE MOUNTEBANKS,
OR OPPOSITION SHOW BOX
DIE MARKTSCHREIER,
ODER: DIE SCHAUBUDE DER OPPOSITION

87
Princely Predilections or Ancient Music and Modern Discord
Fürstliche Vorlieben, oder: Alte Musik und moderne Disharmonie

90
Economical Humbug of 1816 or, saveing at the Spiggot & Lettingout at the Bunghole
Ökonomischer Blödsinn von 1816, oder: Einsparen am Zapfhahn und in vollem Strahl aus dem Spundloch fliessen lassen

92

Loyal Address's & Radical Petetions, or the R---ts most gracious answer to both sides of the question at once

Treue Ergebenheitsadressen und radikale Eingaben, oder: Des Regenten huldvolle Antwort auf die Frage an beide Seiten zugleich

94
Results of the Northern Excursion – or
Strong Symtoms of the "Scotch Fiddle"
Ergebnisse des Ausflugs in den Norden, oder:
Heftige Anzeichen der »Schottischen Fidel«

98
A Dabbler in the Stocks
Ein Stümper im Block

102
Massacre at St. Peter's
or, "Britons Strike Home"!!!
Das Massaker von St. Peter,
oder: Briten, schlagt drauf los!

100
WILLIAM THE CONQUEROR,
OR THE GAME COCK OF GUILDHALL
WILHELM DER EROBERER,
ODER: DER KAMPFHAHN VON GUILDHALL

103
A Free Born Englishman!
Ein frei geborener Engländer!

104
THE RADICAL'S ARMS
DIE WAFFEN DER RADIKALEN

107
Radical Quacks giving a New Constitution to John Bull!
Radikale Quacksalber geben John Bull eine neue Konstitution!

106
THE CATO STREET CONSPIRATORS
DIE VERSCHWÖRER VON CATO STREET

108
The New Union-Club
Being a Representation of what took place
at a celebrated Dinner
given by a celebrated – Society
Der neue Unions-Club
Eine Darstellung dessen, was sich auf einem
berühmten Dinner abgespielt hat, das von einer
berühmten Gesellschaft gegeben wurde

109
Royal Methodists in Kent & Sussex –
or The Dissenters too powerful for the
Established Church!!
Königliche Methodisten in Kent & Sussex,
oder: Die Dissenter sind zu mächtig für
die Staatskirche!

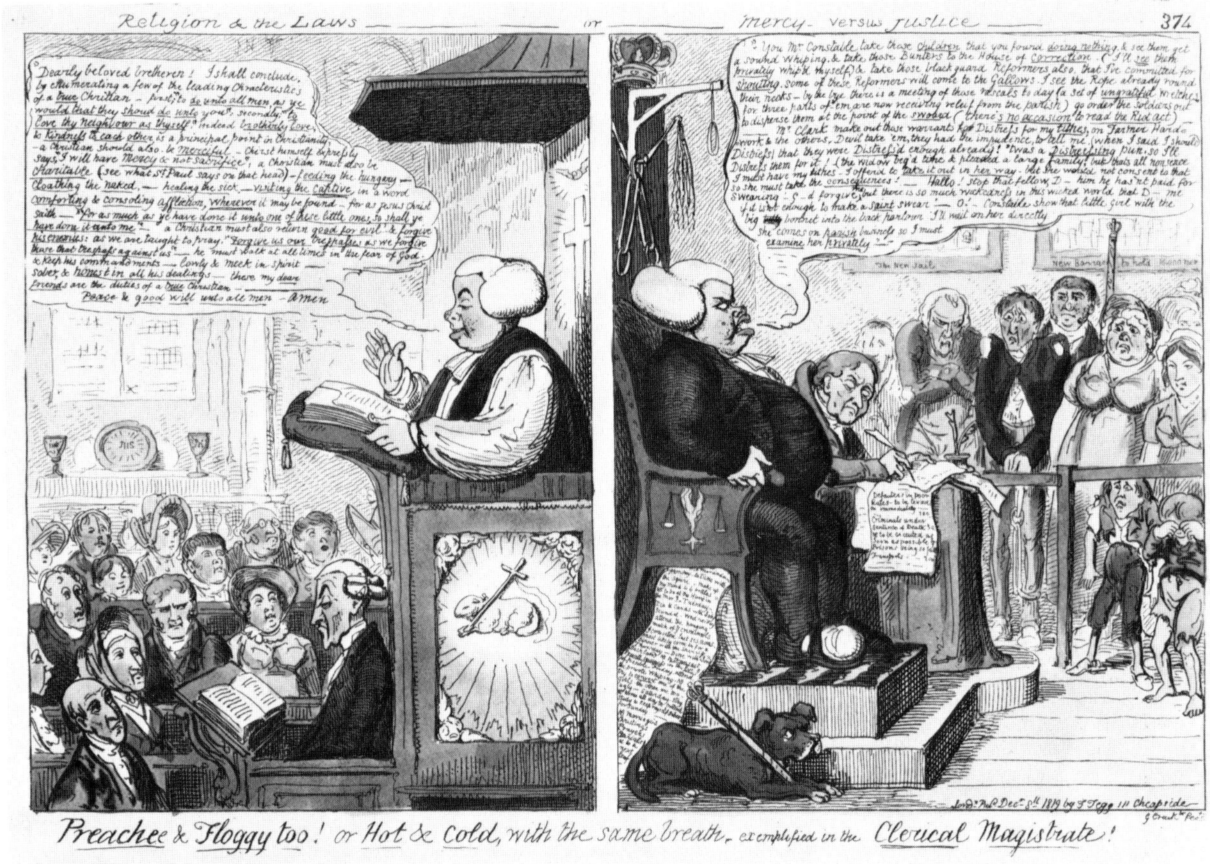

III
Preachee & Floggy too! or Hot & Cold,
with the same breath, exemplified in the
Clerical Magistrate!
Prediger und Auspeitscher zur gleichen Zeit!,
oder: Heiss und Kalt im gleichen Atemzug,
dargestellt am Beispiel
eines geistlichen Friedensrichters!

110
Old Thirty Nine shaking hands with his
good Brother the Pope of Italy, or Covering up,
Versus Sealing up the Bible
Der alte Neununddreissig schüttelt seinem
Bruder, dem italienischen Papst, die Hand,
oder: Das Verdecken gegen das Versiegeln
der Bibel

115
THE WEDDING BALL! OR MA'AM'SELLE M. R. C. A. N. – D. O. T. – I'S HIGHLAND FLING INTO HIGH LIFE!!
DER HOCHZEITSBALL, ODER: MAMSELL MERCANDOTTIS »HOCHLAND-TANZ« INS VORNEHME LEBEN!!

114
A Long Wife – Short Husband
and a long Love Letter
Eine lange Frau – ein kurzer Ehemann
und ein langer Liebesbrief

117
Longitude & Latitude of St. Petersburgh
Länge und Breite von St. Petersburg

116
Kang & Cob – Practising for the ensuing Season
Kang und Cob üben für die kommende Saison

119
Plucking a Goose!!!
Eine Gans rupfen!

121
Fashionable Luxury – or – A New-Gent,
at Mother xxx's – with his Favorite Irish
Dickey Birds
Luxus, wie er heute modern ist, oder:
Ein neuer Geck, bei Mutter xxx mit seinen
bevorzugten irischen Vögelchen

123
THE WEBB ENTANGLED –
THE WEBB UNRAVELLED –!
DAS VERHEDDERTE SPINNENNETZ –
DAS SPINNENNETZ NICHT ENTWIRRT!

122
THE COMMERCIAL DANDY & HIS
SLEEPING PARTNERS
DER DANDY AUS DEM GESCHÄFTSLEBEN
UND SEINE SCHLAFGENOSSINNEN

125
Middling Heat in the West Indies
Die übliche Hitze in Westindien

124

Symptoms of Misconduct, – or – Detection, –
Accusation, – and – Conviction.
A Lollipop – Ally Campagne – A Bull's Eye and
a Brandy Ball
Anzeichen schlechten Benehmens, oder:
Aufspüren, anklagen und verurteilen.
Ein Dauerlutscher, ein Kremhütchen, ein
Sirupbonbon und eine Cognac-Bohne

126
THIS BRAZEN IMAGE WAS ERECTED BY THE LADIES,
IN HONOR OF PADDY CAREY O'KILLUS, ESQ.
THEIR MAN O'METAL!!!
DIESE BRONZENE STATUE WURDE VON DEN DAMEN
ZU EHREN PADDY CAREY O'KILLUS', IHREM IDOL,
ERRICHTET!

128
Gambols on the River Thames. Feby 1814
Volksbelustigung auf der Themse im Februar 1814

CHARIOTEER SNIP ON RISING GROUND.

Sir Buttonhole Snip drives a goose-chase,
Off blows his hat in a lady's face:
Bless me, she cries, why who can that be?
'Tis Snip, Ma'am, who made your liv'ry.

His flaxen thread he has wax'd so strong,
That a four-in-hand he sports along;
Has cut his cloth to such a measure,
He's now become the buck of pleasure.

Cabbage, sure, must be wholesome diet,
To give a fortune all so pliant:
Stung with fashion, he breaks his way,
And, like my lord, turns night into day.

Drives his Dolly up St. James's Street,
And brushes by Buckskins when they meet;
Odds, death! they swear, that's our brother thread,
On stitching boards he was better bred.

Published, October 18th, 1813, by
JAMES WHITTLE and RICHARD HOLMES LAURIE, No. 53, Fleet Street, London.

135
Charioteer Snip on Rising Ground
Wagenlenker Schneider auf dem Weg nach oben

130
THE NOBLE PEDLAR! OR THE LATE CHANCE-SELLER & PRESENT BROOM-SELLER!!
DER VORNEHME BETTLER!, ODER: DER FRÜHERE LORD-KANZLER HEUTE EIN BESENVERKÄUFER!!

136
Puzzled which to choose!! or,
The King of Tombuctoo offering one of his
daughters in marriage to Cap.^{T} –
Anticipated Result of $\frac{E}{Y}$ African Mission
Wen soll er wählen!, oder:
Der König von Timbuktu bietet eine
seiner Töchter dem Hauptmann
zur Heirat an – vorweggenommenes Resultat
der afrikanischen Mission

133
The Imposter, or, Obstetric Dispute.
Vide – Johanna Southcote
and / the public disputations
Die Schwindlerin, oder: Disput über
Geburtshilfe. Siehe: Johanna Southcote
und die öffentlichen Debatten

137
Landing the Treasures, or Results of the Polar Expedition!!!
Die Schätze werden an Land gebracht, oder: Ergebnisse der Polar-Expedition!

138
THE ELGIN MARBLES!
OR JOHN BULL BUYING STONES AT THE TIME
HIS NUMEROUS FAMILY WANT BREAD!!
DER ELGIN-MARMOR,
ODER: JOHN BULL KAUFT STEINE, WÄHREND SEINE
ZAHLREICHE FAMILIE NACH BROT SCHREIT!!

139
The Four Mr Prices
Die vier Herren Preis

140
A General Portrait
Das Porträt eines Generals

141
Signior Clarioneto
Herr Klarinette

146
Inconvenient partners in Waltzing
Ungleiche Paare beim Walzer

147
Waiting on the Ladies
Wie man den Damen aufwartet

148
"Monstrosities" of 1816 scene, Hyde Park
Modetorheiten von 1816, Szene im Hyde Park

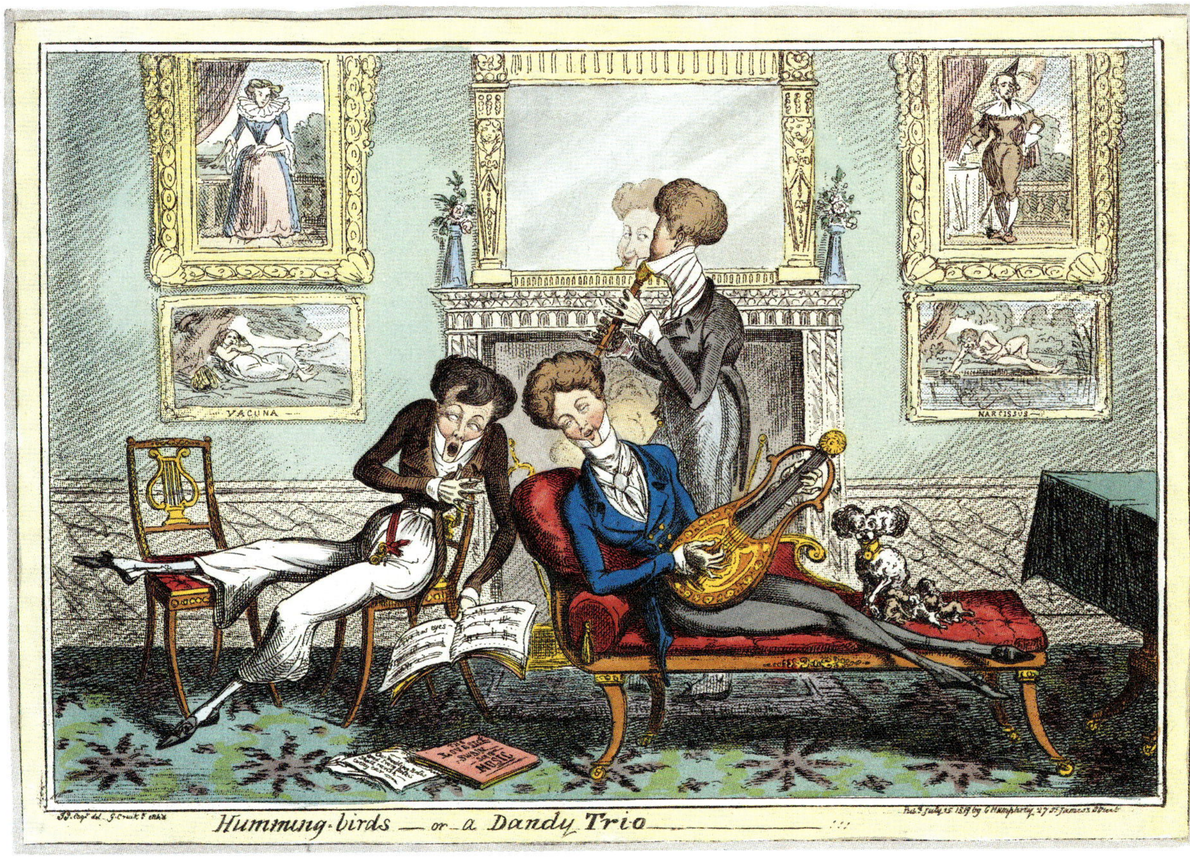

150

Humming-birds – or – a Dandy Trio – !!!

Zwitschernde Vögel, oder: ein Dandy-Trio!

154
The Rival Romeos or
Coates & Mathews
Die rivalisierenden Romeos,
oder: Coates und Mathews

152
"Monstrosities" of 1824
Modetorheiten von 1824

151
MONSTROSITIES OF 1822
MODETORHEITEN VON 1822

155
The Theatrical Atlas
Der Atlas des Theaters

156
Management – or – Butts & Hogsheads
Geschäftsführung,
oder: Braufass und Rammbock

159
An Interesting scene on board an
East-Indiaman, showing the Effects of
a heavy Lurch, – after dinner
Eine interessante Szene an Bord eines
Handelsschiffes nach Ostindien,
die die Wirkung eines schweren Seegangs
nach dem Mittagessen zeigt

158
Ostend Packet – in a Squall
Fährboot nach Ostende bei einem Sturm

160
A Party of Pleasure –
Dedicated to the "Funny Club"
Eine Vergnügungsfahrt –
Dem Funny Club gewidmet

165
Traveling in France – or,
Le depart dela diligence
Reisen in Frankreich, oder:
Die Abfahrt der Postkutsche

163
Anglo Parisian Salutations' –
or Practice – par excellence!
Englisch-Pariser Begrüssung,
oder: Beispielhafte Übung!

164
Anglo-Gallic Salutations in London –
or Practice makes perfect
Englisch-französische Begrüssung in London,
oder: Übung macht den Meister

166
THE COMFORTS OF A CABRIOLET!
OR, THE ADVANTAGES OF DRIVING HOODWINK'D!!
DIE BEQUEMLICHKEITEN EINES CABRIOLETS,
ODER: DIE VORZÜGE,
MIT SCHEUKLAPPEN ZU FAHREN!

167
The Piccadilly Nuisance!
Dedicated to the Worthy,
Acting Magistrates of the district
Ärger in Piccadilly!
Gewidmet der ehrenwerten,
rührigen Verwaltung des Distrikts

168
INCONVENIENCES OF A CROWDED
DRAWING ROOM
DIE UNBEQUEMLICHKEITEN
EINES ÜBERFÜLLTEN EMPFANGS

170
A little Music à la Françoise –
Les Savoyards
Eine kleine Musik à la Française –
Die Savoyer

171
A Hit at Backgammon
Ein Treffer beim Backgammon

172
Norfolk Dumplings or [his] Grace
before Meat
Dickerchen aus Norfolk, oder: Sein
Dankgebet vor der Mahlzeit

173
A Visit to my Uncle
& A Visit to my Aunt
Ein Besuch bei meinem Onkel
& ein Besuch bei meiner Tante

174
The Head ache
Kopfschmerzen

175
THE CHOLIC
DIE KOLIK

176
JEALOUSY
EIFERSUCHT

Katalog der ausgestellten Werke

Marianne Müseler

Kat.-Nr. 1–40
Aussenpolitik
Invasion in Walcheren
Krieg in Portugal und Spanien
Napoleon
Blücher
Wiener Kongreß
Louis XVIII.

Kat.-Nr. 41–84
Georg IV. und seine Familie
Georg IV.
Seine Gemahlin, Prinzessin Caroline von Wales
Seine Tochter, Prinzessin Charlotte
Seine Geschwister

Kat.-Nr. 85–113
Innenpolitik
Georg IV. in der Innenpolitik
Politische Prozesse
Reformbestrebungen
Kirche und Schule

Kat.-Nr. 114–139
Besondere Ereignisse und Skandale

Kat.-Nr. 140–176
Alltag
Personenkarikatur
Tanz
Modetorheiten und Dandys
Theater
Reisen – Vergnügungen
Krankheiten

Hinweise zum Katalog

Bei der Titelwiedergabe der einzelnen Blätter ist darauf geachtet worden, die ursprüngliche Schreibung von Cruikshank festzuhalten; nur bei Unverständlichkeiten wurden in eckigen Klammern Ergänzungen gegeben.
Die Maße sind in mm (Höhe vor Breite) notiert.
Abkürzungen und Besonderheiten, die in den Blättern vorkommen:

del^{t} – delineavit (gezeichnet; Radierung nach einer fremden Vorlage)
des^{d} – designed (gezeichnet; nach eigener Idee)
etch^{d} – etched (gestochen)
fec^{t} – fecit (gemacht)
inv^{t} – invenit (angeregt, erfunden)
p^{t}, P^{t} – plate (Platte, Blatt)
pub^{d} – published (verlegt)
sculp^{t} – sculpsit (gestochen)

Gern verändert Cruikshank seinen Namen auf humoristische Art (zum Beispiel »Knahsciurc«, »Noparty« und »Facto«).
Lithographien und Aquatinten sind selten mit Signatur und mit Hinweis auf den Verleger versehen.
Um die Identifikation der Blätter in den wichtigen Œuvre-Katalogen George (BM), Cohn, Reid und Douglas zu erleichtern, sind die entsprechenden Katalog-Nummern verzeichnet. Ist ein Blatt in diesen Œuvre-Verzeichnissen nicht erfaßt, wird dies durch einen Strich deutlich gemacht.
Von der Redaktion benutzte Abkürzungen:

Abb. – Abbildung
bez. – bezeichnet
BM – Britisches Museum
KG – Kritische Graphik
l. – links
m. – Mitte
o. – oben
r. – rechts
u. – unten

Nach den Bildkommentaren folgt der Verweis auf die benutzte Literatur; häufig zitierte Literatur erscheint abgekürzt.

Verzeichnis der abgekürzt zitierten Literatur

Althaus	Althaus, Friedrich, *Englische Charakterbilder,* Bd. II, Berlin 1869.
Cohn	Cohn, Albert Meyer, *George Cruikshank. A Catalogue Raisonné of the Work Executed during the Years* 1806–1877, London 1924.
Douglas	Douglas, Richard John Hardy, *The Works of George Cruikshank. Classified and Arranged, with References to Reid's Catalogue and their Approximate Values,* London 1903.
George, C. P. P. S. (BM)	George, Mary Dorothy, *British Museum Catalogue of Political and Personal Satires,* Bd. IX und X, London 1949.
George, E. P. C.	George, Mary Dorothy, *English Political Caricature. A Study of Opinion and Propaganda,* Bd. II, 1793–1832, Oxford 1959.
George: Hogarth to Cruikshank	George, Mary Dorothy, *Hogarth to Cruikshank. Social Change in Graphic Satire,* London 1967.
Gronow	Captain Gronow, *Aus der großen Welt. Pariser und Londoner Sittenbilder* 1810–1860, Stuttgart 1908.
Guttmann	Guttmann, Bernhard, *England im Zeitalter der bürgerlichen Reform,* Stuttgart 1949.
Palmer	Palmer, Alan, *The Life and Times of George IV.,* London 1972.
Redman	Redman, Alvin, *The House of Hanover,* London 1960.
Reid	Reid, George William, *Descriptive Catalogue of the Works of George Cruikshank,* London 1871.
Vogler	Vogler, Richard A., *Graphic Works of George Cruikshank,* New York 1979.
Wardroper	Wardroper, John, *The Caricatures of George Cruikshank,* London 1977.

1

Grand Expedition or the Commanders in Chief Watching each others Motions!!
Der grosse Feldzug, oder: Die Feldmarschälle beobachten die Bewegung der anderen!

Radierung, altkoloriert. – 280 x 450 mm. – Bez. r. u.: Pub by J. Fairburn 46 Minores Septr 1809
BM –, Cohn –, Reid –, Douglas –
Hannover, Wilhelm-Busch-Museum, KG 1494/81

Das Blatt behandelt die Niederlage der Engländer beim Angriff auf die von den Franzosen verteidigte holländische Insel Walcheren 1809. Die Engländer verloren nahezu die Hälfte ihres 40 000 Mann starken Invasionskorps.
Beiderseits der Scheldemündung sitzen sich der englische Befehlshaber, Earl of Chatham, und der französische, General Bernadotte, gegenüber. Der Engländer – mit Bauchgrimmen wegen der feindlichen Bewegungen (»motion« bedeutet sowohl Stuhlgang als auch Truppenbewegung) – läßt sich von Sir William Curtis mit Schildkrötensuppe, dem Lieblingsgericht des reichen Marinelieferanten, Gourmands, Zechers und Londoner Ratsherrn, trösten. Sie soll ihm wieder Mut machen und beim Essen den Anblick des Siegers ersparen. Der Franzose bedient sich aus der Schnupftabakdose und fragt sich genüßlich, was nun John Bull in London über diese »große Expedition« zu sagen haben werde. – Der Earl war übrigens einer der Günstlinge Georgs III.
Diese noch nicht signierte Karikatur stammt von dem erst 17jährigen Cruikshank.

Guttmann S. 194; Wardroper S. 31
Abbildung Seite 56

2

AN AFFECTING SCENE IN THE DOWNS
Eine ergreifende Szene in den Downs

Radierung, altkoloriert. – 430 x 281 mm. – Bez. l. im Schiffsrumpf: G. C^{k}. – (London-Printed and Published October, 1809, by Johnston, Cheapside.)
BM 11357, Cohn 872, Reid 81, Douglas 1303
Hannover, Wilhelm-Busch-Museum, KG 1495/81

Auch dieses Blatt nimmt Bezug auf die Schlacht an der Scheldemündung: Lord Castlereagh, der Kriegsminister, nimmt Abschied von seinem Tory-Freund Sir William Curtis, der nun in den Krieg zieht. In Wirklichkeit hat Curtis die Flotte nicht begleitet. Dieser vollsaftige Genießer hatte nur kommerzielle Vorteile im Auge, die in diesem Fall der Lieferung des Schiffszwiebacks für die Flotte galten. Wie weit hier auf gleichlaufende Interessen des Ministers angespielt wird, ist schwer auszumachen. Aber der groteske Schmerz des Kriegsmanns läßt auf eine enge Verbindung mit dem feisten Sybariten schließen, dessen Schiff mit allen Emblemen des Wohllebens behangen ist. Ob das »flushing« der sechsten Strophe nur die Genießerbäckchen der Beteiligten meint (insbesondere auch die Rotsponnase Curtis') oder auch den erhofften Siegesrausch mitmeint – »flushing« kann beides bedeuten –, das ist immerhin möglich. Es kam allerdings ganz anders.

George, E. P. C., Bd. II, S. 121; George: Hogarth to Cruikshank, S. 105; Wardroper S. 31

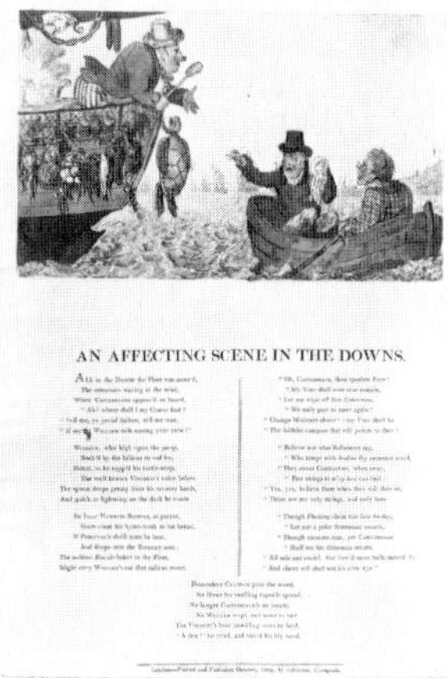

3

Killing no Murder, or a New Ministerial way of Settling the affairs of the Nation!!
Töten ist kein Mord, oder: Eine neue amtliche Art, die Angelegenheiten der Nation zu ordnen!

Radierung, altkoloriert. – 241 x 342 mm. – Bez. l. u.: Cruikshank – inv^{t} at Sep^{t}; r. u.: Pub^{d} by J Johston 101 Cheapside Sepr 1809
BM 11371, Cohn 1288, Reid –, Douglas –
Hannover, Wilhelm-Busch-Museum, KG 1603/81

Das Blatt persifliert die Diskrepanz zwischen nahezu 20 000 Toten und Verwundeten der Walcheren-Expedition und dem Versuch, mit einem Duell die Kritik, die sich an

dieser militärischen Schlappe entzündete, zum Schweigen zu bringen. Zwar stürzt der verantwortliche Kriegsminister, Lord Castlereagh, über die von ihm zu verantwortende Niederlage von Walcheren. Aber er kann es sich durchaus noch erlauben, seine Kritiker vor die Pistole zu fordern und sie dabei auch noch zu verwunden. Auf den Fettwanst Sir William Curtis kann Cruikshank auch diesmal nicht verzichten. Als Staffage mit Gemüse als Helmzier wird er auch diesmal gebraucht. Der breit grinsende Chirurg im Hintergrund hofft auf ein Opfer. – Der Gegner war der Staatssekretär im Auswärtigen Amt, George Canning, der spätere Außenminister.

Guttmann S. 194

4
Whitlock the second or another tarnish of British Valor
Whitlock der Zweite, oder: Eine neue Trübung britischen Heldenmuts

Radierung, altkoloriert. – 241 x 359 mm. – Bez. l. u.: G Cruikshank; u. m.: Published Sepr 29-1808-by S W Fores 50 Piccadilly. – Sek. bez. r. u. mit brauner Tusche: 29 Sep. 1808
BM 11035, Cohn 2103, Reid 48, Douglas 1253
Hannover, Wilhelm-Busch-Museum, KG 1492/81

Das Blatt attackiert ein schlimmes Spiel der Engländer im portugiesischen Krieg 1808. Portugal war von den Franzosen besetzt worden, weil es sich geweigert hatte, der Kontinentalsperre beizutreten. England half den Portugiesen, und Sir Arthur Wellesley, der spätere Lord Wellington, besiegte die Franzosen in der Schlacht von Vimeiro. In der Convention von Cintra verpflichteten sich die Franzosen, sofort das Land zu verlassen. Die Engländer gestatteten ihnen, »Privateigentum« mitzunehmen, das natürlich aus Plünderungsgut bestand. Kein Mensch, auch kein Engländer, begriff diesen Kotau vor den Franzosen, in der Karikatur verkörpert durch General Junot – von Kirchenschätzen umgeben –, vor dem die drei englischen Offiziere, die Sieger, sich wie Besiegte verhalten. Cruikshank legt dem portugiesischen Offizier (hinter dem Vorhang in gelber Uniform) die bitteren Worte in den Mund: »Ist das englische Ehre, ist das englischer Heldenmut?«

George, C. P. P. S., Bd. VIII, S. 677; George, E. P. C., Bd. II, S. 112
Abbildung Seite 57

5
The Battle of Vittoria
Die Schlacht von Vittoria

Radierung, altkoloriert. – 250 x 368 mm. – Bez. l. u.: G Cruikshank fe^{t}; r. u.: Pu^{d} July 7th 1813 by T. Tegg 111 Cheapside; r. o.: 201
BM 12068, Cohn 809, Reid –, Douglas 680
Hannover, Wilhelm-Busch-Museum, KG 1504/81

Wenn Karikatur Mißstände anzeigt, dann ist dieses Blatt keine Karikatur. Es demonstriert in naivem Nationalstolz die Begeisterung des Engländers Cruikshank über den Sieg seiner Landsleute unter Wellington im Kampf gegen die Franzosen am 21. Juli 1813 beim nordspanischen Vittoria. Wellington (oben links) triumphiert; Joseph Buonaparte (oben rechts), den Napoleon 1808 zum König von Spanien gemacht hatte, stiebt jammernd davon. Die Soldateska läßt Cruikshank sich in grotesker Grausamkeit austoben.

George, C. P. P. S., Bd. IX, S. 258
Abbildung Seite 58

6
A Scene, after the Battle of VITTORIA or, /
= More TROPHIES for White-hall!!!
Eine Szene nach der Schlacht von Vittoria, oder:
Mehr Trophäen für White-Hall!

Radierung, altkoloriert. – 272 x 416 mm. – Bez. l. u.: G. Cruikshank fect; r. u.: Pub^{d} July 10th 1813 by T. Tegg 111 Cheapside; r. o.: 202
BM 12071, Cohn 1958, Reid 246, Douglas 681
Hannover, Wilhelm-Busch-Museum, KG 1505/81

Auch diese Karikatur hat noch einmal die Schlacht bei Vittoria zum Thema, diesmal aber mit durchaus kritischer Komponente. Neben dem Triumph – französische Fahnen und Standarten werden vor Wellington geschleppt, der Marschallstab Jourdans wird ihm überreicht (vgl. Kat.-Nr. 5 Mitte), eine erbeutete Kanone herangekarrt (vgl. Kat.-Nr. 5 rechts) – kommt nun in der Ecke unten rechts der »Biß«: Truhe und Säcke mit Beute. Es steht daran »Plunder« (Plünderungsgut); der Inhalt glänzt von Gold und Geschmeide. Der reichlich herbe Kommentar Wellingtons: »Für drei Nächte Illumination wird's wohl reichen«, bedeutet einen direkten Angriff auf den prunksüchtigen König, der bei chronisch leeren Kassen sich die üppigsten

Feste leistete. (White-Hall, ehemaliger königlicher Palast, 1697 abgebrannt, wurde nach dem Wiederaufbau zur Aufnahme von Beutegut und Schlachttrophäen bestimmt.)

7
KING RICHARD BURLESQUED or KING JOCYS FLIGHT from the BATTLE of VITTORIA
König Richard als Posse, oder: König Jocys Flucht aus der Schlacht von Vittoria

Radierung, altkoloriert. – 251 x 361 mm. – Bez. l. u.: Pub^{d} July 13th 1813 by S Knight 3 Sweetings Alley Royal Exchange; r. u.: G Cruikshank sculp.
BM –, Cohn 1293, Reid 247, Douglas 682
Hannover, Wilhelm-Busch-Museum, KG 1506/81

Wir haben es hier mit einer zweiten Groteskzeichnung zum englischen Triumph bei Vittoria zu tun. Cruikshank weidet sich an den Nöten des fliehenden Königs Joseph Buonaparte, des ältesten Bruders Napoleons. Die rettende Kutsche bleibt im Morast stecken; ein zerlumpter Soldat schlägt mit dem Dreschflegel vergeblich auf die abgemagerte Schindmähre ein. Natürlich läßt der englische Karikaturist den Richard Shakespeare's mit seinem berühmten Wort aus des Franzosen Mund tönen: »My Kingdom for a Horse!« Soldaten-Kommentar: »Nicht einmal einen Esel!«

Abbildung Seite 59

8
THE FIRST EXPLOIT OF BONEY THE SECOND!!
Die erste Heldentat Boneys des Zweiten!

Radierung, altkoloriert. – 256 x 368 mm. – Bez. l. u.: Pub^{d} by J Johnston/101 Cheapside &/87 Bishopsgate/ Ap^{l} 1811; u. m.: G Cruikshank del
BM –, Cohn 1113, Reid 118, Douglas 656
Hannover, Wilhelm-Busch-Museum, KG 1496/81

»Boney« ist der englische Spottname für Napoleon (Bone = Knochen), der hier, nicht gerade beglückt, seinen eben geborenen Sprößling (1811), dem er den Titel »König von Rom« verlieh, auf dem Schoß hält. Die kaiserliche Miene und der Text besagen, daß sich der kleine König in einem wenig wohlriechenden Zustand befindet. Die Kaiserin, Marie-Louise, zeigt sich dagegen von ihrer Leistung befriedigt und läßt sich von der Nurse mit einem Süppchen verwöhnen und versichern, daß das Söhnchen dem Vater ähnlich sei. Es fällt auf, daß Cruikshanks Napoleon mit unserem Napoleon-Bild gar keine Ähnlichkeit hat. Die Karikatur soll natürlich die Gestalt Napoleons entheroisieren, indem sie sie in einen kleinen, recht schäbigen Familienvater verwandelt.

Abbildung Seite 61

9
Boney tir'd of War's Alarms, Flies for Safety to his darlings Arms
Boney flieht – ermattet von Kriegs-Angst – in die Arme seiner Geliebten, um dort Sicherheit zu finden

Radierung, altkoloriert. – 253 x 369 mm. – Bez. l. u.: G C^{k}; r. u.: Pub^{d} by Walker & Knight/Sweetings Alley Royal Ex/Jany 1813
BM –, Cohn 942, Reid 209, Douglas 662
Hannover, Wilhelm-Busch-Museum, KG 1500/81

Dieses figuren- und wortreiche Blatt ist Cruikshanks Kommentar zur Niederlage Napoleons in Rußland 1812. Marie-Louise sieht ihn noch als Helden, während er ihr bereits zuruft: »Mein Ruf ist für immer dahin!« Cruikshank läßt ihn übrigens durch den Teufel retten, der dafür die allnächtliche Anbetung erwartet. Zynisch empfiehlt er der kaiserlichen Gemahlin, den Mann ins Bett zu bringen. Die Amme schenkt dem kaiserlichen Nachwuchs, dem König von Rom, reinen Wein ein: »Die Russen haben so gut gekämpft wie die ›Bulls‹, die Engländer«.
Die fast überreiche Fülle von Beziehungen, die immer wieder einmal bei Cruikshank sichtbar wird, enthält hier noch zwei besonders kuriose Anspielungen: Äffchen waren damals so etwas wie Modetiere. Cruikshank steckt eines in französische Uniform und läßt es eine ausführliche »Speisekarte« studieren, die auf drastische Weise vom Hunger in Paris zeugt. Der Don-Kosak auf dem Kaminbild muß auch noch eine Aufgabe übernehmen: statt »Don«, das durchgestrichen ist, steht da nun »Damnd«, eine begreifliche Konsequenz.
Der Herr über Europa, Napoleon, auf der Verliererstraße – das war zwischen 1811 und 1815 ein zentrales Thema für die damalige internationale Karikatur, und Cruikshank war mit beachtlicher Vehemenz daran beteiligt.

10
DELUSION a New FARCE. Perform'd at PARIS with great Eclat – principal performer the KING OF ROME!!!
This Print representing the Baby KING of ROME aged 3

years!! Mounted on his gee-up-Reviewing the French Troops – is dedicated to the people of the / Grande Nation.
»VERBLENDUNG«, EINE NEUE POSSE. MIT GROSSEM ERFOLG IN PARIS AUFGEFÜHRT – HAUPTDARSTELLER DER KÖNIG VON ROM!
Dieser Druck, der den kleinen dreijährigen König von Rom auf seinem Schaukelpferd sitzend und die französischen Truppen inspizierend, zeigt, ist dem Volk der Großen Nation gewidmet.

Radierung, altkoloriert. – 255 x 365 mm. – Bez. l. u.: G. Cruikshank fec[t]; r. u.: Pub[d] Dec[r] 8th 1813 by S Knight 3 Sweetings Alley R[l] Xchanges
BM –, Cohn 1050, Reid 5091, Douglas 686
Hannover, Wilhelm-Busch-Museum, KG 1511/81

Eine besonders bösartige Karikatur Cruikshanks. Napoleon läßt seinen damals (1813) zweijährigen »König« eine Parade von Gleichaltrigen abnehmen, um ihm dabei sein eigenes »Heldentum« als grandioses Lebensziel anzupreisen. Ein großartiger Einfall: hinter den paradierenden Kleinkindern postiert Cruikshank abgerissene Veteranen, denen der Mund mit Schlössern zum Verstummen gebracht ist. Als Aufschrift liest man »Legion of Honour« (Ehrenlegion). Die Heuchelei, die mit der Vergabe von Orden und Ehrenzeichen verbunden sein kann, ist selten so drastisch dargestellt worden.
Als letzte Pointe genießen wir noch die Reaktion des »Baby King of Rome«: »Bringt mich zu meiner Mutter ...«; ebenso angsterfüllt wie gramverzerrt: der große Napoleon.

Abbildung Seite 60

11
THE MODERN HANNIBAL ALIAS THE KING OF ROME, SWEARING ETERNAL ENMITY TO ENGLAND
DER MODERNE HANNIBAL, SONST KÖNIG VON ROM GENANNT, ENGLAND EWIGE FEINDSCHAFT SCHWÖREND

Radierung, altkoloriert. – 250 x 350 mm. – Bez. u. m.: Pub[d] Jan[y] 16th 1814 by T. Tegg. 111 Cheapside London; r. u.: G. Cruikshank fec[t]; r. o.: 288
BM –, Cohn 1742, Reid 283, Douglas 688
Hannover, Wilhelm-Busch-Museum, KG 1513/81

Der Haß auf Napoleon spielt in Cruikshanks Werk eine große Rolle. Er beflügelt ihn, nährt ihn mit einer Fülle von Einfällen und befördert seinen zeichnerischen Fanatismus bis in die mimische Groteske hinein. Dafür ist dieses Blatt ein besonders hinreißendes Beispiel: Napoleon ein Veitstänzer, die beiden Frauen Lemuren, der König von Rom ein verwachsenes feistes Bündel, das der Vater – deshalb der römische Harnisch – zum neuen Hannibal befördern will. Auch das gehört zur Bosheit Cruikshanks, daß er, total antiheroisch, den Kleinen sagen läßt: »Gib mir einen Zuckerhut, und ich schwör' alles«.
Im Text läßt Cruikshank seinen Napoleon auch noch zu einer verbalen Karikatur werden, indem er ihn Ahnen wie Erben beschwören und sogar das Blut der Millionen zitieren läßt, die seinen Weg begleiten. Es ist ein teuflischer Altar, den uns Cruikshank zeichnet: Qualm verbrannter Menschen steigt auf. Und noch im Qualm entdecken wir Monstren. Daneben das Satirspiel: von Modeäffchen gezogen und als prächtiger Thron ausgebaut der Nachtstuhl des zwergigen Königs von Rom.

Abbildung Seite 33

12
ANTICIPATION FOR BONEY OR, A COURT MARTIAL ON THE COWARDLY DESERTER FROM THE GRAND ARMY!
WAS BONEY ERWARTET, ODER: EIN KRIEGSGERICHT FÜR DEN DESERTEUR VON DER GROSSEN ARMEE!

Radierung, altkoloriert. – 253 x 370 mm. – Bez. l. u.: Pub[d] March 6th 1813 by S Knight 3 Sweetings Alley Royal Exchange; r. u.: Etched by G. C[k]
BM 12023, Cohn 890, Reid 221, Douglas 672
Hannover, Wilhelm-Busch-Museum, KG 1501/81

Dieses Blatt ist ein schönes Beispiel für den Instinkt des Karikaturisten – womit wir nicht allein Cruikshank meinen. Wir entdecken oft bei diesen Künstlern die Gabe der Vorausschau. Schon vor seinem endgültigen Untergang demonstriert Cruikshank hier des »fahnenflüchtigen« Napoleon Schicksal: ein flehendes Männlein, ein hassender Henker, ein wütender Richter, ein brüllendes Volk – die Anklage wegen Fahnenflucht ist aus der Zeit heraus zu verstehen. Was noch anzumerken wäre: Richtet sich dieses Blatt nicht auch gegen das Volk, das mit seiner Verehrung den Mann zu dem gemacht hat, was er dann wurde?

Abbildung Seite 63

13
BONEY RECEIVING AN ACCOUNT OF THE BATTLE OF VITTORIA – OR, THE LITTLE EMPEROR IN A GREAT PASSION!
BONEY ERHÄLT EINEN BERICHT VON DER SCHLACHT BEI VITTORIA, ODER: DER KLEINE KAISER IN GROSSER WUT!

Radierung, altkoloriert. – 256 x 366 mm. – Bez. u. m.: Pub[d] July 8th 1813 by S Knight Sweetings Alley Royal Exchange; r. u.: G Cruikshank fec[t]
BM 12069, Cohn 941, Reid 164, Douglas 659
Hannover, Wilhelm-Busch-Museum, KG 1503/81

Cruikshank hat Napoleon selten die Potenz des großen Bösen zugestanden. Er gibt ihn als aufgeregten kleinen Wüterich, als Nervenbündel, dem jegliche Fähigkeit zur düsteren oder teuflischen Größe fehlt. Auch auf diesem

Blatt, auf dem ihm zwei mitgenommene Überbleibsel der Schlacht bei Vittoria die trübe Bilanz des spanischen Feldzugs 1813 präsentieren, gebärdet er sich wieder als wild gewordener Kleinbürger, der nur versehentlich in eine hochrangige Uniform geraten ist.
Napoleons Zorn und Verzweiflung über diese Niederlage ist in sieben Depeschen aus Dresden aus den ersten Julitagen belegt (das Blatt ist wohl formal ohne die Gillray-Radierung »Maniac Ravings« von 1803 nicht denkbar).
Über die Drastik der Darstellung hinaus kannte Cruikshank durchaus so etwas wie einen politischen Auftrag. Im Mittelgrund hinten diskutieren der Zar von Rußland und der preußische König mit dem österreichischen Kaiser (rechts), der sich immer noch nicht zum militärischen Dreierbündnis entschließen kann. »Jetzt ist's an der Zeit«, beschwört ihn der Russe; »Jetzt oder nie!« der Preuße. Die krümeligen Gesichtszüge des typischen Kunktators, jenes Österreichers, zu studieren, ist ein besonderer Genuß.

George, E. P. C., Bd. II, S. 143
Abbildung Seite 62

14
COMPARATIVE ANATOMY OR BONE=YS NEW CONSCRIPTS FILLING UP THE SKELETONS OF THE OLD REGIMENTS
VERGLEICHBARER KÖRPERBAU, ODER: BONEYS NEUES AUFGEBOT FÜLLT DIE VERBÄNDE DER ALTEN REGIMENTER WIEDER AUF

Radierung, altkoloriert. – 219 x 378 mm. – Bez. r. u.: G. Cruikshank fec^{t} (erschienen in: *The Satirist, or Monthly Meteor*, Bd. XIII, Nov. 1813, Abb. 74, N.S., Nr. 16)
BM 12087, Cohn –, Reid 178, Douglas S. 247
Hannover, Wilhelm-Busch-Museum, KG 1509/81

Allzu begreiflich, daß man sich auf den verwundeten Adler stürzte, der einmal Europa in den Krallen hielt. Giftiger Gartenzwerg mit riesigem Schwert (so sah ihn Cruikshank allzu gern) ist Napoleon auch auf diesem Bild, das geradezu tagesjournalistisch seine Zwangsrekrutierungen und brutalen Truppenaushebungen treffen wollte.
Wir haben es hier mit einem der deutlichsten Beweise zu tun, daß Cruikshank zu den Großen der Karikatur gehört. Faszinierend die Idee, daß die neuen Soldaten in die Skelette der gefallenen Vorgänger klettern müssen: auch sie werden bald zu Gebein werden. Daß ihnen Cruikshank schon in diesem Jahre, 1813, das volle Entsetzen und die ganz große Angst in die Gesichter schrieb, gehört wieder zum vorausahnenden Instinkt des Karikaturisten von Geblüt.
Die Bildunterschrift enthält eines dieser von Cruikshank geliebten Wortspiele: »Skeleton« kann »Stammtruppe« bedeuten, aber eben auch »Skelett«.

George, E. P. C., Bd. II, S. 143f.; Wardroper S. 42
Abbildung Seite 64

15
FRENCH RECRUITS, OR A BIRD'S EYE VIEW OF THE NEW CONSCRIPTION
FRANZÖSISCHE REKRUTIERUNG, ODER: DIE AUSHEBUNG NEUER REKRUTEN AUS DER VOGELSCHAU

Radierung, altkoloriert. – 265 x 402 mm. – Bez. u. m.: G Cruikshank fec^{t}; r. u.: Pub^{d} for the Proprt^{rs} of/Town Talk Novr 1st 1813 (erschienen in: *Town Talk, or Living Manners*, Bd. 5, Nov. 1813)
BM 12088, Cohn –, Reid 268, Douglas S. 251
Hannover, Wilhelm-Busch-Museum, KG 1510/81

Ein weiteres Beispiel aus der Rekrutierungsserie, diesmal erschienen in der satirischen Zeitschrift »Town Talk or Living Manners«. Die Kaiserin selbst mit dem kleinen römischen König auf den Schultern begibt sich auf Werberitt. Aber was ihr folgt, sind Kinder, Debile und Krüppel, ein greller Zug, wie ihn nur Cruikshank so widerlich komponieren konnte.

16
THE HEAD OF THE GREAT NATION, IN A QUEER SITUATION!
DAS OBERHAUPT DER GROSSEN NATION IN EINER KURIOSEN SITUATION!

Radierung, altkoloriert. – 331 x 510 mm. – Bez. u. m.: Pud^{d} Decr 1813 by S Knight Sweetings Alley Roy^{l} Ex; r. u.: G. C. fec^{t}. – Sek. bez. u. mit brauner Tusche (von links nach rechts): Wellington Austria Buonaparte Prussia/Bernadotte/Crown Prince of Sweden. Emp. Alexander Holland
BM 12120, Cohn 1187, Reid 275, Douglas 685
London, Britisches Museum, 1868-8-8-12745

Nach dem Sieg der Verbündeten in der Völkerschlacht bei Leipzig im Oktober 1813 und der Befreiung Hollands erschienen überall zahlreiche Karikaturen, die die endgültige Niederlage Napoleons verkündeten.
Cruikshank verwendet hier ein allerdings riesig geratenes »Löschhütchen« der Verbündeten, um Napoleon, einem kreischenden, hysterischen Männchen mit gesträubten

Haaren, den Garaus zu machen. Wellington und drei der verbündeten Monarchen bedrohen ihn mit Pistolen aller Größen, und der Holländer ist gerade im Begriff, seine plumpe Kanone zu zünden. Alle zielen sie auf seinen Kopf, und um den Kopf geht es auch in den Sprechblasen.

George, E. P. C., Bd. II, S. 144

17
SNUFFING OUT BONEY!
BONEY WIRD AUSGELÖSCHT!

Radierung, altkoloriert. – 356 x 255 mm. – Bez. l. u.: G Cruikshank fec^{t}; r. u.: Pub^{d} May 1st 1814 by/T. Tegg. N° 111/Cheapside; r. o.: 326. – Sek. bez. r. o. mit Bleistift: 186
BM 12254, Cohn 1992, Reid 320, Douglas 701
Hannover, Wilhelm-Busch-Museum, KG 1825/82

Dieser Garaus für »Boney« von 1814 zeigt den Kosaken als Inbegriff Rußlands, wie er mit einem Lichtputzgerät den schon fast nicht mehr vorhandenen Napoleon vollends auslöscht, ein in der Karikatur der Zeit häufig gebrauchtes Motiv. Die derbe Zeichnung entsprach den Tendenzen des Verlegers Tegg, für den Cruikshank häufig gearbeitet hat.
Dieses Blatt – wie auch noch eine Reihe von anderen vergriffenen Blättern – wurde von einem seiner Schüler, Pailthorpe, als Faksimile für die Neuausgabe des Reid-Katalogs nachgestochen, die aber nie erschienen ist.

George, E. P. C., Bd. II, S. 151; Vogler S. 135; Fuchs, Eduard: Die Karikatur der europäischen Völker, Bd. II, München 1921, S. 173
Abbildung Seite 65

18
A GRAND MANŒUVRE! OR, THE ROGUES MARCH TO THE ISLAND OF ELBA
EIN GROSSES MANÖVER!, ODER: DER MARSCH DES SCHURKEN NACH ELBA

Radierung, altkoloriert. – 251 x 363 mm. – Bez. l. u.: G. Cruikshank fec^{t}; r. u.: Pub^{d} April 13th 1814 / by T. Tegg N° 111 / Cheapside; r. o.: 325
BM 12221, Cohn 1171, Reid 313, Douglas 695
Hannover, Wilhelm-Busch-Museum, KG 1835/82

Am 11. April 1814 wurde Napoleon zur Abdankung gezwungen und nach Elba verbannt. Cruikshank nimmt sich den Augenblick des Einschiffens zum Thema einer seiner grimmigsten Karikaturen. Ein völlig zerlumpter, greinender Napoleon wird von einem triumphierenden Talleyrand mit dem Besen ins Boot gejagt, wo ihn bereits ein Teufel als Schiffer erwartet, dessen »Söhnchen« dem vernichteten Kaiser auf dem Kopf herumtanzt. Eine höhnende Menge begleitet das Paar. Sie feiert den Bourbonen und röhrt ihr »Nieder mit dem Tyrannen!«. Auf dem Eiland gegenüber erhebt sich ein Doppelgalgen. Ein Delinquent hängt bereits, eine Schlinge ist noch leer . . . Cruikshanks Bildphantasie ergötzt sich an absurdesten Details. So schaut dem maroden Kaiser der kleine römische König aus der Tasche und ruft seinem Vater strahlend zu, daß er darin »ein großes Manöver« veranstaltet habe, was ja nur bedeuten kann, daß er darin seine Notdurft verrichtete. Napoleon trägt die Sporen nach vorn; Talleyrands zu kurzes Bein wird genüßlich zitiert; Kronen, zerbrochener Degen, Abdankungsurkunde liegen in der Gegend herum, und hinter dem Galgen lodert das Höllenfeuer. – Es ist der reine Haß, der Cruikshanks Erzählfreude beflügelt. Talleyrand hatte die geheimen Verhandlungen mit dem Bourbonen geführt, der als Ludwig XVIII. französischer König werden sollte mit Talleyrand als Außenminister.

Abbildung Seite 66

19
LITTLE BONEY GONE TO POT
KLEIN-BONEY AUF DEM TOPF

Radierung, altkoloriert. – 267 x 413 mm. – Bez. l. u.: G. Cruikshank fec^{t}; r. u.: Pub^{d} May 12th 1814 by / Thos Tegg N° 111 Cheapside
BM 12261, Cohn 1322, Reid 328, Douglas 706
Hannover, Wilhelm-Busch-Museum, KG 1522/81

Cruikshank bleibt beim Thema Napoleon: Auf Elba sitzt er auf einem Riesennachttopf, den Cruikshank als »Kaiserlichen Thron« deklariert. Der Teufel reicht ihm eine Pistole und fordert ihn zum Selbstmord auf. »Vielleicht tu ich's, wenn du vorher die Kugel entfernst«, ironisiert Cruikshank den »Helden«. Das Buch zu Füßen des Nachttopfes spielt auf die Krätze an (wie auch die kratzenden Hände), die Napoleon auf Elba befiel. Das große Gefäß mit »Brimstone« (Schwefel) ist auch im Zusammenhang mit der Krankheit zu sehen. Zerrupfte Krähe statt Kaiseradler, eine läppische Uraltkanone – solche Einfälle symbolisieren den Zerfall einer Macht.

George, E. P. C., Bd. II, S. 151; Vogler S. 131; Wardroper S. 44
Abbildung Seite 67

20
BONEYS RETURN FROM ELBA – OR, THE DEVIL AMONG THE TAILORS
Hush'd was the din of arms & fierce debate, / Janus once more had clos'd his Temple gate; / Assembled congress fix'd the flattering Plan: / For Europes safety & the Peace of Man / When like a Tiger, stealing from his den, And gorg'd with blood yet seeking blood again; / From Elba Isle the Corsican came forth, / Making his sword the Measure of his worth / Hence plunder, force & cunning, blast his fame / And sink the Hero in the Robber's name; / Hence guiltless Louis from his throne is hurld'd / And discord reigns triumphant o'er the World / Swift as their vivid lightning's shock, / The Exile darts from Elbas Rock! / And like the Thunderbolt of fate / Dethrones a King! transforms a State!! / S. M. B.
BONEYS RÜCKKEHR VON ELBA, ODER: DER TEUFEL UNTER DEN SCHNEIDERN

Radierung, altkoloriert. – 284 x 389 mm. – Bez. l. u.: G. H. inv^{t}; r. u.: Etch^{d} by G Cruikshank / Pub^{d} March 21th 1815 by. H. Humphrey St James's Street
BM 12509, Cohn 945, Reid 465, Douglas 715
London, Britisches Museum, 1859-3-16-86

Die Rückkehr Napoleons von der Insel Elba im Februar 1815 kam für die Verbündeten, die auf dem Wiener Kongreß miteinander zäh über die Zukunft Europas verhandelten, völlig überraschend. Er tagte bereits seit September 1814 und wurde nun heftig aufgeschreckt, wenn auch der neue napoleonische Spuk nur die berühmten 100 Tage dauerte.
Das konnte Cruikshank aber noch nicht ahnen. Er zeichnet Napoleon doppelt: wie er als Tiger aus seiner Elba-Höhle kommt und wie er gehörnt und mit Bocksfüßen durchs Fenster in die Wiener »Schneiderei« springt, wo die Herrscher Europas dabei sind, ein neues Europa zusammenzuflicken.
Der fliehende Louis stürzt – bei seiner Flucht aus Paris hatte er tatsächlich die Kronjuwelen mitgenommen – und verliert dabei seine Juwelen. John Bull sagt ihm seine Hilfe zu. Auch der Papst will sich in Sicherheit bringen, genauso der entsetzte Holländer. Alexander allerdings hält eine Knute bereit und Blücher eine riesige Schere, mit der er Napoleon bedroht. Der preußische König näht ungerührt an einem gestickten Rock (das neu zu ordnende Europa). Bernadotte beugt sich grinsend Napoleon entgegen. Von Talleyrand sieht man nur noch die Beine unter dem Tisch, und der österreichische Franz wirkt beim Anblick seines Schwiegersohns wieder höchst verlegen und antwortet nur ausweichend, als Napoleon nach Frau und Söhnchen fragt.

21
AN ERUPTION OF MOUNT VESUVIUS; AND THE ANTICIPATED EFFECTS OF THE WATERLOO STORM
Dark low'rs the Sky; the clouded air / Portends the dire, approaching shock; / Rapine exults, & grim Despair / Laughs wildly from his barren rock; / But soon shall Peace, from darkness breaking / smile brightly o'er our glorious Isle; / And soon indignant Thunder waking / From France shall tear a Yoke so vile!
EIN AUSBRUCH DES VESUVS UND DIE ERHOFFTEN ERFOLGE DES WATERLOO-STURMS

Radierung, altkoloriert. – 275 x 373 mm. – Bez. l. u.: Etch^{d} by G. Cruikshank; r. u.: Pu^{d} by H. Humphrey 27 St James's St June 17.1815
BM 12555, Cohn 1093, Reid 488, Douglas 731
Hannover, Wilhelm-Busch-Museum, KG 1529/81

Dieses Blatt – es vertritt wieder einmal viele Seiten Geschichte in einem Bild – ist deshalb interessant, weil es einen Tag *vor* der Schlacht bei Waterloo am 18. Juni 1815 erschien. Als dann Waterloo gegen Napoleon entschieden war, wurde es noch zweimal aufgelegt, und aus dem »approaching Storm« (nahenden Sturm) der ersten Fassung wurde zunächst »Storm« und dann in der letzten Version »Waterloo Storm«. Was von Waterloo erhofft wurde und was dann auch eintrat, war also eine vulkanische Wandlung: die Vernichtung Frankreichs (im Hintergrund links steht Paris in Flammen). Marschall Joachim Murat, den Napoleon zum König von Neapel gemacht hatte und der mit Napoleons jüngster Schwester verheiratet war, fliegt samt Frau und Krone in den Untergang (er wurde von den Italienern standrechtlich erschossen). Auf die Krone freut sich bereits Ferdinand IV., der rechtmäßige König von Neapel.
Über den Wolken, von Sonne und Friedenstaube beglückt, thronen die Waterloo-Regisseure in etwas eigenwilliger Auswahl, von links nach rechts: Blücher, Liverpool (der englische Premier), Alexander I. von Rußland, Franz I. von Österreich und darunter Ludwig XVIII., aus dessen Mund ein dicker Wasserstrahl kommt und Napoleon aus dem Sattel schwemmt.

Die Karikatur war stark verbreitet. Die Verse am Fuß postulieren die »reinigende Kraft« des Ausbruchs und einen Frieden, der »strahlend unserer glorreichen Insel lächelt«.

George, E. P. C., Bd. II, S. 164

22

A View of the GRAND TRIUMPHAL PILLAR / To be Erected of the Spot where Corporal Violet, alias Napoleon landed in France on returning/ from Elba the 3^{D} of March 1815 in the department of La Var after a retirement of Ten Months

Eine Ansicht der grossen Triumph-Säule, die auf jenem Platz im Department La Var errichtet werden sollte, auf dem Corporal Violet, auch Napoleon genannt, am 3. März 1815 bei seiner Rückkehr von Elba nach zehnmonatiger Abwesenheit landete

Radierung, altkoloriert. – 395 x 244 mm. – Bez. l. u.:
G. H. inv^{t}; r. u.: Etch.^{d} by G. Cruikshank
BM 12541, Cohn 2081, Reid 482, Douglas 728
Hannover, Wilhelm-Busch-Museum, KG 1828/82

Die Bildidee stammt nicht von Cruikshank. Er ist zu diesem Blatt von seinem Freund und Verleger George Humphrey angeregt worden, der seinerseits wohl ein Blatt von Gillray (»Designe for the Naval Pillar«) vor Augen hatte. Hier regiert eine Phantasie von surrealistischem Ausmaß. Sie nimmt die erfolgreiche Rückkehr Napoleons von Elba 1815 zur Kenntnis und – abzulesen an den flatternden Akten – seine Versuche, durch eine neue Innen- und Außenpolitik wieder zur Macht zu kommen.
Cruikshank malt geradezu gewalttätig aus: Auf von Schlangen und Kröten umwuselten schweren Quadern, die »Mord«, »Plünderung«, »Ehrgeiz«, »Betrug« und »Eitelkeit« als Beschriftung tragen, liefert er einen Unterbau aus Kanonenrohren und einer Kriegstrommel. Die darüber liegende Platte trägt den Kern des Schreckens: ein blutiges Skelett, gestützt durch eine Guillotine und einen Pfeil mit Jakobinermütze. Seine Krone aus Dolchen trägt wiederum eine Platte, auf der der Kaiser eine halbnackte »Marianne« auspeitscht, die überdies an einen Galgen gefesselt ist.
Die Karikatur ist also als Menetekel für alle gedacht, Frankreich eingeschlossen. Die Friedensangebote an Österreich und England blieben erfolglos. Die Verbündeten hatten ihre Heere bereits gegen den Rückkehrer in Marsch gesetzt. Er ging seinem Waterloo entgegen.

George, C. P. P. S., Bd. X, S. 539
Abbildung Seite 68

23

The Peddigree of Corporal Violet

First as a Consular Toadstood, rising from a Corsican Dunghill, then changing to an Imperial Sun Flower, / from that to an Elba Fungus and lastly to a bunch of Violets, which are so disposed as to represent a whole / lenght Profile of Buonaparte, with a Bust of Maria-Louisa, and her son the Prince of Parma

Der Stammbaum von Corporal Violet

Zunächst ein konsularischer Giftpilz, der auf einem korsischen Dunghaufen wächst, sich dann zu einer kaiserlichen Sonnenblume wandelnd, von dieser zu einem Elba-Pilz und schließlich zu einem Veilchenstrauß, der dergestalt angeordnet ist, daß er ein Profil in der ganzen Länge von Buonaparte darstellt, mit einer Büste von Marie-Louise und ihres Sohnes, des Prinzen von Parma.

Radierung, altkoloriert. – 447 x 263 mm. – Bez. l. u.:
G. H. inv^{t} et del; u. m.: Pub^{d} by H. Humphrey June 9th
1815-N° 27 St James's St; r. u.: Etch^{d} by G. Cruik^{s} –
Sek. bez. l. u. mit Bleistift: 89
BM 12551, Cohn 1834, Reid 486, Douglas 730
Hannover, Wilhelm-Busch-Museum, KG 1827/82

Diese sehr fein getüftelte Karikatur hat mehrere Wurzeln. Die Idee stammt wieder von dem Verleger Humphrey und fußt auf einer Anti-Pitt-Karikatur von Gillray, der diesen Ministerpräsidenten als Giftpilz auf einem Misthaufen karikiert hatte. Noch eine weitere Vorlage – die Kopie einer französischen Veilchenkarikatur des englischen Karikaturisten Rowlandson – verhalf Cruikshank zu seiner endgültigen Fassung. Befragt während des Marsches der hundert Tage – länger dauerte bekanntlich Napoleons Rückkehrzeit nicht –, wann er nach Schloß Fontainebleau zurückzukehren gedächte, meinte er »zur Veilchenzeit«. Prompt erschienen in Frankreich Zeichnungen mit Veilchensträußen, in denen als Vexierbild die Profile Napoleons, Marie-Louises und ihres Sohnes verborgen waren.
Es fällt auf, daß bei dieser Kombination aus Giftpilz und Sonnenblume die Porträtähnlichkeit des dreifachen Napoleon weit größer ist als auf anderen uns bekannten Cruikshank-Karikaturen. Von links kommen Blücher, Wellington und der Zar, um mit Hacke und Schaufel dieser »Pflanze« den Garaus zu machen.
Im Vexierbild: Ein grünes Blatt unter der obersten Blüte ist

Napoleons Dreispitz, darunter sein Profil nach links. Außerdem verschlungen in weitere Blüten und Blätter die Profile Marie-Louises und des Sohnes.

George, E. P. C., Bd. II, S. 163; Vogler S. 132
Abbildung Seite 69

24
BONEY'S MEDITATIONS ON THE ISLAND OF S.T HELENA – OR –/THE DEVIL ADDRESSING THE SUN. PARADISE LOST BOOK IV
BONEYS BETRACHTUNGEN AUF DER INSEL ST. HELENA, ODER: DER TEUFEL BETET DIE SONNE AN. PARADISE LOST, BUCH 4

Radierung, altkoloriert. – 366 x 267 mm. – Bez. l. u.: Pub.d August 1815 by / H. Humphrey St James's St; r. u.: G. H. invt G Cruikshank fect
BM 12593, Cohn 944, Reid 500, Douglas 734
Hannover, Wilhelm-Busch-Museum, KG 1836/82

Diese Karikatur gehört zu den bekanntesten von George Cruikshank. Aber auch sie ist angeregt von seinem Verleger Humphrey, der seinerseits wieder auf Gillray zurückgriff (»Gloria mundi, or The Devil addressing the Sun«). Auf diesem Bild ist nun Napoleon der Teufel selbst, an den Bocksfüßen, den Flügeln und dem Gehörn eindeutig zu erkennen. Die Sonnenstrahlen, die den Verfluchten in seiner Finsternis treffen, tragen die Namen der Sieger und ihrer Heerführer. Daß die Strahlen ausgerechnet vom englischen Prinzregenten Georg ausgehen, ist ein Seitenhieb auf diesen Herrscher, der persönlich zum Untergang Napoleons das wenigste beigetragen hat. »Sie rufe ich an ... ich hasse ihre Strahlen ...«, so Napoleon.

George, E. P. C., Bd. II, S. 166; George, C. P. P. S., Bd. IX, S. 572; Vogler S. 132
Abbildung Seite 70

25
THE CORSICAN SHUTTLECOCK OR A PRETTY PLAY THING FOR $\frac{E}{Y}$ ALLIES
DER KORSISCHE FEDERBALL, ODER: EIN HÜBSCHES SPIELZEUG FÜR DIE ALLIIERTEN

Radierung, altkoloriert. – 250 x 363 mm. – Bez. l. u.: G Cruikk fect; r. u.: Pubd April 10th 1814 by S Knight/ No 3 Sweetings Alley
BM 12217, Cohn 1020, Reid 310, Douglas 693
Hannover, Wilhelm-Busch-Museum, KG 1518/81

Am 31. März 1814 ziehen die Truppen der Verbündeten in Paris ein: Napoleon ist endgültig besiegt. Er entsagt am 6. April in Fontainebleau der Krone. Man gibt ihm die Insel Elba als Fürstentum. Cruikshank läßt die beiden siegreichen Heerführer, den Preußen Blücher und den Österreicher Schwarzenberg, Federball spielen – das von den Verbündeten besetzte Paris im Hintergrund. Als Federball dient Napoleon, und Schwarzenberg wundert sich, wie federleicht der einst so »schwere Brocken« Napoleon jetzt sei, während Blücher – auch in der Darstellung durch Cruikshank als Haudegen charakterisiert – Schwarzenberg anfeuert, das Spiel in Gang zu halten.

George, C. P. P. S., Bd. IX, S. 370; Meyers großes Konversationslexikon, Bd. 18, Leipzig und Wien 1908, S. 122
Abbildung Seite 71

26
THE CORSICAN WHIPPING TOP IN FULL SPIN!!!
DER KORSISCHE KREISEL VOLL IN FAHRT!

Radierung, altkoloriert. – 268 x 372 mm, – Bez. l. u.: Pubd April 11th 1814 by –/H Humphrey St James's Strt; r. u.: G. H inv.t/G. Cruikshank fec.t. – Sek. bez. l. o. mit Bleistift: 69
BM 12218, Cohn 1021, Reid 311, Douglas 694
Hannover, Wilhelm-Busch-Museum, KG 1834/82

Napoleon als Spielzeug der Verbündeten ist ein beliebtes Thema. Hier hat Cruikshank ihn verstümmelt und zum Kreisel gestutzt, der von den verschiedenen Herrschern und ihren Marschällen ins Rotieren gepeitscht wird. Wiederum ist Blücher der wildeste, Bernadotte (der schwedische König und ehemals französischer Marschall, Schwager von Joseph Buonaparte), Befehlshaber der sogenannten Nordarmee im Krieg gegen Napoleon, läßt die Peitsche ruhen, während der Zar kräftig zuschlägt. Dem österreichischen Kaiser neben ihm scheint die Prügelei nicht recht zu gefallen; schließlich drischt er ja auf seinen Schwiegersohn ein (seine Tochter, Marie-Louise, entschwindet mit ihrem Söhnchen links im Hintergrund). Dagegen läßt Wellington seine Peitsche wieder mit aller Kraft sausen.
Die abgehackten Körperteile kennzeichnen die neue politische Situation: Deutschland, Portugal und die Niederlande, deren späterer König, Willem I. von Oranien, auf einem Faß (»Holland«) sitzt und triumphierend ein Napoleonbein mit der Aufschrift »United Netherlands« hochhält. – Joseph Buonaparte läßt sich von einem Teufel in die Hölle tragen, was ein wenig voreilig war, denn er lebte noch bis 1844.

George, C. P. P. S., Bd. IX, S. 370; Ladies, Lords und Lumpenpack, Englische Karikaturen 1780–1830 (Ausstellungskatalog), Kunstsammlung der Universität Göttingen 1975, S. 43
Abbildung Seite 72

27
OLD BLUCHER Beating The Corsican BIG DRUM
Der alte Blücher schlägt die grosse korsische Trommel

Radierung, altkoloriert. – 263 x 382 mm. – Bez. l. u.: G C^{k} f^{t}; r. u.: Pub^{d} April 8th 1814 by S. W. Fores /50 Piccadilly. – Sek. bez. l. u. mit Bleistift: R 309
BM 12214, Cohn 1800, Reid 309, Douglas –
London, Britisches Museum, 1859-3-16-1066

Mit Blick auf den Einzug der Verbündeten in Paris am 31. März 1814 feiert Cruikshank Blücher als den großen Feldherrn, der Napoleon »nach Noten« (das Lied heißt »Der Fall von Paris«, siehe unten) verdroschen hat. Ins Bild umgesetzt ist Napoleon eine menschliche Trommel, die Blücher mit einer Rute und einer Keule als Schlegel (Aufschrift: »Blücher Drum Stick« und »Schwarzenberg Drum Stick«) grimmig bearbeitet. Das schon blutende nackte Gesäß kümmert ihn nicht. Von dem einen der beiden Türme, die für Paris stehen, winkt ein Soldat mit der österreichischen Flagge, während man auf dem anderen dabei ist, mit einer riesigen Axt die Trikolore zu kappen. Die Reste der französischen Armee befinden sich in wilder Flucht.

Ladies, Lords und Lumpenpack, Englische Karikaturen 1780–1830 (Ausstellungskatalog), Kunstsammlung der Universität Göttingen 1975, S. 43
Abbildung Seite 73

28
THE TWO VETERANS
Hectora quem laudas, pro te pugnare juneto, Militia est operis altera digna tuis. OVID
Die beiden Veteranen
Befiehl, dass Hector, den Du lobst, an Deiner Stelle kämpft. Es gibt einen anderen Kriegsdienst, in dem Du etwas leisten kannst

Radierung, altkoloriert. – 430 x 272 mm. – Bez. u. m. am Bildrand: G Cruikshank fec^{t} – (LONDON: Printed by PLUMMER and BREWIS, Love-Lane, Eastcheap; for THOMAS TEGG, 111, Cheapside.)
BM 12296, Cohn 2057, Reid –, Douglas 806
Hannover, Wilhelm-Busch-Museum, KG 1520/81

Die Verse, eine Art Spottgedicht, nicht zuletzt gegen den englischen Prinzregenten, den späteren König Georg IV. (seit 1820, vgl. Kat.-Nr. 52), erschienen im Juni 1814 im »Morning Chronicle«. Anlaß war das Treffen der Verbündeten in London in diesem Monat: die Herrscher und mit ihnen auch Blücher, der im Trinken und Spielen eine mehr als gute Figur abgab. Eben diese Eigenschaften wußte der Prinzregent zu schätzen, der auf diesem Gebiet ebenfalls einiges aufzuweisen hatte. Der Prinzregent war damals 52 Jahre alt, Blücher bereits 72, aber als Zechkumpan konnte er es noch mit manchem aufnehmen. Das Gedicht trifft den Regenten doppelt: Während Blücher von Waterloo erzählt, kann der Regent nur mit dem Kampf gegen seine Frau – von der er sich scheiden lassen möchte – aufwarten, dazu muß er sich noch von dem weit älteren Marschall unter den Tisch trinken lassen.
Diese Verse griff Cruikshank begeistert auf und setzte sie ins Bild um. Er ließ die drastische Karikatur in zwei Versionen vertreiben. Das Bild spricht für sich: der schwadronierende Blücher, noch voll dabei, trotz aller geleerten Flaschen unter seinem Stuhl. Der mit Stuhl und Tisch kippende Regent benötigt die Hilfe des Sohnes seiner Geliebten, Lady Hertford; der junge Lord Yarmouth, ein bekannter Taugenichts, tut ein übriges und schenkt ein neues Glas ein. Die Bilder über den beiden sprechen es noch einmal aus: der Soldat Blücher – der Weiberheld Georg.
Das Ovid-Zitat enthält übrigens einen Fehler: juneto statt jubeto. (Ovid, Heroides XVII, Zeilen 257/258).

George, E. P. C., Bd. II, S. 154
Abbildung Seite 74

29
The ALLIED BAKERS or, The Corsican Toad in the hole
Die alliierten Bäcker, oder: die korsische Fleischpastete

Radierung, altkoloriert. – 255 x 361 mm. – Bez. l. u.: G. H. iv^{t} / Cruikshank fec^{t}. – r. u.: Pub^{d} April 1st 1814 by / H. Humphrey St James's S^{t}. – Sek. bez. l. u. mit Bleistift: R 299
BM 12206, Cohn 882, Reid 299, Douglas 690
London, Britisches Museum, 1978-U 826

Diese Karikatur wendet sich im Grunde gegen Franz I. von Österreich, der gegen Napoleon, seinen Schwiegersohn, nicht die Härte der anderen Gegner des Korsen aufbrachte. Blücher und Woronzeff, der russische General, wollen Napoleon in einer Pastetenschale in den »Backofen der Verbündeten« schieben, aber Franz I., der die Tür öffnen soll, behauptet: »Sie klemmt. Ich glaube nicht, daß ich sie aufkriegen werde.« »Reiß sie auf! Du läßt uns warten!« schimpft Blücher. »Hinein damit, Blücher!« hetzt Woronzeff, und Bernadotte meint: »Die Scharniere brauchen ein bißchen russisches Öl.« »Mörder, Mörder!« jammert Napoleon. Von rechts kommt Schwarzenberg mit weiteren »Pasteten«; Stiefel und die französische Fahne sind in den Teig der einen Pastete gemengt, in den der anderen ganz Bordeaux.

George, E. P. C., Bd. II, S. 149
Abbildung Seite 75

30
THE AFTERPEICE TO THE TRAGEDY OF WATERLOO – OR – MADAME FRANÇOISE & HER MANAGERS!!!
DIE NACHWIRKUNGEN DER TRAGÖDIE VON WATERLOO, ODER: MADAME FRANÇOISE UND IHRE MANAGER!

Radierung, altkoloriert. – 285 x 386 mm. – Bez. l. u.: G. Cruikshank fec^{t}; r. u.: Pub^{d} at W Hone's N° 55/Fleet St Novr 9th 1815. – Sek. bez. r. o. mit Bleistift: 513
BM 12620, Cohn 874, Reid 513, Douglas 741
Hannover, Wilhelm-Busch-Museum, KG 1532/81

Karikaturisten haben die verdienstvolle Neigung, sich auf die Seite der Schwächeren, der Unterlegenen, zu schlagen und damit für das Gleichgewicht der Welt zu sorgen. Cruikshank haßte Napoleon, als er noch Herrscher Europas war. Das besiegte Frankreich findet hier mit dieser Karikatur in ihm seinen Fürsprecher. Gefesselt liegt Marianne am Boden. Franz I. von Österreich hämmert die Kette in die Erde, Zar Alexander I. schließt sie mit einem Riesenschloß, der Holländer schneidet sich ein großes Stück aus Mariannes Kleid. Ein Ritter – Symbol für die Gesamtheit der Verbündeten – pfropft ihr die Bourbonen in den Hals. Englands Premier zieht mit Jakobinermütze und Krone davon. Blücher holt ihr das Geld aus der Tasche und reißt ihr das Napoleonmedaillon vom Hals. Die Soldateska zieht mit reichem Beutegut davon. Die Verlogenheit der Sieger wird in den Sprechblasen deutlich: In Frankreich sollen die »alten Rechte und Freiheiten« wieder eingeführt werden (der Österreicher), »Ein großes und mächtiges Frankreich ist notwendig« (wenn Rußland die Vorherrschaft hat – der Zar), »Frankreich darf seine Herrscher selbst bestimmen« (falls es Bourbonen sind, Blücher), »Wir betreten Frankreich als Freunde« (Blücher) etc. – Von einem Hügel aus stellt John Bull angesichts dieses widerlichen Treibens fest, daß alles, was vorher verlautbart worden sei, so ganz anders geklungen habe …

George, E. P. C., Bd. II, S. 168; Gronow S. 44ff.
Abbildung Seite 76

31
THE CONGRESS DISOLVED BEFORE THE CAKE WAS CUT UP
DER KONGRESS ZERPLATZTE, BEVOR DER KUCHEN VERTEILT WAR

Radierung, altkoloriert. – 268 x 401 mm. – Bez. l. u.: G C^{k}; r. u.: Pub.^{d} by SW Fores 50 Piccadilly/April 6th 1815
BM 12525, Cohn 1011, Reid 474, Douglas 722
London, Britisches Museum, 1862-12-17-372

Dieses Bild illustriert noch einmal den Schrecken der in Wien Versammelten, die hier um den europäischen Kuchen streiten. Er ist zwar bereits aufgeteilt in Sachsen, Italien, Polen, Schweden, Norwegen, Neapel und Flandern, aber offensichtlich ist man immer noch bei der Arbeit, als Napoleon mit gezogenem Schwert hereinstürzt. »Ihr Stümper, sechs Monate habt Ihr darum gestritten, wie der Kuchen aufgeteilt werden soll, ich werde es in wenigen Stunden schaffen!«
Alles reagiert verwirrt und entsetzt. Messer und Gabel entfallen ihren Händen, der Holländer stürzt von seinem Hocker. Verächtlich stampft Napoleon über die Akten (»Kongreß-Erlasse«, »Bericht über die Befreiung Europas«, »Plan für die Sicherheit Europas«).

32
THE DEPARTURE OF APOLLO & THE MUSES – OR – FAREWELL TO PARIS
DIE ABREISE APOLLOS UND DER MUSEN, ODER: ABSCHIEDSGRUSS FÜR PARIS

Radierung, altkoloriert. – 279 x 413 mm. – Bez. l. u.: Etch^{d} by G Cruikshank; r. u.: London des^{d} & published by J. Sidebotham/ N° 74 Newgate S^{t} and N° 20. Capel St Dublin
BM 12619, Cohn 1051, Reid 345, Douglas 712
Hannover, Wilhelm-Busch-Museum, KG 1526/81

Auch als Kunsträuber ist Napoleon unter den siegenden Herrschern der größten einer gewesen. Nach dem Sieg der Verbündeten begannen diese sofort mit dem Rücktransport des Raubguts. Das ist der Gegenstand der Karikatur. Sie zeigt einen römischen Streitwagen in rasendem Galopp dahinjagen, mit Statuen beladen, als Lenker Apoll. Den Löwen von San Marco reitet Wellington, der den hinter ihm auf einem Pferde sitzenden Blücher anfeuert. Es ist nicht ausgeschlossen, daß mit den Pferden die berühmten vier Pferde des Hauptportals der Markuskirche gemeint sind, die Napoleon auch entführt hatte. Im Hintergrund werden andere Kunstschätze mit verschiedenen Zielen transportiert: Venedig, Italien, Holland und ganz oben links Berlin. Im Eingang des Louvre stehen Ludwig XVIII. und Talleyrand, den Ludwig anfleht, diesen Exodus zu verhindern. Talleyrand muß gestehen, daß ihm das mißlungen sei: trotz aller Tricks sei man ihm »auf die Schliche gekommen«.

Der Direktor des Louvre schaut weinend aus seinem Fenster und fleht die Statuen an: »Verlassen Sie mich nicht, meine Damen ...«

Abbildung Seite 77

33
A FRENCH ELEPHANT
Ein französischer Elefant

Radierung, altkoloriert. – 335 x 234 mm. Bez. l. u.: Publ.^{d} by S. W. Fores 50 Piccadilly; l. o.: Pl: XVIII. – Sek. bez. r. u. mit brauner Tusche: Nov. 1818
BM 13008, Cohn 1133, Reid 718, Douglas 746
London, Britisches Museum, 1868-8-8-8401

Die Urheberschaft an diesem Blatt ist nicht unumstritten. Es ist unsigniert, wird aber in den Werkverzeichnissen von Reid, Douglas und Cohn aufgeführt, bei Cohn allerdings mit der Einschränkung, daß Cruikshank das Blatt nicht anerkannt habe, als man es ihm in einer Kopie vorlegte. Unser Blatt stammt von der Originalplatte.
Die Zeichnung dokumentiert die ganze Verachtung, die man in England gegenüber Ludwig XVIII. hegte – nicht zuletzt wegen der hohen Kosten, die die Unterstützung der Bourbonen den Engländern auferlegte.

34
PEACE & PLENTY or good News for JOHN BULL!!!
Frieden und Überfluss, oder: Gute Neuigkeiten für John Bull!

Radierung, altkoloriert. – 298 x 403 mm. – Bez. l. u.: Pub^{d} May 25 1814 by H Humphrey/St James's Street; r. u.: G H. inv^{t}/Etched by G Cruikshank
BM 12265, Cohn 1832, Reid 334, Douglas 710
London, Britisches Museum, 1859-3-16-81

Nach der Abdankung Napoleons im Jahr 1814 und nach einer guten Ernte, die sinkende Preise brachte, konnte England, das eine Hungersnot hinter sich hatte, wieder aufatmen.
Cruikshank illustriert die Situation mit einem Dinner, das Ludwig XVIII. John Bull gibt und bei dem er dem Regenten und dem »glorreichen Land« für die Hilfe bei der Wiedereinsetzung der Bourbonen dankt. Man sitzt vor einem ländlichen Gasthaus am reich gedeckten Tisch und bringt seinen Toast aus. Der Regent schaut zu – eine Idylle mit einem Hauch Schlaraffenland: die Nahrung kommt »angelaufen«. Ein zweiter John Bull pflügt seinen Acker. Ein Schiff ist gelandet, Waren werden ausgeladen. Verbittert sitzt Napoleon auf einem Inselchen im Meer.

George, E. P. C., Bd. II, S. 152
Abbildung Seite 78

35
The Gout, the King & the Doctors, – or the case of Lo^{s} XVIII
Die Gicht, der König und die Ärzte, oder: Der Fall Ludwig XVIII.

Radierung, altkoloriert. – 215 x 275 mm. – Bez. l. u.: G. Cruikshank fec^{t}; u. m.: Pub^{d} by R Harrild, 20, G^{t} Eastcheap London – May 1815; l. o.: N° 10. – Sek. bez. r. o. mit Bleistift: 13
BM –, Cohn 1167, Reid 477, Douglas 725
Hannover, Wilhelm-Busch-Museum, KG 1528/81

Am 1. März 1815 kehrte Napoleon von Elba zurück, landete bei Cannes und marschierte auf Paris. Diesen Moment erfaßt die Karikatur Cruikshanks. Noch sitzt der feiste Ludwig XVIII. auf seinem Thron. Noch peinigen die Soldaten Napoleons wie kleine Teufel nur seinen dick bandagierten Gichtfuß. Er schreit nach einer Medizin, die ihm Talleyrand, der ihn auf bessere Tage vertröstet, einflößen will. Die Verbündeten bewaffnen sich mit Besen, um das »Ungeziefer« am königlichen Bein wegzufegen: vorn John Bull, dahinter Zar Alexander und Blücher, am Ende der österreichische Kaiser, der seine drei Mitstreiter zurückhalten möchte. Typisch, wie Cruikshank diese Haltung versinnbildlicht: Er setzt Franz I. eine Wetterfahne auf's Haupt. Und jeder weiß Bescheid.

Abbildung Seite 79

36
PREPARING for WAR
Kriegsvorbereitungen

Radierung, altkoloriert. – 216 x 542 mm. – Bez. l. u.: Pub^{d} by M. Jones N° 5 Newgate Street June 1st 1815; r. u.: G. Cruikshank fec^{t} (erschienen in: *The Scourge, or*

Monthly Expositor of Imposture and Folly, Bd. IX, Juni 1815, Abb. 54)
BM 12550, Cohn –, Reid 485, Douglas S. 250
Hannover, Wilhelm-Busch-Museum, KG 1629/81

Erneut mußte nach der Rückkehr von Elba Krieg gegen Napoleon geführt werden. Die Engländer waren kriegsmüde: kein Geld in den Kassen und immer neue Steuern (die leeren Säcke unten rechts). John Bull – hier als »Bulle« – kam sich als Opfer vor. Der Finanzminister (Lord Vansittard) muß ihn schlachten, weil der Premier (Lord Liverpool) und der Kriegsminister den Krieg wollen. »Für die Bourbonen und den Zusammenbruch der Tyrannei« ist die Losung.
Der Prinzregent ist völlig desinteressiert. Schneider und Friseur sind um ihn, und er träumt von neuen Festen und Orgien und will nicht von Dingen hören, die Unangenehmes vermuten lassen. Auf der anderen Seite des Kanals reitet der dicke Ludwig auf einem Esel mit dem Kopf von Talleyrand in den Krieg, – eine lächerliche Figur, auf die England gesetzt hat. Die Soldaten tragen Spritzen statt Gewehre. Hinter Blücher und Wellington, die ihre Säbel schleifen, ballen sich große Heere, während Napoleon hoch auf einer Klippe nach Kampf geradezu lechzt und befiehlt: »Laß die Hunde los!«

George, E. P. C., Bd. II, S. 161; Wardroper S. 46

37
RETURN OF THE PARIS DILIGENCE – OR – BONEY RODE OVER
RÜCKKEHR DER PARISER POSTKUTSCHE, ODER: BONEY ÜBERFAHREN

Radierung, altkoloriert. – 294 x 434 mm. – Bez. l. u.:
G H inv^{t}; r. u.: Pub^{d} Septr 6th – 1815 – by H. Humphrey
27 St James's Street – Etch^{d} by G Cruikshank
BM 12609, Cohn 1899, Reid 503, Douglas 735
Hannover, Wilhelm-Busch-Museum, KG 1530/81

Das Blatt illustriert karikierend die politische Situation nach der Schlacht bei Waterloo am 18. 6. 1815. Napoleon ist geschlagen. Die Kutsche der Sieger rast über ihn und seine toten Soldaten hinweg. Auf dem Rücksitz die Herrscher von Preußen, Rußland und Österreich und ein holländischer Kaufmann. In der Kutsche drängen sich um den zurückkehrenden Ludwig XVIII. Talleyrand, die hohe Geistlichkeit und Hofschranzen. Man kann nicht behaupten, daß Cruikshank diesen Herrscher mit besonderer Liebe behandelt. Die Kutscher sind wie üblich Wellington und Blücher. Im Detail enthält dieses Blatt manche Grausamkeit, die Cruikshank durchaus nicht verschmähte darzustellen.

George, E. P. C., Bd. II, S. 167
Abbildung Seite 80

38
LOUIS XVIII CLIMBING THE MÂT DE COCAGNE
"The Mât de Cocagne is a long pole well soaped, on the top of which are hung upon Publick occasions various Prices which he who climbs / "to the top gets. A poor Creature of total incapycity affords infinite pity & Merriment, & tumbles down faster then he ascends. He who fails once / "and tries again affords the most sport" – Travels in France / New French Caricature selling privately at Paris
LUDWIG XVIII. ERKLIMMT DEN KLETTERMAST
»Der Klettermast ist ein gut eingeseifter langer Stamm, an dem bei öffentlichen Anlässen verschiedene Preise aufgehängt sind, die der, der die Spitze erreicht, erhält. Eine arme Kreatur von totaler Unfähigkeit erringt unendliches Mitleid und Belustigung und fällt schneller herunter als er aufgestiegen ist. Der, der einmal fällt und es wieder versucht, erntet den meisten Spott« – Reisen in Frankreich / Neue französische Karikatur, privat in Frankreich verkauft

Radierung, altkoloriert. – 454 x 297 mm. – Bez. l. u.:
Etched by G Cruikshank; u. m.: London Pub^{d} by
W. Hone 55 Fleet Street October 6th 1815
BM 12614, Cohn 1701, Reid 507, Douglas 738
Hannover, Wilhelm-Busch-Museum, KG 1826/81

Ohne die Verbündeten wäre der Bourbone Ludwig XVIII. nie auf den Thron gelangt. Das machte ihn international nicht beliebter. Besonders in England erfuhr er wachsende Ablehnung, da das Engagement für die Bourbonen unmittelbar beachtliche steuerliche Belastungen nach sich zog. Cruikshanks Erzählfreude feiert auf diesem Blatt besondere Triumphe. Zunächst macht er wortreich den schwächlichen König herunter, indem er klarstellt: Die Basis ist das englische Geld, dann tragen dich der Kaiser von Österreich, der russische Zar und der König von Preußen, und schließlich hebt dich Wellington hoch, damit du die französische Krone ergreifen kannst, die aber der napoleonische Adler dir noch streitig macht. Napoleon selber höhnt von St. Helena herüber, daß er den »Mast« ohne Hilfe zweimal geschafft habe. Das Blatt ist überladen vom Cruikshank'schen Erzähldrang.
An Personen: links unten die tränenreiche Marie-Louise mit Söhnchen, das mahnend an des Großvaters, Franz I., Rockschößen zerrt. Hinter ihr Chateaubriand (nach Bruch mit Napoleon politisch aktiv zugunsten der Bourbonen) als komische Figur, halb Soldat, halb Priester (wegen seines

Essays »Der Geist des Christentums«). Talleyrand (am Klumpfuß erkennbar), Fouché, Lord Castlereagh, Richelieu, der für Ludwig XVIII. den zweiten Pariser Frieden schloß, und John Bull, der wieder sein Geld anbietet.
Im Hintergrund wird auf die südfranzösischen Religionskriege angespielt, die die Katholiken mit voller Grausamkeit gegen Jakobiner und Protestanten führten.
Das Blatt entstand nach einer französischen Vorlage für den radikalen Verleger (»Examiner«) Hone.

George, E. P. C., Bd. II, S. 167; George, C. P. P. S., Bd. IX, S. 585ff.
Abbildung Seite 81

39
OLD BUMBLEHEAD THE 18$^{\underline{TH}}$ TRYING ON THE NAPOLEON BOOTS – OR, PREPARING FOR THE SPANISH CAMPAIGN
DER ALTE BRUMMKOPF XVIII. VERSUCHT, NAPOLEONS STIEFEL ANZUPROBIEREN, ODER: VORBEREITUNGEN FÜR DEN SPANISCHEN FELDZUG

Radierung, altkoloriert. – 301 x 480 mm. – Bez. u. m.: Ge$^{\underline{o}}$ Cruikshank fec^{t}; r. u.: Feby 17th 1823 Pub^{d} by Jn$^{\underline{o}}$ Fairburn Broadway Ludgate hill London
BM 14502, Cohn 1801, Reid 1170, Douglas 747
Hannover, Wilhelm-Busch-Museum, KG 1585/81

Eine Reihe von Karikaturen im Jahr 1823 prophezeite den Untergang der Bourbonen, falls Ludwig XVIII. seinem Neffen, dem spanischen Ferdinand VII., mit Truppen helfen würde, den Aufstand in seinem Land niederzuschlagen, weil man davon überzeugt war, daß Frankreich den Krieg verlieren werde. – So sitzt denn der fette Ludwig in einem Rollstuhl und versucht, in Napoleons Stiefel hineinzusteigen, was ihm natürlich nicht gelingt, trotz des hilfreichen »Bärenfetts« (gemeint ist die Unterstützung der Spanienpläne durch Rußland). Als deutlicher Hinweis für die Rührigkeit der Buonapartisten steht Napoleons Sohn schon bereit, um die stürzende Krone des Bourbonen aufzufangen.

George, E. P. C., Bd. II, S. 206; George, C. P. P. S., Bd. X, S. 356; Wardroper S. 113; Karikaturen – Karikaturen? (Ausstellungskatalog), Kunsthaus Zürich 1972, S. 110
Abbildung Seite 82

40
FRANCE, (THE GREAT NATION) DRIVEN BY THE NORTH – INTO THE SOUTH!!!
FRANKREICH (DIE GROSSE NATION) WIRD VOM NORDEN IN DEN SÜDEN GESCHOBEN!

Radierung, altkoloriert. – 300 x 483 mm. – Bez. l. u.: G. Cruikshank fec^{t}; r. u.: London Pub^{d} Feby 18$^{\underline{th}}$ 1823 by J. Fairburn Broadway Ludgate hill
BM 14509, Cohn 1127, Reid 1171, Douglas 748
Hannover, Wilhelm-Busch-Museum, KG 1830/82

Die Ideen der Französischen Revolution starben nicht mit ihrer Beendigung. Sie wucherten weiter. Die Herrscher Europas spürten es und reagierten mit entschlossener Abwehr. So zwangen sie Ludwig XVIII. zum spanischen Feldzug, damit er den Volksaufstand niederschlage. Von Cruikshank ins Bild gebracht, sieht das so aus: den unbeweglichen feisten Ludwig schieben der Zar und der österreichische Kaiser in einer Art Rollstuhl Richtung Pyrenäen. Und das nicht gerade sanft! Mit Kolbenstößen treiben sie ihn voran. Der Zar versichert ihm, daß er ihm mit »einer halben Million Barbaren« den Rücken stärken werde. Interessant sind die Anmerkungen zur Freiheit, wie sie in den Sprechblasen zu lesen sind. Der Österreicher zum Beispiel: Alles Alte ist gut. Die »Freiheit« ist eine Modesache, mit der wir nichts zu tun haben wollen und andere auch nicht, so weit wir dabei helfen können. Der Zar will, verbunden mit Österreich und Preußen, die »Freiheit Europas in den Staub treten«, und Ludwig beteuert, daß er in Spanien Frömmelei, Pfaffentum und die »gesegnete Heilige Inquisition in all ihrem ursprünglichen Ruhm« wiederherstellen will. – Die Franzosen trugen einen schnellen Sieg davon. So fand auch der befürchtete buonapartistische Aufstand nicht statt.

George, C. P. P. S., Bd. X, S. 356
Abbildung Seite 83

41
ROYAL HOBBY'S, OR THE HERTFORDSHIRE COCK= HORSE!
KÖNIGLICHE LIEBHABEREIEN, ODER: DAS STECKENPFERD VON HERTFORDSHIRE!

Radierung, altkoloriert. – 247 x 321 mm. – Bez. r. u.: Pub$^{\underline{d}}$ Ap^{l} 20th 1819 by/M. Clinch 20 Princes/Str^{t} Soho
BM 13220, Cohn 1921, Reid 886, Douglas 830
Hannover, Wilhelm-Busch-Museum, KG 1641/81

Die schon länger andauernde Geisteskrankheit Georgs III. von England wurde 1810 als unheilbar erklärt; sein Sohn Georg wurde Prinzregent. Nach dem Tode seines Vaters bestieg er 1820 den Thron als Georg IV. Er war ein unrühmlicher Herrscher, der mehr durch Skandale von sich reden machte als durch politische Leistungen. Auch diese Karikatur denunziert ihn peinlich. Unwürdig liegt er auf dem Bauch und muß sich abstrampeln, um das Zweirad in Fahrt zu halten, die schwergewichtige Geliebte Lady Hertford auf dem Rücken: Sie schwingt das Zepter und hat ihn am Zügel! Die Reise geht zum Schloß Hertford (»To the Horns« – steht auf dem Wegweiser, womit der gehörnte Ehemann gemeint ist). Das Paar begegnet dem Herzog von York, dem Bruder des Regenten, der mit seinem Rad auf der Fahrt zum Schloß Windsor ist, wo der König dahinsiecht,

und spielt darauf an, daß York seine £ 10 000 aus der Staatskasse bezieht, damit er einmal im Monat seinen kranken Vater besuche. Nebenbei warnt er die beiden vor einem »Sturz« – hinreichend zweideutig.
Die von dem deutschen Freiherrn Drais 1813/14 konstruierte »Laufmaschine«, die man (wie seinen gleichzeitig erfundenen vierrädrigen Wagen, in dem man saß und sich mit den Füßen abstieß, um ihn in Bewegung zu setzen) »Draisine« nannte, wurde sehr schnell ein beliebtes Spielzeug der feinen Leute in Europa, so auch in England.

Palmer S. 83, 165; Guttmann S. 239f; Wardroper S. 68
Abbildung Seite 84 und Umschlag

42
ACCIDENTS IN HIGH LIFE OR, ROYAL HOBBY'S, BROKE DOWN! DEDICATED TO THE SOCIETY FOR THE SUPPRESSION OF/VICE
UNGLÜCKSFÄLLE IM ELEGANTEN LEBEN, ODER: KÖNIGLICHE STECKENPFERDE – ZUSAMMENGEBROCHEN! DER GESELLSCHAFT ZUR ABSCHAFFUNG DES LASTERS GEWIDMET

Radierung, altkoloriert. – 248 x 350 mm. – Bez. r. u.: Pub^d Ap^l 24th 1819 by E. King 25 Chancery Lane. – Sek. bez. r. u. mit Bleistift: R 887
BM 13222, Cohn 864, Reid 887, Douglas 831
London, Britisches Museum, 1868-8-8-8434

Die Lustfahrt nimmt ein jähes Ende. Der Regent und Lady Hertford, aber auch der Herzog von York stürzen. Die Lady jammert über ihr schmerzendes Kreuz und beschimpft den »old stick«, den »alten Stockfisch«, der dem Rad und der miserablen Straße nach Hertford die Schuld gibt. Beim nächsten Mal will er die »Straße nach Richmond« nehmen, was wohl bedeutet, daß er sich seiner neuen Favoritin, Lady Conyngham, zuwenden will.
Der Herzog stöhnt über seinen Arm und ist froh, daß er sich nicht das Genick gebrochen hat. Es hätte schlimmer kommen können, meint er, wenn der Geldsack nicht gewesen wäre.

Abbildung Seite 85

43
ROYAL HOBBY'S. – "DE GUSTIBUS NON EST DISPUTANDUM: – / THAT IS, THERE IS NO DISPUTING AGAINST / HOBBY = HORSES"; TRISTRAM SHANDY
KÖNIGLICHE LIEBHABEREIEN. – »DE GUSTIBUS NON EST DISPUTANDUM: – ÜBER STECKENPFERDE KANN MAN NICHT STREITEN«; TRISTRAM SHANDY

Radierung, altkoloriert. – 286 x 446 mm. – Bez. r. u.: London Pub^d Ap^l 9th 1819/by T Tegg N° 111 Cheapside; r. o.: 341
BM 13215, Cohn 1920, Reid 884, Douglas 829
Hannover, Wilhelm-Busch-Museum, KG 1640/81

Diese Doppelkarikatur ist in ihrer Drastik so gewagt, wie sie heute kaum möglich wäre: Der Herrscher reitet volltrunken auf seiner Köchin und versichert, daß ihm das lieber sei als das fast selbstverständliche Verhältnis mit Lady Hertford, die im Hintergrund »gekrönt« dargestellt wird (daß er außerdem auch noch »standesgemäß« verheiratet war, erwähnt der Karikaturist nicht). – Die Parallel-Karikatur zeigt den Herzog von York mit seiner Geliebten, einer Mrs. Carey, auf der modischen Laufmaschine. Der Bruder des Prinzregenten protzt mit seinem »Windsor-Job«, der Verpflichtung, den kranken Vater einmal im Monat für eine Menge Geld zu besuchen (vgl. Kat.-Nr. 41). Der Kommentar eines Bauern (rechts oben): »Eine Schande – da wird ein Sohn dafür bezahlt, daß er seine Pflicht dem Vater gegenüber erfülle – und meine Kinder müssen vor Hunger sterben ...«
Der Mut des Karikaturisten und seines Verlegers ist bewundernswert. Solche Attacken gegen das Herrscherhaus waren nur in englischen Karikaturen möglich, die als Flugblätter verbreitet wurden. Die Presse konnte durch juristische und finanzielle Mittel zum Schweigen gebracht werden, aber der frei gehandelten Karikatur wurde man nicht Herr. Cruikshank spottet auf diesem Blatt sogar darüber, daß der Regent (wie verbürgt) vergebens versucht hat, die Verleger zu bestechen und kompromittierende Blätter aufzukaufen (vgl. Kat.-Nr. 51 und 66).

Wardroper S. 69
Abbildung Seite 86

44
THE ROYAL SPRAIN; / AND JOVE THE SECOND GAIN'D A DECENT MILLING! – VIDE PAGE 20
DIE KÖNIGLICHE VERSTAUCHUNG; UND EINE AUSSERORDENTLICHE TRACHT PRÜGEL FÜR HERRGOTT DEN ZWEITEN – SIEHE SEITE 20

Radierung, altkoloriert. – 241 x 372 mm. – Bez. l. u.: Pub^d Jany 1812 by / E Redford London Ro^d; r. u.: G.

Cruikshank fec[t]. – Sek. bez. l. o. mit brauner Tusche: 41
BM –, Cohn 1932, Reid 147, Douglas 777
Hannover, Wilhelm-Busch-Museum, KG 1606/81

Auch dieses (künstlerisch eher schwache) Blatt ist eine Kritik des Karikaturisten an der moralischen Verkommenheit des Regenten. Hier verprügelt ein Höfling, Lord Yarmouth, den Regenten, dem es um die Lady Yarmouth zu tun war. Die Bilder an der Wand erläutern die erotischen Absichten des Regenten.

45
PRINCELY AGILITY OR THE SPRAINED ANCLE
Unser behender Prinz, oder: Der verstauchte Knöchel

Radierung, altkoloriert. – 270 x 411 mm. – Bez. r. u.:
Pub[d] Janu[y] 1812 by J. Johston 98 Cheapside/G Cruikshank fec[t]
BM 11841, Cohn 1871, Reid 149, Douglas 778
Hannover, Wilhelm-Busch-Museum, KG 1607/81

Hier ist wieder eine jener Cruikshank-Karikaturen, die geradezu historischen Miniaturen gleichen und neben ihrem eigentlichen Thema eine Fülle von Informationen liefern. Der Regent hatte seiner Tochter Charlotte aus der Ehe mit der braunschweigischen Prinzessin Caroline den »Highland Fling«, einen schottischen Tanz, vorführen wollen. Dabei stürzte er und verstauchte sich den Knöchel. Cruikshank nutzt die Gelegenheit, um den Regenten als schwächlichen Hypochonder hinzustellen, der hier viel Lärm um nichts veranstaltet – John Bull erkundigt sich besorgt nach des Regenten Befinden (links), aber der Premier Perceval beruhigt ihn. Besonders interessant ist an diesem Blatt, daß es die Mesalliance des Regenten mitteilt. An seinem Kopfende steht nicht etwa die Regentin, die Prinzessin Caroline, oder eine seiner Geliebten, sondern die heimlich angetraute Ehefrau, die katholische Maria Fitzherbert – hier durch ein großes schwarzes Kreuz gekennzeichnet (vgl. Kat.-Nr. 58).

Palmer S. 96f.
Abbildung Seite 11

46
The COURT at Brighton à la Chinese!!
Der Hof in Brighton auf chinesische Art!

Radierung, altkoloriert. – 332 x 515 mm. – Bez. l. u.:
G. Cruikshank fec[t]; r. u.: London Pub[d] by J. Sidebotham N[o] 96 Strand. – Sek. bez. u. mit brauner Tusche (von links nach rechts): L.[d] Eldon / Queen Charlotte, L.[d] Ellenborough, Marq. Hertford, Hottentot Venus, March[s] Hertford, Geo P. Regent, Pss Charlotte of Wales, Prince Wales, P. Leopold, L.[d] Amherst, Sir Benj. Bloomfield; mit Bleistift neben »L.[d] Amherst«: left England 8 Feb, oberhalb »Sir Benj. Bloomfield«: Feb 8 1816 (Restbeschriftung unleserlich)
BM 12749, Cohn 1026, Reid 583,Douglas 817
London, Britisches Museum, 1868-8-8-12823

Georg IV. besaß in Brighton eine Villa am Meer, die er von 1815 bis 1818 von dem berühmten Architekten John Nash (1752 - 1835) nach seinem Geschmack umbauen ließ. Der »Royal Pavilion« ging in die Kunstgeschichte ein. Als Meister des Pittoresken paßte sich Nash jedem Wunsch seiner Bauherrn an, so auch der Chinamode des Prinzregenten, die ja schon im 17. Jahrhundert begonnen hatte und im 18. Jahrhundert in ganz Europa gepflegt wurde. Für die Kritik an dem prunkliebenden König wurde der Pavillon zum Symbol: »Pomp eines persischen Satrapen« statt der »nüchternen Würde eines britischen Prinzen« tönte es im Parlament auf Seiten der Opposition.
Auf der gleichen Linie liegt die Karikatur Cruikshanks, der die Verabschiedung eines Gesandten für China zum Anlaß nimmt, die ganze Geschmacklosigkeit des Herrschers und seine Verderbtheit bloßzustellen: die Geliebte in nächster Nähe, die den neben ihr stehenden Ehemann noch verhöhnt. Der Tochter Charlotte unterstellt er den Wunsch nach einem »chinesischen Ehemann« anstelle des ihr versprochenen Leopold von Sachsen-Coburg-Gotha, der sie hier begleitet. Als Geschmack des Regenten wird die Statue einer unförmigen nackten Negerin vorgeführt (während der Regent, der »Britische Adonis«, ein Korsett benötigt). Als Lektüre erkennen wir »Fanny Hill«, das berühmte Erotikon von John Cleland (1749). Unter den Papieren auf dem Boden findet sich auch ein Antrag an das Parlament für die Apanage des künftigen Paares.
Die Königinmutter Charlotte, bekannt wegen ihres Geizes, füllt die »privy purse« des Regenten mit Geld aus ihrem Sparstrumpf. Der Sekretär des Regenten, Colonel Mac Mahon, hält ihr die Börse hin. Ob Cruikshank damit sagen wollte, daß der Regent selbst seiner geizigen Mutter das Geld aus der Tasche zieht, bleibt ungewiß. Bezeichnend für das Klima am Hof ist, daß auch die Hofschranzen sich in ihrer Kleidung den Neigungen des Herrn anpassen.

George, E. P. C., Bd. II, S. 171; George, C. P. P. S., Bd. IX, S. 654ff.; Palmer S. 33, 96, 114, 134f., 144, 149; Vogler S. 134
Abbildung Seite 87

47
Gent, No Gent, & Re gent!!
Herr, kein Herr, Herrscher!
Radierung, altkoloriert. – 269 x 387 mm. – Bez. l. u.:
G Cruikshank fec[t]; u. m: Pub[d] by T. Tegg N[o] 111 Cheapside July 5 1816. – Sek. bez. l. u. mit Bleistift: R 589
BM 12791, Cohn 1153, Reid 589, Douglas 820
London, Britisches Museum, 1868-8-8-12835

In diesem Abgesang auf einen verkommenden Herrscher ist das Wortspiel »Gent« = Herr, dann »No Gent« = kein Herr und schließlich »Re gent« = Herrscher, in ein zeichnerisches Trio umgesetzt. Bild 1 zeigt den jungen, hübschen Prince of Wales vor der aufgehenden Sonne, die eine strahlende Zukunft verheißt, Bild 2 einen aufgedunsenen, trunkenen Spieler, auf dem Schoß der ihm heimlich angetrauten Mrs. Fitzherbert sitzend (vgl. Kat.-Nr. 45), Bild 3 dann den kranken, unförmigen Herrscher, der ohne Krücken nicht mehr gehen kann. Seine Tochter und der Privatsekretär Mac Mahon umsorgen ihn im Audienzsaal des »Pavillons«. Unzählige Alkoholflaschen bekunden seine Hauptbeschäftigung.

Palmer S. 149; Guttmann S. 238ff.
Abbildung Seite 88

48
A LEVEE DAY
AUDIENZ-TAG

Radierung, altkoloriert. – 196 x 525 mm. – Bez. l. u.: G. Cruikshank fec^{t}; r. u.: Pub^{d} April 1st 1814 for the Meteor (erschienen in: *The Meteor, or Monthly Censor,* No. 6, April 1814)
BM 12708, Cohn –, Reid 312, Douglas S. 253
Hannover, Wilhelm-Busch-Museum, KG 1622/81

Manche Karikaturen Cruikshanks enthalten ganze Dramen. Die Fülle der Probleme, die er in einem einzigen Blatt aufgreift, ernähren andere Karikaturisten auf Wochen hinaus. In seinem Haß gegen den Regenten zeichnet er ihn als todkranken Wanst: gichtgeplagt (wieder die Gillrayschen Teufelchen), von der Wassersucht befallen (der Gnom auf seinem Bauch), von Hirngespinsten gequält (blau umwölkter Teufel), die auch sein Sekretär Mac Mahon nicht vertreiben kann und die auch von der berühmten Schildkrötensuppe (hier in den Händen der Geliebten, Lady Hertford) nicht vergehen. Er nimmt seine Umgebung kaum noch zur Kenntnis. Hier übertreibt Cruikshank, denn immerhin sollte Georg noch sechzehn Jahre leben, davon die letzten zehn als König (von 1820 bis 1830).
Links außen Lord Sidmouth, Staatssekretär des Inneren, mit zwei Cruikshank-Karikaturen zum Thema Börsenspekulationsgewinne durch die Falschmeldung »Napoleon gestorben« (vgl. Kat.-Nr. 95–99), neben ihm Lord Liverpool, Premierminister, mit Berichten über den französischen Kriegsschauplatz. Auf der anderen Seite zunächst Lord Yarmouth, Sohn der Lady Hertford, mit einem Bericht von einer Holland-Reise, der den Regenten außerdem auf eine weitere Cruikshank-Karikatur aufmerksam machen will. Neben ihm wartet der Schneider mit Modevorschlägen und unbezahlten Rechnungen und der Perückenmacher mit der »besten Perücke der gesamten Christenheit«. Alles soll dazu dienen, das mangelnde Interesse des Regenten an den Regierungsgeschäften einerseits und seine Verschwendungssucht und den Luxus, mit dem er sich umgibt, andererseits anzuprangern.
Rechts außen steht der Richter mit Unmengen von Todesurteilen in der Tasche. Das damalige England kannte rund 200 Vergehen, die mit der Todesstrafe bedacht werden konnten, darunter der Diebstahl von Brot, Fleisch oder Käse.
Georgs Trägheit und seine Entschlußlosigkeit, Akten zu unterschreiben, kam so manchem Delinquenten zu Hilfe. Nach seinem Tode soll sein Nachfolger, William IV., mehr als 48 000 verschiedene Dokumente vorgefunden haben, die der Unterzeichnung harrten. Aber noch zu Georgs Regierungszeit gelang es 1819 den Reformern im Parlament – gegen den Widerstand der konservativen Richter unter Führung des Lord-Kanzlers Eldon (vgl. Kat.-Nr. 128) –, eine Kommission einzusetzen, die das veraltete Strafrecht reformierte.

Wardroper S. 50; Guttmann S. 238ff. und 393
Abbildung Seite 89

49
THE ROYAL DOCK YARD, OR THE WALNUT-SHELL SQUADRON
DIE KÖNIGLICHE WERFT, ODER: DAS NUSSSCHALEN-GESCHWADER

Radierung, altkoloriert. – 249 x 420 mm. –
Sek. bez. u. m. mit schwarzer Tinte von Cruikshank: Geo^{ge} Cruikshank.; r. u. mit Bleistift: 1814 Reid; r. o. mit Bleistift: 357
BM 12305, Cohn 1916, Reid 357, Douglas 802
Hannover, Wilhelm-Busch-Museum, KG 1628/81

Dieses Blatt ist von Cruikshank handsigniert. In seinen späteren Jahren pflegte er häufig Karikaturen, die ohne Bezeichnung und Datum erschienen waren, handschriftlich zu signieren, um sie als seine Arbeiten, nicht aber die seines Vaters Isaac oder seines Bruders Robert, hervorzuheben.
Cruikshank spielt hier auf ein großes Fest anläßlich des Sieges über Napoleon und der Jahrhundertfeier des Hauses Braunschweig an, als auf der »Serpentine«, einem See im Hydepark, mit Modellschiffen eine Seeschlacht nachgestellt wurde. Hier probt offenbar der Regent mit seinen Ministern Sidmouth und Castlereagh – der Premier Liverpool spielt im Zuber –, dem Lord-Kanzler Eldon und Lord-Oberrichter Ellenborough mittels Walnußschiffchen das große Fest. Etwas anderes hatte der Regent nicht im Kopf. Im Fenster erkennt man den geisteskranken Vater, der gleichwohl herbeigeeilt ist, um seinen leichtfertigen Sohn zu beschimpfen und mit der Peitsche zu bedrohen.

George, E. P. C., Bd. II, S. 156; Palmer S. 124; Redman S. 131ff.
Abbildung Seite 90

50

THE PALL MALL APOLLO, OR R---TY IN A BLAZE!!!
DER APOLLO VON PALL-MALL, ODER: EINE FÜRSTLICHE PERSÖNLICHKEIT IN FLAMMEN!

Aquatinta, altkoloriert. – 210 x 477 mm. – Bez. l. u.: Pub^{d} by M Jones 5 Newgate St March 1st 1816; r. u.: G. Cruikshank fec^{t} (erschienen in: *The Scourge, or Monthly Expositure And Folly,* Bd. XI, März 1816, Abb. 63)
BM 12746, Cohn –, Reid 567, Douglas S. 250
Hannover, Wilhelm-Busch-Museum, KG 1632/81

Dieses Blatt, eine der seltenen Aquatinten Cruikshanks, ist offenbar einem der »Lebenden Bilder« nachempfunden, die an den Höfen Europas beliebt waren und häufig mythologische Szenen nachvollzogen. Der Regent – hier als Apoll kostümiert – rast mit flammenden Haaren durch die Szene. Mit dem Inhalt eines Nachttopfs will Sekretär Mac Mahon das Feuer löschen. Ob die Perücke wirklich in Brand geraten ist oder ob sie das Entflammtsein des Regenten für Lady Hertford symbolisieren soll, ist nicht auszumachen. Die Lady, ebenfalls antik gewandet, betrachtet die beiden Statuen, den Apoll von Belvedere, dessen Kopie im Hyde Park stand und die Menge anzog, und die mediceische Venus, mit der die Hertford »Erfahrungen austauschen« möchte. – Lord Castlereagh schreit vor Entsetzen, Oppositionsführer Lord Brougham schaut als Herkules nur grimmig drein. Der Herzog von Clarence schwimmt im Nachttopf, als Neptun von einer Kuh gezogen, während sich in der oberen rechten Bildecke so etwas wie der Olymp befindet mit dem ganzen Kabinett, um die punschtrinkende Königinmutter Charlotte geschart. Der Regent tritt auch dort auf, und zwar als Faun, der sich gerade einer barbusigen Schönen bemächtigt.

Abbildung Seite 91

51

SALUTING THE R XXXX TS BOMB UNCOVERED ON HIS BIRTH DAY, AUGUST 12TH 1816
WIE DES REGENTEN ENTBLÖSSTES HINTERTEIL AN SEINEM GEBURTSTAG, AM 12. AUGUST 1816, BEGRÜSST WURDE

Radierung, altkoloriert. – 278 x 438 mm. – Bez. r. u.: Pub by W. Hone 55 Fleet St Augt 1816
BM 12800, Cohn 1953, Reid 593, Douglas 821
Hannover, Wilhelm-Busch-Museum, KG 1636/81

Das spanische Parlament hatte dem Regenten zu dessen 55. Geburtstag einen Mörser (»bomb«) geschenkt, im Englischen ausgesprochen wie »bum« (Hintern). Das entzündete die Phantasie Cruikshanks zu einer Karikatur über den Regenten, der, von einem Mörserrohr umhüllt, seinen Schranzen den nackten Hintern entgegenstreckt, den sie selbstverständlich zu küssen haben. Der erste, Lord Vansittard, der Finanzminister, ist bereits dabei, ihm werden drei »Hexen« folgen, Lady Hertford, Mrs. Fitzherbert, Lady Jersey, Geliebte beziehungsweise Exfrau und Exgeliebte Georgs, dazu Lord Eldon. Rechts außen wartet Kriegsminister Lord Castlereagh darauf, wenigstens eine Ecke des Hinterteils küssen zu dürfen. Lord Wellesley-Poole (»Poole« = Enterhaken) nimmt Maß mit einem »Poole«, denn er ist eine »loyal soul«. Der Mann mit der Rose (Georges Rose) kommt, um seine »nose« in ein Loch im Kopf des Regenten zu stecken. Dieser ruht auf den Köpfen zweier seiner Favoriten: Lord Yarmouth und Mac Mahon. Rose war ein Mittelsmann, von Georg beauftragt, Verleger und Karikaturisten zu bestechen, damit sie von bösartigen Karikaturen Abstand nähmen.
Mit dieser Karikatur wurde Cruikshanks Zusammenarbeit mit dem Verleger William Hone, einem Radikalen (vgl. Kat.-Nr. 100), eingeleitet, dessen Verse aus einem Schmähgedicht hier in den Sprechblasen zitiert werden. Möglicherweise ließ sich Cruikshank auch noch durch eine Satire inspirieren, die der Verleger Fairburn kurz vorher veröffentlicht hatte. Darin spielt der Regent mit dem Gedanken, John Bull damit zu verblüffen, daß er ihm seinen »Bomb« zeigt, da sein Gesicht sowieso nur Groll und Abscheu errege.

Wardroper S. 60
Abbildung Seite 92

52

REFLECTION. / TO BE, OR NOT TO BE??
BETRACHTUNG. SEIN ODER NICHTSEIN?

Radierung, altkoloriert. – 250 x 360 mm. – Bez. u. m.: Pub^{d} Feby 1820 by S. W. Fores 50 Piccadilly London. – Sek. bez. l. u. mit Bleistift: R 937
BM 13661, Cohn –, Reid 937, Douglas 838
London, Britisches Museum, 1862-12-17-298

Nach dem Tode seines Vaters am 31. Januar 1820 wurde der Prinzregent zum König Georg IV. ernannt. Er wollte auf jeden Fall vermeiden, daß Prinzessin Caroline ebenfalls gekrönt würde. Bei der Krönung am 19. Juli 1820 in Westminster Abbey wurden auf seine Anweisung alle Türen verschlossen, um den Wunsch der Prinzessin, neben ihm zur Königin gekrönt zu werden, zu vereiteln.
Das Blatt karikiert die Besorgnis des Königs, daß es seiner Frau gelingen könne, neben ihm gekrönt zu erscheinen. Im Spiegel wird zu seinem Entsetzen wahr, was er befürchtet, und Shakespeares Hamletwort chiffriert die Szene. So erscheint im Spiegel zu seinem Schrecken ihr gekröntes Haupt neben dem seinen. Es ist umstritten, ob dieses unsignierte Blatt George Cruikshank zuzuschreiben ist oder seinem Bruder Robert.

Reid S. 87; Fuchs, Eduard: Die Karikatur der europäischen Völker, Bd. II, München 1921, S. 268; George, E. P. C., Bd. II, Plate 75

53
MEDITATIONS amongst the TOMBS
Meditationen zwischen den Gräbern

Radierung, altkoloriert. – 292 x 421 mm. – Bez. l. u.: G. Cruikshank fec^{t}; r. u.: Pub^{d} May 1st 1813 by J. Johnston 98 Cheapside. – Sek. bez. l. u. mit brauner Tusche: Sir Everard Home/Surgeon to the Regent; u. m.: Henry 8th, Charles 1st Beheaded., The Regent; r. u.: Col^{l} Sir John Mac Mahon
BM 12041, Cohn 1723 , Reid 231, Douglas 786
Hannover, Wilhelm-Busch-Museum, KG 1616/81

Das Blatt bezieht sich auf einen Besuch, den der Prinzregent 1813 der St.-Georgs-Kapelle in Schloß Windsor, wo die Särge Heinrichs VIII. und Charles' I. stehen, abstattete. Georg bewunderte seine beiden Vorgänger, wobei die Öffentlichkeit über diesen Besuch eher erheitert war: Ein König, der sich mit grausamer Brutalität seiner Frauen entledigte, und ein anderer, der ohne das Parlament regieren wollte und dafür mit dem Kopf büßen mußte, als Vorbilder eines Schwächlings – das fand man eher komisch. Lord Byron hat zu diesem Thema zwei Spottgedichte verfaßt. Für Cruikshank ist das Thema willkommener Anlaß, eine Horror-Groteske zu verfertigen: schauerliche Skelette im Leichenhemd: Heinrich mit kräftigem Bart, um den Georg ihn beneidete, so wie er ihn andererseits heimlich wegen der Fähigkeit bewunderte, sich so vieler Frauen zu entledigen, während er selbst die eine, die er hatte, nicht los wurde. Ein Arzt steht bereit, dem Vorgänger den Bart zu stutzen, damit der Regent an einem königlichen Backenbart teilhaben kann. Sekretär Mac Mahon mit brennender Fackel zeigt sich an Charles I. interessiert, der den abgeschlagenen Kopf hoch hält, was Mac Mahon veranlaßt, darüber nachzudenken, wie wohl sie beide ohne Kopf aussähen. Höllenfeuer und Höllenfürst begleiten die Szene.

George, E. P. C., Bd. II, S. 141
Abbildung Seite 93

54
A SEPULCHRAL ENQUIRY into ENGLISH HISTORY
Geschichtsforschung durch Öffnung von Gräbern

Radierung, altkoloriert. – 209 x 515 mm. – Bez. l. u.: Pub^{d} June 1st 1813 by W. N. Jones N° 5 Newgate Str^{t}; r. u.: G. Cruikshank fec^{t} (erschienen in: *The Scourge, or Monthly Expositure and Folly,* Bd. V, Juni 1813, Abb. 30)
BM 12056, Cohn 1970, Reid 241, Douglas S. 249
Hannover, Wilhelm-Busch-Museum, KG 1617/81

Nochmals Ahnenforschung in der St.-Georgs-Kapelle. Nochmals geht es um das abgeschlagene Haupt des Stuart-Königs, das diesmal Cruikshank noch von Blut triefen läßt. Mit Grausen wendet sich der Regent ab, während sich sein Begleiter, Sir Henry Halford, an der tropfenden Flüssigkeit aus dem Haupt des Monarchen sehr interessiert zeigt. Mac Mahon empfiehlt seinem Herrn die Geschichte Heinrichs VIII., damit er die Methoden lerne, wie man sich seiner Frauen entledigt. Auch der rothaarige Lord Yarmouth ist dabei, der das Grab Heinrichs mit der Brechstange öffnet und über den königlichen Bart staunt. Beim Vergleich mit sich selber konstatiert er, daß er also auch »etwas Königliches« an sich habe.

George, E. P. C., Bd. II, S. 141
Abbildung Seite 94

55
RUMPING – KICKING and KISSING – or Cutting off his privy purse / The Prerogative of the Crown, dedicated to the Keeper of the Jewels. Lick spittal &ccc &cc . . .
Ins Hinterteil treten – einen Fusstritt verpassen und die Hand küssen, oder: Seine Privatschatulle verschliessen. Das Vorrecht der Krone, dem Schatzmeister gewidmet. Speichellecken etc. etc. . . .

Radierung, altkoloriert. – 285 x 404 mm. – Bez. l. o.: N° 1. – Sek. bez. l. u. mit brauner Tusche: Cruikshank fecit; r. u.: a scarce print; darüber mit Bleistift: S^{r}. W. K.; darunter mit schwarzer Tusche: EJ(?)B.
BM 14397, Cohn 1937, Reid 1148, Douglas 860
Hannover, Wilhelm-Busch-Museum, KG 1647/81

Die Karikatur wird ins Jahr 1823 datiert. Georg ist seit drei Jahren König. Aber die Skandale begleiten ihn weiterhin. Der Gegenstand hier: Er hatte einer Geliebten, Lady Conyngham, Juwelen geschenkt. Da sie aber zum Kronschatz gehörten, stemmte sich der Königliche Schatzmeister, Sir Benjamin Bloomfield, dagegen, und die Lady mußte den Schmuck wieder herausrücken. Lady Conyngham, deren Wünschen sich der König in seinen späteren Jahren willenlos zu fügen pflegte, erreichte, daß der Schatzmeister einen königlichen Fußtritt erhielt und statt dessen ihr Mann seinen Platz einnehmen konnte. Dafür bedankt er sich devotest beim König – siehe Bild –, während Lady Conyngham hinter dem Vorhang den Gang der Dinge mit süffisanter Genugtuung beobachtet.

Gronow S. 219; Memories of the Court of George IV., Bd. I, S. 296ff. (laut handschriftlichem Vermerk von Minto Wilson)

56
Nosing the Nob at Ramsgate – An Historical Fact / "His Majesty took Coffee with Lady Curtis, at 12 O'Clock on Monday Night. & did not retire to ‹roost› rest untill near 3 O'Clock". vide NEWTIMES / Sep^T 29 1821
Einem Adeligen in Ramsgate die Frau ausspannen. Eine historische Tatsache. »Seine Majestät trank Montag Nacht gegen 12 Uhr Kaffee mit Lady Curtis und zog sich nicht vor drei Uhr ›zum Schlafen‹ zur Ruhe zurück.« Siehe: Newtimes, 29. September 1821

Radierung, altkoloriert. – 263 x 377 mm. – Bez. l. u.: G C; r. u.: London Pub^d by J Fairburn Broadway / Ludgate Hill Octr 1821
BM 14752, Cohn 1795, Reid 1034, Douglas 856
Hannover, Wilhelm-Busch-Museum, KG 1646/81

Sir William Curtis (vgl. Kat.-Nr. 1 und 2) war bekanntlich ein Günstling Georgs. Das änderte aber nichts daran, daß der König auch ihm die Frau auszuspannen versuchte. Jedenfalls rechnet sich Sir William, als er seine Frau und den König beim nächtlichen Kaffeetrinken überrascht (von Mitternacht bis um drei Uhr früh), die Chance aus, daß er wohl bald geadelt werde, wenn die Dinge »weiter so gut fortschreiten«.
Der König war bekannt dafür, daß er bei Frauen die reiferen Jahrgänge bevorzugte und deren Männer dann durch Amt und Würden entschädigte.

Abbildung Seite 96

57
The [Cut] Catch Purse Expedition – "An Excellent Match took place to day for a "Catch Purse" from Cowes round the baoy of the Royal George, which was well contested" – Courler August 16TH 1819
Die Expedition, um eine Börse zu erlangen. »Ein hervorragender Wettkampf um einen ansehnlichen Geldpreis mit der ›Royal George‹ unter zahlreicher Beteiligung fand heute von Cowes aus rund um die Bucht statt«. – Courler, 16. August 1819

Radierung, altkoloriert. – 251 x 360 mm. – Bez. u. m.: London Published August 23 1819 by T Tegg 111 Cheapside; r. o. 363. – Sek. bez. r. u. mit Bleistift: G. bk. 907*
BM –, Cohn 1034, Reid –, Douglas 836
Hannover, Wilhelm-Busch-Museum, KG 1643/81

Dieses Blatt ist weder im Britischen Museum vorhanden noch im Œuvre-Katalog von Reid verzeichnet und gilt als außergewöhnlich selten. Es geht zurück in die Prinzregentenzeit. Georg segelte 1819 mehrere Wochen lang vor Cowes. Auch Curtis, ein begeisterter Seemann, war mit seinem Schiff dabei. Ein kräftiger Sturm weht, und dem Regenten ist mulmig zumute. Seine Begleiterin, Lady Conyngham, opfert offensichtlich den Fischen. Man kreuzt gerade die Stelle – siehe Boje –, an der die alte »Royal George« unter Admiral Kempinfelt gesunken war, und Georg möchte nicht, daß es ihm ebenso ergehe. Aber der deftige Curtis beruhigt ihn. Er empfiehlt ihm als erstes eine Schildkrötensuppe und versichert ihm dann, daß sie beide nicht geboren wären, um zu ertrinken. Zwei Matrosen auf der neuen »Royal George« beobachten in der Ferne eine dritte Yacht und vermuten, daß das gewiß Prinzessin Caroline, die Ehefrau des Regenten sei und daß man wohl

gefechtsklar machen müsse. Lieber einen Hafen aufsuchen, empfiehlt der andere. Er fürchtet die Rache des ertrunkenen Admirals.

58

A VENOMOUS VIPER POISONING THE R --- L MIND

Eine gefährliche Schlange vergiftet das königliche Gemüt

Radierung, altkoloriert. – 301 x 419 mm. – Bez. l. u.: Pub^{d} April 1st 1813 by J Fairburn 2 Broadway Ludgate hill; r. u.: G Cruikshank fec^{t} – Sek. bez. u. m. mit brauner Tusche: Sir John Douglas. Lady Douglas
BM 12029, Cohn 2073, Reid 225, Douglas 786
Hannover, Wilhelm-Busch-Museum, KG 1615/81

Die Ehe mit Prinzessin Caroline von Braunschweig, zu der Georg III. seinen Sohn gezwungen hatte – die heimliche Verbindung mit der katholischen Maria Fitzherbert (vgl. Kat.-Nr. 45) war ohne Genehmigung von König und Parlament geschlossen worden und daher ungültig –, war von Anfang an unglücklich. Schon ein Jahr nach der Trauung, als die Tochter Charlotte 1796 geboren war, erklärte er die ehelichen Beziehungen für beendet. Man lebte von da an getrennt. Bis zu ihrem achten Lebensjahr wurde die Tochter bei der Mutter erzogen, dann überwachte der König die Erziehung. Durch dessen Erkrankung gewann der Vater an Einfluß auf das Kind, das er der Mutter entfremden wollte. Der Großvater, der der Kleinen wie auch ihrer Mutter sehr zugetan war, konnte nicht mehr eingreifen, und die Großmutter, Königin Charlotte, stand ganz auf seiten des Sohnes. Caroline war eine geistig interessierte, temperamentvolle Frau, die ein gastfreies Haus führte, in dem Männer von Geist aus- und eingingen. Nach der Trennung von ihrer Tochter zog sie den Sohn eines Segelmachers auf, wie allgemein bekannt war. Dieses Jungen bediente sich die Intrige, die ein Ehepaar Douglas, ehemalige Freunde des Hauses, anzettelten. Lady Douglas war die Geliebte des Prinzen geworden, der nach einem Scheidungsgrund suchte. Die Douglas setzten das Gerücht in die Welt, daß die Prinzessin unzählige Liebhaber hätte, und machten den Jungen zum illegitimen Sproß eines dieser Verhältnisse. Immerhin erreichte es der Regent bei seinem Vater, daß 1806 die »Delicate Investigation« eingesetzt wurde, ein Ausschuß, der die Angelegenheit prüfen sollte. Beweise für die Schuld der Prinzessin wurden nicht gefunden.
Der Fall erregte ganz England. Die Lebensweise des Thronfolgers war allzu bekannt. Für die Öffentlichkeit war Lady Douglas eine Meineidige. Ein Karikaturist vom Schlage Cruikshanks konnte dazu nicht schweigen. Er setzte die Schlange Douglas dem Prinzen auf den Schoß. Mit gespaltenem Zünglein träufelt sie ihm das Gift der Lüge ins Ohr. Der Tölpel trinkt begeistert auf die Enthüllung, die sich später als Verleumdung herausstellen sollte. Lord Douglas bestätigt die Worte seiner Frau, weil er sich dafür die übliche Belohnung verspricht. Aber im Hintergrund erkennt man den Pranger für Meineidige. Zumindest Cruikshank wollte ihn der Intrigantin nicht ersparen.

Redman S. 160f.; Guttmann S. 245; Althaus S. 172f.
Abbildung Seite 97

59

Indelicate Investigation. or the Spying d[amned] glass's

Taktlose Untersuchung, oder: Das verdammte Fernglas

Radierung, altkoloriert. – 278 x 392 mm. – Bez. l. u.: Designed by J B P. / Etch^{d} by G. C^{k}; r. u.: March 26 1813 Pub^{d} by S Knights 3 Sweetings Alley / Royal Exchange late Walker & Knights / Removed from J Cornhill
BM 12026, Cohn 1232, Reid 224, Douglas 784
Hannover, Wilhelm-Busch-Museum, KG 1614/81

Im Jahre 1813 hatte der Prinzregent der Prinzessin Caroline erneut Einschränkungen im Verkehr mit ihrer Tochter auferlegt. Darauf veröffentlichte sie im »Morning Chronicle« vom 11. 2. 1813 einen Beschwerdebrief, den er mit dem Befehl zur Wiederaufnahme der »Delicate Investigation« vom Jahre 1806 beantwortete. Cruikshank deckt hier die Machenschaften des Ehepaares Douglas auf, das auch in diesem zweiten Akt Kronzeuge war: zwei üble Schnüffler. Sie: »Ich werde es beschwören«; er: »Ich bin dabei«. Der Mann rechts will es dem Spiegel beschwören. Die Bilder an der Wand zeigen das Milchmädchen als Gerüchteträgerin, die Wäscherin, die es mit »schmutziger Wäsche« zu tun hat, und darunter den Pranger für das verleumderische Ehepaar. »The Book« unten auf dem Fußboden spielt eine Schlüsselrolle. Die Prinzessin hatte es von einem ihrer Ratgeber, Perceval, schreiben und anonym erscheinen lassen: Alle Schandtaten des Prinzen werden darin beschrieben. Der Prinz seinerseits ließ daraus Anklagen gegen die Prinzessin konstruieren. Er kam damit nicht durch; die Unschuld der Prinzessin wurde erneut erwiesen.

Althaus S. 172f. und 193ff.; Guttmann S. 245

60
JOHN BULL IN THE COUNCIL CHAMBER
John Bull im Beratungszimmer

Radierung, altkoloriert. – 202 x 500 mm. – Bez. l. u.: Pub[d] July 1st 1813 by W N Jones N[o] 5 Newgate Street; r. u.: G. Cruikshank fec[t] (erschienen in: *The Scourge, or Monthly Expositure and Folly,* Bd. VI, Juli 1813, Abb. 32)
BM –, Cohn –, Reid 244, Douglas S. 249
Hannover, Wilhelm-Busch-Museum, KG 1618/81

Wieder eine jener figuren- und textreichen Karikaturen von Cruikshank, die ganze Kapitel damaliger Zeitgeschichte enthalten. Dieser Reichtum an vielfältigen Bezügen erschwert uns allerdings den Zugang.
John Bull wird von Cruikshank in den Beratungssaal der Regierung geführt; er ist entsetzt. Die Königinmutter führt die Geschäfte, während der Regent, ein hilfloser Säugling, die Likörflasche zwischen den Beinen, im Körbchen dahindämmert, von Lord Eldon bewacht, der eine Petition der irischen Katholiken gerade von sich weist, weil das »königliche Gewissen weiter in ungestörten Träumen dahindösen« soll.
Cruikshank legt seine ganze Wut gegen diese Regentschaft in die Fratzen der Königinmutter, der sie umgebenden knechtischen Offiziere, die sie mit Schnupftabak bedienen (das Volk nannte sie »Old Snuffy«). Kleine Teufel schaffen Tabak in weiteren Mengen heran. Von links treten Sir Hertford, Lord Ellenborough und Canning auf, die gefälschte Berichte der Untersuchungskommission zum »Fall Caroline« überbringen. Das Volk haßte die boshafte und über die Maßen geizige Königin Charlotte. Und Cruikshank haßte sie mit ihm. Als Symbole für diesen Geiz wird der Baldachin von Karyatiden getragen, die aus Geldbeutel bewachenden Geizkragen bestehen, von Schlangen umwunden, aus deren Rachen Vokabeln sprühen wie: Hochmut, Korruption, Bosheit und Haß.

Wardroper S. 48
Abbildung Seite 95

61
The BRITISH Spread Eagle / Presented to the Northern Monarchs as a Model for their New National Banner, in consequence of the General Peace
Der britische Adler mit ausgebreiteten Schwingen. Den nördlichen Monarchen als Modell für ihre neue Nationalflagge anlässlich des allgemeinen Friedens empfohlen

Radierung, altkoloriert. – 263 x 392 mm. – Bez. l. u.: G C[k]; r. u.: Pub[d] June 1814 by / S W Fores N[o] 50 / Piccadilly
BM 12279, Cohn 959, Reid 337, Douglas 791
Hannover, Wilhelm-Busch-Museum, KG 1625/81

Prinz und Prinzessin von Wales, Georg und Caroline, stehen beieinander, aber voneinander abgewandt. Er neigt sich mit der Weinkaraffe in der Hand gleich drei anderen Frauen zu: »... meiner Marquise, meiner Gräfin, meiner Geliebten«, und Caroline wendet sich zu ihrer heraneilenden Tochter: »Dann will ich zu meinem Kind, meinem einzigen Trost«.
Wahrscheinlich benutzt Cruikshank hier einen Einfall des Karikaturisten Bunberry, der ebenfalls ein verzanktes Ehepaar als »Spread Eagle« dargestellt hatte.

Althaus S. 141ff.; Guttmann S. 239f. und 244ff.; George, E. P. C., Bd. II, S. 153
Abbildung Seite 98

62
La Gloire des Honnetes Gens!!
Modesty! / "Her Modest looks a Cottage might adorn / Sweet as the primrose peeps beneath the thorn" / Dignity! / "Grace was in all her steps. Heaven in her eye / In all her actions dignity" / Chastity! / "Chaste as the Icecle, / That's curded by the frost from purest snow / And hangs on Dian's temple" / National Love! / "The loyalty, well held to fools, does make / our faith mere folly"
Der Ruhm der ehrbaren Leute!

Radierung, altkoloriert. – 302 x 487 mm. – Bez. l. u.: S[r] Facto del. Pub[d] June 15th 1820 by G Humphrey 27 S[t] James's Street; r. u.: G. C[k] Sculp
BM 13731, Cohn 1301, Reid 953, Douglas 842
Hannover, Wilhelm-Busch-Museum, KG 1571/81

Die Prinzessin von Wales, Caroline von Braunschweig, beschloß 1814, England zu verlassen und sich auf Reisen zu begeben. Die Auseinandersetzungen mit dem Regenten ebenso wie die konsequente Trennung von ihrer Tochter bewogen sie zu diesem Entschluß. Ein italienischer Kammerdiener in ihrem Gefolge, Bergami, wurde bald ihr Vertrauter, stieg auf zum Haushofmeister und erhielt ein Adelsprädikat. Später ernannte sie ihn dann zum Großmeister des Ordens von der Heiligen Karoline, den sie bei ihrem Aufenthalt in Jerusalem gestiftet hatte. Allgemein wurde vermutet, daß sie ein Verhältnis mit dem Italiener hatte. Ihr zumindest ungewöhnliches Benehmen auf diesen Reisen brachte ihr nicht nur die Mißbilligung des Hofes und des englischen Adels ein, sondern wurde auch im übrigen Europa mit Befremden vermerkt. Sogar die englische »middle class«, die während der Jahre der Demütigungen durch den Regenten noch zu Caroline gehalten hatte, mißbilligte ihr Verhalten, weil es gegen die puritanischen Moralbegriffe dieser Schicht verstieß.
Cruikshank wurde zur Stimme des Volkes und karikierte das Verhältnis zu Bergami in vier Variationen, denen er die ironischen Titel »Bescheidenheit«, »Würde«, »Keuschheit« und »Vaterlandsliebe« gab. In einem Genueser Theater wird das Paar ausgepfiffen. Bei einem Essen verweigert

sich eine Tischgesellschaft aus Adeligen. Was die »Keuschheit« angeht, so führt sie Cruikshank hier mit einer eindeutigen Liebesszene schnell ad absurdum. Nur auf dem Schlußbild – »Vaterlandsliebe« – wird Caroline bei der Königin von Neapel, Caroline, wieder voll von der Gesellschaft aufgenommen, wiewohl auch der Italiener in ihrer unmittelbaren Umgebung ist. Der Grund dafür dürfte sein, daß man die Frau des englischen Regenten, des Feindes, die sich gegen ihre Nation stellte, mit offenen Armen aufnahm. Mit Vergnügen malte Cruikshank die orientalischen Gewänder, in denen sie reiste und von sich reden machte. Wegen dieses Italieners versuchte Georg 1818 zum dritten Mal, die Scheidung einzureichen, aber er hatte kein Glück. Das Parlament fand auch dann keine hinlängliche Schuld der Prinzessin.

Guttmann S. 244ff.; George, E. P. C., Bd. II, S. 191f.; Kind, Alfred: Die Weiberherrschaft, Bd. II, Wien und Leipzig 1930, S. 635
Abbildung Seite 99

63
Symptoms of C. C.
Anzeichen von C. C.

Lithographie, altkoloriert. – 370 x 278 mm. – Sek. bez. l. u.: G. Cruikshank, daneben: Milan Commission Powell (Restbeschriftung unleserlich)
BM –, Cohn 2017, Reid 2780, Douglas 1519
Hannover, Wilhelm-Busch-Museum, KG 1574/81

Um Beweise für ein schuldhaftes Verhalten der Prinzessin Caroline zu erhalten, wurden Spione auf ihre Spur gesetzt. Hier ein Lauscher an der Wand, während die vor der Tür abgelegten Kleidungsstücke eine ziemlich eindeutige Sprache sprechen: Männliches und Weibliches in schöner Eintracht und dazu der Hinweis im Bild: ein schnäbelndes Taubenpaar. Eine Bleistiftnotiz auf dem Blatt läßt vermuten, daß es sich hier um John Allan Powell handele, ein Mitglied der »Mailänder Kommission«, die Georg eingesetzt hatte, um seine Frau zu überführen. Das C. C. im Titel müßte dann als »Caroline's Conduct« gedeutet werden.

Palmer S. 156ff.; Guttmann S. 245
Abbildung Seite 101

64
Installation of a Knight of the Bath, – or – delicate recreations on board a Polacre
Ernennung eines »Ritters vom Bade«, oder: Heikle Erfrischung an Bord eines Handelsschiffes

Radierung, altkoloriert. – 271 x 383 mm. – Bez. l. u.: Selim del^{t}; r. u.: Pub^{d} Octr 1820 by G Humphrey St James's Street
BM 14188, Cohn –, Reid –, Douglas –
Hannover, Wilhelm-Busch-Museum, KG 1572/81

Ein weiteres Blatt zum Thema »Prinzessin und Kammerdiener«, das pikant genug war, um auch einen Cruikshank mehrmals zu beschäftigen. Die Prinzessin war sehr unkonventionell. Während ihrer Mittelmeerfahrt schlief der Italiener praktisch in derselben Kajüte – nur durch einen Vorhang getrennt. Ob sie sich von dem Kammerdiener waschen ließ statt von einer Zofe, die mit einem entsetzten »Mon Dieu« den Raum betritt, kann dabei getrost umstritten bleiben. Der Karikaturist brauchte die Situation, damit er seinen Wortwitz anbringen konnte.
Der Titel »Knight of the Bath« (Ritter des Bath-Ordens) bedeutet eine der höchsten englischen Auszeichnungen. Hier müßte man es übersetzen mit »Ritter vom Bade«, um nachzuschmecken, was Cruikshank zu der reichlich großzügigen Vergabe von Titeln und Ämtern durch die Prinzessin anzumerken hat.

Palmer S. 156ff.; Guttmann S. 245
Abbildung Seite 100

65
"Ah! sure such a pair was never seen so justly form'd to meet by nature". Old Sherry – / Dedicated to Old Bags
Ah! Gewiss hat es noch nie ein solches Paar gegeben, von Natur so genau füreinander geschaffen! Alter Sherry – Alten Säcken gewidmet

Radierung, altkoloriert. – 252 x 387 mm. – Bez. l. u.: Broom inv^{t} – G. Cruikshank fec^{t}; r. u.: Pub^{d} by G. Humphrey 27 St James's Street / June 23 1820. – Sek. bez. l. o. mit Bleistift: 26. B
BM 13735, Cohn 877, Reid 2778, Douglas 843
Hannover, Wilhelm-Busch-Museum, KG 1837/82

Als Georg 1820 zum König gekrönt wurde, kehrte auch Caroline nach England zurück – wohl in der Hoffnung, nun Königin zu werden. Daher hier das gar nicht so unfreundliche Schielen zum König hin. Aber Georg dachte gar nicht daran, sondern hatte schon 1818 (vgl. Kat.-Nr. 62) einen neuerlichen Scheidungsantrag beim Parlament eingereicht. Cruikshank illustrierte diese Situation damit, daß er ihr statt einer Krone wie dem König einen Hut mit den drei walisischen Straußenfedern aufsetzte. Die Gerichtsakten wurden in grünen Säcken bei Gericht vorgelegt, in »green bags«, ein Begriff, der bald ein Synonym für »falsche Aussagen« wurde, die ja gerade in diesem Fall eine besonders große Rolle spielten. Das wird auch durch das Schriftstück auf dem Podest noch einmal verdeutlicht, das mit einem Wortspiel die wahren Verhältnisse zu erfassen sucht: »Bestimmt dazu, auf dem Tisch zu [lügen] liegen.« Auf der Schärpe der Prinzessin ist zu lesen: »Honi-soit-qui-mal-y-

pense«, die Devise des Hosenbandordens. Damit ist natürlich die Haltung der Prinzessin auf ihren vielen Reisen gemeint, es läuft aber doch auf die allgemeine Ansicht hinaus, daß Caroline weit mehr Anlaß habe, Georg wegen Ehebruchs zu verklagen als er sie. So formulierte es ihr Berater und Anwalt Brougham, der Cruikshank zu diesem Blatt inspirierte – daher der Vermerk »Broom (= Besen = Spitzname von Brougham) inv[t]«.
Körper als birnenförmige Säcke (hier durch die Anspielung bedingt) kennen wir schon bei Gillray 1807: »John Bull and the sinking fund«. Das wurde dann zur Formel bei Karikaturisten; man denke besonders an Daumier. Übrigens bot der König in seinem Krönungsjahr Cruikshank £ 100, um zu verhindern, daß er ihn in »amoralischen Situationen« darstelle.

George, E. P. C., Bd. II, S. 192; George, C. P. P. S., Bd. X, S. 53; Vogler S. 135; Guttmann S. 248ff.
Abbildung Seite 102

66
MOTHER RED CAP'S PUBLIC HOUSE / IN OPPOSITION TO / THE KING'S HEAD TAVERN
The Mother Red Cap Public House, in Opposition to the Kings Head
MUTTER ROT-MÜTZES KNEIPE GEGENÜBER DER SCHÄNKE »ZUM HAUPT DES KÖNIGS«

Radierung, altkoloriert. – 385 x 240 mm. – Bez. l. u. am Bildrand: G. Cruikshank fec[t] (Published by FORTNUM, Ball Alley, Lombard Street; Snow-Hill; / and HUMPHRIES, St. James's Street. / PRICE ONE SHILLING.)
BM 13975, Cohn 1761, Reid 980, Douglas 846
Hannover, Wilhelm-Busch-Museum, KG 1576/81

Dieses Flugblatt ist ein außerordentlich temperamentvoller Kommentar zur Scheidungsaffäre Georg – Caroline. Das einfache Volk ist auf seiten der Prinzessin. Es sammelt sich fröhlich vor der Kneipe von »Mutter Rotmütze«, die sich anpreist als »Das radikale Braunschweiger Haus von Ruf« und »Italienische Weine, Bergami-Birnenwein. Ungepantscht. Gute Unterkunft für alle Arten von Rindvieh«, hier grobianisch für Menschen gebraucht. Man erkennt die Anspielungen auf Carolines Reiseabenteuer. Das Wirtshausschild zeigt die Prinzessin mit Jakobinermütze als Zeichen des Fortschritts.
Das feinere Haus ist unstreitig »Zum Haupt des Königs« mit dem Zusatz »Das originale Braunschweig-Haus von Ruf – für Treugesinnte«.
In den Fenstern werden einige Minister sichtbar. John Bull als Symbol für die Mittelschicht steht unsicher zwischen den beiden Kontrahenten. Die Eskapaden der Prinzessin hatten sie gerade in diesen puritanischen Kreisen viel Sympathie gekostet. Zunächst aber hielt das Volk noch zu ihr, besonders nachdem der König den Scheidungsantrag im Oberhaus zurückziehen lassen mußte, um eine Niederlage im Unterhaus und damit den Sturz der Regierung zu vermeiden. Das Volk jubelte über den Reinfall des verhaßten Königs. Aber damit hatte die Prinzessin gewissermaßen ihre Aufgabe erfüllt; die Sympathien schwanden dahin. Als sie sich 1820 zu den Krönungsfeierlichkeiten in Westminster einfand, ließ der König sie vor verschlossenen Portalen stehen. Die Menge, deren Jubel sie wohl noch im Ohr hatte, sah tatenlos zu. Wenige Tage danach starb Caroline an einer banalen Krankheit.

Guttmann S. 244ff.; Redman S. 252ff.; Palmer S. 156ff.

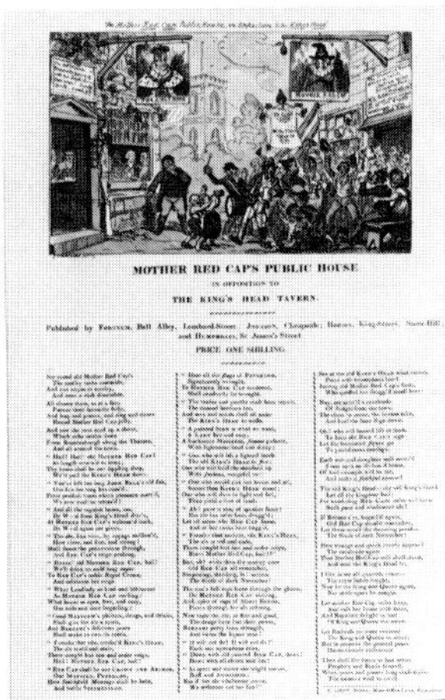

67
A DUTCH TOY!!! / OR, A PRETTY PLAY-THING FOR A YOUNG PRINCESS!!!
EIN HOLLÄNDISCHES KINKERLITZCHEN!, ODER: EIN HÜBSCHES SPIELZEUG FÜR EINE JUNGE PRINZESSIN!

Radierung, altkoloriert. – 344 x 244 mm. – Bez. l. u.: G. Cruikshank fec[t] March 1814; r. u.: Pub[d] June 20th 1814 by Tho[s] Tegg / N[o] 111 Cheapside; r. o.: 332. – Sek. bez. r. o. und l. o. mit Bleistift: 5
BM 12280, Cohn 1078, Reid 340, Douglas 792
Hannover, Wilhelm-Busch-Museum, KG 1624/81

Prinzessin Charlotte, einziges Kind aus der Ehe des Prinzregenten und späteren Georgs IV. mit Caroline von Braunschweig, wurde als künftige Königin vom Volke sehr verehrt. Sie liebte schon früh ihren Vetter, den Sohn des Herzogs von Clarence, wurde aber aus Gründen der Staatsraison 1813 mit einem der jüngeren Prinzen von Oranien verlobt. Charlotte stimmte unter der Bedingung zu, daß ihr Wohnsitz England bleiben würde. Es gab verwickelte Verhandlungen zwischen beiden Regierungen. Rußland mischte sich ein, weil es die Verbindung beider Häuser verhindern wollte. Jedenfalls konnte die Prinzessin ihren Willen nicht durchsetzen. Kurzerhand löste sie zum Ärger ihres Vaters 1814 die Verlobung. Cruikshank stand offensichtlich auf ihrer Seite, wenn er sie, niedlich anzuschauen, mit dem holländischen Hampelmann spielen läßt. »Dämlicher Oranier« steht zusätzlich auf dem Wimpel des Armen. Unter ihrem Rock schaut ein Buch hervor mit dem verräterischen Titel »Clarence's Dream«, der ja auch der ihre war.

Althaus S. 203ff.; Redman S. 174ff.; Fuchs, Eduard: Die Karikatur der europäischen Völker, Bd. II, München 1921, S. 270
Abbildung Seite 103

68
THE R --- T KICKING UP A ROW. OR, WARWICK HOUSE IN AN UPROAR!!!
DER REGENT SCHLÄGT KRACH, ODER: WARWICK HOUSE IN AUFRUHR!

Radierung, altkoloriert. – 259 x 416 mm. – Bez. l. u.: G Cruikshank fec^{t}; u. m.: Pub^{d} July 20 1814 by T. Tegg 111 Cheapside; r. o.: 337
BM 12272, Cohn 1892, Reid 347, Douglas 794
Hannover, Wilhelm-Busch-Museum, KG 1626/81

Der mutige Protest der Prinzessin gegen eine erzwungene Heirat hatte Folgen. Der Prinzregent erschien in ihrer Stadtwohnung Warwick House und kündigte ihrem ganzen Gefolge. Charlotte konnte in das Haus ihrer Mutter fliehen, wurde aber von Ministern und Geistlichen, die einen Volksaufstand fürchteten, dazu bestimmt, sich in die väterliche Residenz zu begeben. Aber sie war tapfer genug, vorher noch zu erklären, daß sie den Oranier nie heiraten wolle und wenn, dann geschähe es unter Zwang. In den nächsten Wochen hielt sie der Regent wie eine Staatsgefangene. Daß sich das Oberhaus mit der Affäre befaßte, konnte Georg gerade noch verhindern. Ein ärztliches Gutachten ermöglichte schließlich der Prinzessin eine Übersiedlung ans Meer, damit sie sich erhole.
Cruikshank zeigt uns den in wilder Wut entbrannten Vater und Regenten, der auf das Personal eindrischt, während die Prinzessin gerade noch davonkommt. »Was zum Teufel stellt er jetzt an?« fragt sich John Bull, für Cruikshank immer die Stimme des Volkes. Zitternd und hilflos erlebt der Mentor der Prinzessin, der Bischof von Salesbury, diese Szene.

George, E. P. C., Bd. II, S. 154; Althaus S. 213
Abbildung Seite 104

69
THE ROYAL RUNAWAY & COACHEE – OR THE FEMALE RICHARD
DIE KÖNIGLICHE FLUCHT UND DROSCHKENFAHRT, ODER: DER WEIBLICHE RICHARD

Radierung, altkoloriert. – 205 x 262 mm. – Bez. l. u.: G Cruikshank fec^{t}; r. u.: Pub^{d} Augt 1814 by / H. Harrild N° 20 / Eastcheap London;
l. o.: 3
BM –, Cohn 1928, Reid 349, Douglas 796
Hannover, Wilhelm-Busch-Museum, KG 1824/82

Genüßlich malt Cruikshank diesen Skandal aus. Er läßt die Prinzessin auf die nächstbeste Droschke zustürzen. Mit »Meine Krone für eine Kutsche« persifliert Cruikshank Richard III.: »Mein Königreich für ein Pferd«. Der verkommene Kutscher empfängt sie mit schmierigem Grinsen: »Gepriesen seist du, hübsches Kind! Ich fahr' dich für eine halbe Krone, Bett und Verpflegung eingeschlossen!« Im Hintergrund treibt der Regent das Gefolge an, die rebellische Tochter zurückzuholen.

Althaus S. 202ff.; Redman S. 174ff.
Abbildung Seite 105

70
THE ROYAL TRANSPORT & THE CAPTIVE DAUGHTER OR,
PRINCE BLUE BEARD TRIUMPHANT!!!!
DIE KÖNIGLICHE ABREISE UND DIE GEFANGENE TOCHTER, ODER:
PRINZ BLAUBART TRIUMPHIERT!

Radierung, altkoloriert. – 205 x 264 mm. – Bez. l. u.: G. Cruikshank fec^{t}; u. m.: Pub^{d} August 1814 by H. Harrild N° 20 G^{t} Eastcheap. London; l. o.: 2. – Sek. bez. l. u. mit Bleistift: 137
BM –, Cohn 1933, Reid 350, Douglas 797
Hannover, Wilhelm-Busch-Museum, KG 1627/81

Nach dem Pariser Frieden versammelten sich im Frühjahr 1814 die europäischen Herrscher in London. Der Regent schloß seine Gemahlin, Prinzessin Caroline, von allen Festlichkeiten aus Anlaß des Sieges über Napoleon aus und wußte es auch zu verhindern, daß einer der anwesenden Fürsten Kontakt mit ihr aufnahm.
Diese neuerliche Kränkung und die nunmehr vollständige Trennung von ihrer Tochter, die vom Vater wie eine Gefangene gehalten wurde, bestärkte Caroline in ihrem Entschluß, England zu verlassen und sich auf Reisen zu begeben. Sie kehrte erst im Jahre 1820 (vgl. Kat.-Nr. 65) wieder zurück.
Cruikshank, ganz auf der Seite Carolines und Charlottes, stellte den Regenten als grimmigen orientalischen Despoten dar, der seine Tochter bei Wasser und Brot in einem Vogelkäfig gefangen hält. Klagend winkt sie der Mutter nach, die in einem Schiffchen enteilt. Sie sollten sich nie mehr wiedersehen.

Althaus S. 219ff.
Abbildung Seite 106

71
FEMALE INTREPIDITY!! OR HOW TO BOARD A KINGS SHIP IN A MANLY STILE!! – VIDE – A LATE ROYAL / CRUIZE OFF WEYMOUTH
WEIBLICHE UNERSCHROCKENHEIT!, ODER: WIE MAN AUF MÄNNLICHE WEISE AN BORD EINES SCHIFFES GEHT! – SO GESCHEHEN BEI EINER KÖNIGLICHEN KREUZFAHRT VOR WEYMOUTH

Radierung, altkoloriert. – 263 x 385 mm. – Bez. l. u.: G. Cruik[k] fec[t]; u. m.: London Pub[d] by J. Sidebotham N[o] 96 Strand. – Sek. bez. r. u. mit Bleistift: 1816
BM –, Cohn 1112, Reid 572, Douglas 810
Hannover, Wilhelm-Busch-Museum, KG 1633/81

Cruikshank macht aus seiner Zuneigung für Prinzessin Charlotte keinen Hehl. Hier illustriert er heiter eine Szene, die sich beim Besuch der Prinzessin auf dem Kriegsschiff Leviathan abspielte. Sie hatte stets ein besonderes Interesse für die englische Marine. Es hätte sich wohl geschickt, sich mit dem herabgelassenen Sessel hochhieven zu lassen. Aber die eigenwillige Prinzessin benutzt spontan die steile Schiffsleiter. Dem Kapitän bereitet es sichtbares Vergnügen, ihre sich bauschenden Röcke zusammenzuhalten, und die Matrosen meinen begeistert, daß sie einen fabelhaften Kommandanten abgäbe. Einzig ihr Mentor, der Bischof von Salesbury, hält nichts von der Extratour der Prinzessin, die ihn ob seiner Ängstlichkeit auch noch verhöhnt. Dafür schwärzt der geistliche Herr sie beim Regenten an, der seinerseits ihr Benehmen rügt.

Althaus S. 231
Abbildung Seite 107

72
A BRIGHTON HOT BATH, OR PREPARATIONS FOR [AUSGELÖSCHT: A ROYAL] THE WEDDING!!
EIN HEISSES BAD IN BRIGHTON, ODER : HOCHZEITSVORBEREITUNGEN!

Radierung, altkoloriert. – 286 x 395 mm. – Bez. r. u.: London Pub[d] by J. Sidebotham / N[o] 96 Strand
BM 12765, Cohn 955, Reid 579, Douglas 814
Hannover, Wilhelm-Busch-Museum, KG 1637/81

Langsam lockerten sich die Zwänge, die der Regent seiner Tochter auferlegt hatte, so daß es auch wieder zu Begegnungen mit Menschen ihrer Gesellschaftsschicht kam. So lernte sie 1815 in London den Prinzen Leopold von Sachsen-Coburg-Gotha kennen. Gegenseitige Zuneigung stellte sich ein, im Frühjahr 1816 sollte geheiratet werden. Wegen einer »Unpäßlichkeit« des Prinzen mußte der Termin verschoben werden. Die Spatzen pfiffen es von den Dächern, daß eine Geschlechtskrankheit die Hochzeit verhindert habe – ein Thema, das Verleger und Karikaturisten nur allzugern aufgriffen. Cruikshank macht da keine Ausnahme. Er setzt den Coburger zu einer gründlichen Wäsche in einen großen Zuber, in dem ihn dann die Königin-Mutter, Lord Eldon, der Regent persönlich und der Sekretär Mac Mahon gründlich bearbeiten. Pillen und Medizinflaschen deuten auf Krankheit hin, und diverse Sexualsymbole, der Ovid und der aus den Dämpfen aufsteigende Merkur verweisen auf ihren besonderen Charakter.

Althaus S. 237
Abbildung Seite 108

73
PROGENY IN PERSPECTIVE OR – A ROYAL ACCOUCHMENT!
AUSSICHT AUF NACHKOMMEN, ODER: EINE KÖNIGLICHE NIEDERKUNFT!

Radierung, altkoloriert. – 273 x 365 mm. – Bez. l. u.: G C. 1816; r. u.: Pub[d] August 1st by J. Johnston / – Cheapside Londdon
BM 12796, Cohn –, Reid 591, Douglas –
Hannover, Wilhelm-Busch-Museum, KG 1635/81

Dieses Blatt präludierte Zukunftsmusik. Kurz nach der Hochzeit (2. Mai 1816) der Prinzessin mit Prinz Leopold entstanden, nahm es die Geburt eines Kronprinzen vorweg.
Jubel in der Wöchnerinnenstube der Prinzessin bei der Mutter, beim Vater, beim stolzen Großvater, bei den Ministern, die der kleine Prinz anpinkelt. Die Königinmutter braut sich ihren Punsch. Eitel Sonnenschein herrscht. Nur John Bull blickt sorgenvoll drein: Was mag das alles wieder kosten?
Das Blatt – es ist außerordentlich selten – war ein tragischer Mißgriff. Prinzessin Charlotte starb im folgenden Jahr bei der Geburt ihres ersten Kindes (vgl. Kat.-Nr. 74).

Althaus S. 251f.
Abbildung Seite 109

74
ENGLANDS ONLY HOPE DEPARTING / A SPECIMEN OF CONJUGAL AFFECTION & ATTENTION IN EXALTED LIFE – A LESSON TO PRINCES
ENGLANDS EINZIGE HOFFNUNG STIRBT – EIN BEISPIEL FÜR EHELICHE LIEBE UND ZUWENDUNG IN DEN HÖCHSTEN KREISEN – EINE LEKTION FÜR PRINZEN

Radierung, altkoloriert. – 274 x 388 mm. – Bez. l. u.: G C[k]; r. u.: Pub[d] by S W Fores 50 Piccadilly Dec[r] 2[d] 1817
BM 12894, Cohn 1089, Reid 706, Douglas 826
London, Britisches Museum, 1862-12-17-568

Dieses Blatt gedenkt des Todes der vom ganzen Volk geliebten Prinzessin Charlotte, einziger Tochter des Regenten und Thronerbin. Sie starb bei der Geburt ihres ersten Kindes, eines tot geborenen Knaben, am 6. 11. 1817. Cruikshank ist hier also Chronist, der ein erschütterndes Ereignis schildert. Eine leise Kritik muß er dennoch anbringen: mit »Ein Beispiel für eheliche Liebe und Zuwendung – eine Lektion für Prinzen« weist er darauf hin, daß die Ehen Georgs und seiner Geschwister nicht die besten waren.

Althaus S. 249ff.; George, E. P. C., Bd. II, S. 177

75
FRENCH GENERALS RECEIVING AN ENGLISH CHARGE
FRANZÖSISCHE GENERALE HABEN EINE ENGLISCHE SENDUNG ERHALTEN

Radierung, altkoloriert. – 249 x 370 mm. – Bez. l. u.: Pub^{d} by S W Fores 50 Piccadilly April 28th 1809. – Sek. bez. l. u. mit Bleistift: 76; r. u. mit brauner Tusche: 28 Ap. 1809.
BM 11377, Cohn 1134, Reid 76, Douglas 772
Hannover, Wilhelm-Busch-Museum, KG 1493/81

Was die Karikatur als Flugblatt in jener Epoche bedeutete, läßt sich an diesem Blatt ablesen. Um die Affären des Herzogs von York doppelt zu brandmarken, läßt Cruikshank die entsprechenden englischen Karikaturen als »englische Sendung« von Napoleon, Talleyrand und einigen französischen Generälen betrachten, die darüber sichtlich erheitert sind. Es ist nicht so sehr der englische Ruf, um den es Cruikshank hier geht, sondern die Sorge, daß man von der Moral der herrschenden Schicht und der englischen Heerführer auf eine englische Schwäche im allgemeinen schließen könnte, denn in den Sprechblasen werden auch die militärischen Qualitäten des Herzogs in Zweifel gezogen. Der Herzog war mit einer preußischen Prinzessin verheiratet, hatte sich aber von ihr getrennt und lebte mit Frauen von zweifelhaftem Ruf. Eine dieser Damen war eine Mrs. Clarke, die für Geld durch ihre Fürsprache Offizieren Patente und Beförderungen in Yorks Namen verschafft hatte. Ein parlamentarischer Untersuchungsausschuß stellte fest, daß York zwar von diesem Handel nichts gewußt hatte, tadelte ihn aber ob seiner Sorglosigkeit. Er mußte von der Führung der Armee zurücktreten.

Wardroper S. 33
Abbildung Seite 110

76
PARADISE REGAINED!!!
DAS WIEDERERLANGTE PARADIES!

Radierung, altkoloriert. – 300 x 475 mm. – Bez. l. u.: Pub^{d} by J. Johnston 101 Cheapside. June 1811; r. u.: G Cruikshank fec^{t}
BM 11726, Cohn 1826, Reid –, Douglas 776
Hannover, Wilhelm-Busch-Museum, KG 1604/81

Der Herzog von York war kein schlechter Heerführer. Als Oberkommandierender hatte er sich erfolgreich um die Erneuerung des Heerwesens bemüht. Seine Entfernung aus dem Amt (vgl. Kat.-Nr. 75) währte dann auch nicht lange. Ein Jahr später setzte ihn sein Bruder Georg, der 1810 zum Prinzregenten ernannt wurde, wieder ein. Triumphierend und blumenbekränzt steht er nun auf seinem Sockel, von einem Schwarm jubelnder Damen umtanzt, die sich ausrechnen, daß mit seiner wiedererlangten Würde auch ihre Zukunft gesichert sei. Die Aufschrift des Sockels: »Dieser königliche Maibaum wurde am 25. Mai wieder aufgerichtet, nachdem er einige Zeit durch XXXX beiseite gelegt worden war« schließt mit einem abgewandelten Shakespeare-Zitat: »Oh, wie tief ist er gesunken!« John Bull wundert sich: »Wer hätte das gedacht!«

Palmer S. 92f.; George, E. P. C., Bd II, S. 130

77
PRINCELY PIETY, OR THE WORSHIPPERS AT WANSTEAD
FÜRSTLICHE FRÖMMIGKEIT, ODER: DIE ANBETER IN WANSTEAD

Radierung, altkoloriert. – 263 x 415 mm. Bez. l. u.: Published December 1st 1811 / by M Jones 5 Newgate Strt; r. u.: G. Cruikshank fect. – Sek. bez. r. o. mit Bleistift: 129 (erschienen in: *The Scourge, or Monthly Expositor of Imposture and Folly,* Bd. II, Dez. 1811, Abb. 12)
BM 11744, Cohn –, Reid 129, Douglas S. 248
Hannover, Wilhelm-Busch-Museum, KG 1605/81

Die Erbin, um die es hier geht, war die überaus reiche Miss Tylney Long. Sie war daher viel umschwärmt. Zu der Schar der Bewerber gesellte sich auch der Herzog von Clarence, ein weiterer Bruder des Prinzregenten, obwohl er seit zwanzig Jahren ein Verhältnis mit einer Schauspielerin, Mrs. Jordan, hatte, dem zehn Kinder entsprossen waren. Seinen ständigen Geldnöten wollte er durch eine reiche Heirat entkommen. So näherte er sich zum Gespött der Öffentlichkeit der reichen Erbin, um die sich fünf weitere Männer bemühten. Sie heiratete dann William Wellesley-Poole, auf dem Blatt der zweite von links, dem, wie seinem Mitbewerber, Lord Killworth, vor Schrecken die Pistole entfällt, da er den Pfeil des Todes (hinter dem Thron) auf sich gerichtet sieht, während der Harlekin hinter den beiden fröhlich weiter fidelt.
Der goldene Thron, die goldspeienden Füllhörner, die goldbrokatene Figur der Miss Tylney – alles verkündet ihren Reichtum. Cruikshank ist boshaft genug, die Stufen des Throns mit ihren Lebensstadien zu beschriften: Kindheit, Reifezeit, Frau, Mündigkeit, Alte Jungfer (man war damals mit dreißig eine »alte Jungfer«). Weitere Bewerber liegen auf den Knien vor ihr: Romeo Coates, ein bekannter Exzentriker (vgl. Kat.-Nr. 154) mit einem Hahn als Kopfschmuck, und Sir Skaffington mit einer meterlangen Liebesode. Der Herzog, der größte von allen, streckt seine Hand besitzergreifend der Erbin entgegen, den konkurrierenden Husaren mit der anderen Hand wegdrückend. Es handelt sich um den Baron de Geramb, einen Abenteurer, der als Spion Napoleons galt. Daher die Geldsäcke – »From France«, »For secret Inteleg« [ence], »To the Baron« –, auf denen er kniet, daher der weitere Geldsack mit der Aufschrift »Für den Baron mit dem Bart für Geheimes«, den ihm gerade Napoleon reicht für einen neuen »Secret Intelegence«-Brief. Von hinten gießt die erboste Mrs. Jordan einen Nachttopf über dem Herzog aus; heraus purzelt eine Schar von Kindern.

George, C. P. P. S., Bd. IX, S. 34f.

78
A Financial Survey of Cumberland or the Beggars Petition
Eine finanzielle Überprüfung des Duke of Cumberland, oder: Die Eingabe des Bettlers

Radierung, altkoloriert. – 272 x 420 mm. – Bez. l. u.: Pubd August 1st 1815 by WN Jones / No 5 Newgate Street; r. u.: G. Cruikshank fect. – R. u. versch. unleserliche sek. Beschriftungen mit Bleistift
BM 12591, Cohn –, Reid –, Douglas –
Hannover, Wilhelm-Busch-Museum, KG 1630/81

Gegenstand dieser Karikatur ist der Herzog von Cumberland, der vierte Bruder des Regenten, der unbeliebteste, aber wohl der intelligenteste. Er hatte großen Einfluß auf den Regenten und hat – ein überzeugter Tory – viel dazu beigetragen, daß die notwendigen Reformen unterblieben. Er litt wie seine Brüder unter ständiger Geldnot. Mit ihm verbindet sich eine dunkle Affäre, die das Volk nicht vergaß. Man hatte seinen Pagen mit durchschnittener Kehle vor seinem Schlafzimmer aufgefunden. Der seinerseits leicht verletzte Herzog behauptete, der Page habe einen Mordanschlag auf ihn verübt und danach Selbstmord begangen.
Die Untersuchungskommission konnte schlüssige Beweise nicht finden, aber das Gerücht, der Herzog selber habe den Knaben getötet, wollte nicht verstummen. Es ist bezeichnend, daß die Figur des Pagen – auf dem Blatt mit verzerrtem Gesicht, ein blutiges Rasiermesser schwingend – auf allen sonst bekannten Kopien in der Platte wegretuschiert worden ist, so daß dieses Blatt wohl ein Unikat darstellt.
Der Herzog heiratete 1815 Prinzessin Friederike von Solms-Braunfels, die aus zwei Ehen Kinder mitbrachte. Ihr Ruf war nicht der beste, worauf Cruikshank mit zweideutigen Texten und durch die Koketterie der Dame mit den grinsenden Grenadieren anspielt. Der Kleine an ihrer Hand trägt ebenfalls eine Grenadieruniform, und das Knäblein singt dazu, daß sein Vater ein Grenadier gewesen sei, an dem seine Mutter Gefallen gefunden habe. – Königin Charlotte lehnte es ab, die Prinzessin zu empfangen.
Wegen dieser Heirat reichte der Herzog dem Parlament ein Gesuch um Erhöhung seiner Apanage ein. Mit einer Stimme Mehrheit, der des Lord Cochrane (vgl. Kat.-Nr. 95–99), wurde es abgelehnt. Dabei mag eine Rolle mitgespielt haben, daß der Herzog lieber im Ausland leben wollte.
Diese Ablehnung ist Gegenstand der Karikatur. Lord Cochrane feuert die »entscheidende Stimme« (casting vote) gerade in Gestalt einer Kanonenkugel gegen das Gesäß des jammernden Herzogs. Die Petition (»£ 6000 jährlich«) flattert durch die Luft, und mit einer langen Rede begründet der Lord die Ablehnung: Er zeiht den Herzog der Unredlichkeit und bedroht ihn mit Pranger und Gefängnis.

George, C. P. P. S., Bd. IX, S. 570; Clarke, John: The Life and Times of George III., London 1972, S. 210f.; Guttmann S. 242f.
Abbildung Seite 111

79
A Rejected TRIFLE from / CUMBERLAND to HANOVER
Ein abgelehnter Müssiggänger – von Cumberland nach Hannover

Radierung. – 217 x 147 mm. – Bez. l. u.: G. Cruikshank fec^{t}; r. u.: Pub^{d} for the Meteor N° 3; l. o.: Plate 2^{a}. – Sek. bez. l. u. mit Bleistift: 264
(erschienen in: *The Meteor, or Monthly Censor,* No. 3, Januar 1814)
BM 12176, Cohn 553, Reid 264, Douglas S. 252
London, Britisches Museum, 1859-3-16-27

Nach Abzug der Franzosen im April 1813 kam der Herzog von Cumberland nach Hannover, um das Haus Braunschweig bei den Verbündeten zu repräsentieren. Er hoffte, zum Gouverneur ernannt zu werden, mußte aber zu seiner großen Enttäuschung hinnehmen, daß der Regent den Herzog von Cambridge vorzog. Der Galgen, der sich im Hintergrund auf einem Hügel erhebt, deutet möglicherweise die Gründe für die Ablehnung an.
Cumberland soll darauf mit Tränenausbrüchen und lang währendem Kummer reagiert haben. Diesen kummervollen und x-beinigen Antiheroen in Husarenuniform hat sich Cruikshank vorgenommen. Übrigens wurde der Herzog dann doch noch als Ernst August König von Hannover (1837–1851). [Zur Sommerresidenz diente ihm dort das Wallmodenschlößchen im Georgengarten – seit 1950 Wilhelm-Busch-Museum.]

George, C. P. P. S., Bd. IX, S. 336

80
Miss MARY & her loving Cousin! or – / SINGLE GLOUCESTER prefer'd to German Sausage!!!
Miss Mary und ihr verliebter Vetter, oder: Der ledige Gloucester wird deutscher Wurst vorgezogen!

Radierung, altkoloriert. – 480 x 301 mm. – Bez. l. u.: Inv^{d} by Yedis; u. m.: Pub^{d} June 1816 by J. Sidebotham 96 Strand; r. u.: Etched by G. C^{k}; l. o.: N° 38
BM 12784, Cohn 1739, Reid 584, Douglas 818
Hannover, Wilhelm-Busch-Museum, KG 1639/81

Von den Kindern Georgs III. heiratete nur die Prinzessin Mary einen Engländer, den Herzog von Gloucester, alle anderen hatten Partner aus deutschen Fürstenhäusern (es waren ja reichlich vorhanden). Die Prinzessin war bereits vierzig, als sie 1816 den Herzog heiratete; der Regent hatte offenbar die Hände im Spiel. Der Marschallstab mit Widmung an den neuen Schwager deutet darauf hin.
Cruikshank zeigt das kosende Paar und setzt Gloucester-Käse, von der die Prinzessin »nur eine kleine Scheibe« abhaben möchte, gegen »Sour-Krout« und »German Sausages« (Spitzname für die deutschen Prinzessinnen und Prinzen), die »ungeprüft zurückgeschickt« werden sollen, da schon »eine Anzahl weiblicher Mitglieder des Königshauses daran erkrankt« seien. Der Herzog preist »Brot, Käse und Küsse«. Daß sein Spitzname mit Käse zu tun hatte, liegt auf der Hand, wenn man ihn nicht gleich als »Silly Billy« (blöder Billy) bezeichnete. Die Noten unter der Wurstschüssel deuten auf die nächste englisch-deutsche Verbindung hin. »The Coburg Waltz« meint die im selben Jahr anstehende Hochzeit der Regenten-Tochter Charlotte mit Prinz Leopold von Sachsen-Coburg-Gotha (vgl. Kat.-Nr. 72 und 73).

Wardroper S. 59
Abbildung Seite 112

81
A couple of Humbugs
Das Ehepaar Humbug

Lithographie, altkoloriert. – 357 x 249 mm. – Bez. r. u.: Pub^{d} by S. W Fores. 50 Piccadilly 4 May 1818
BM –, Cohn –, Reid –, Douglas –
Hannover, Wilhelm-Busch-Museum, KG 1551/81

Eine Schwester des Regenten, Prinzessin Elisabeth, heiratete ebenfalls einen Deutschen, und zwar den Landgrafen von Hessen-Homburg. Sie war bereits achtundvierzig Jahre, als sie ihn 1818 ehelichte, und schaut sehr verliebt drein, während der Landgraf seinen Schritt eher finster bedenkt. Das »Ehepaar Humbug« ist eine Verballhornung von »Homburg«, das ja ähnlich ausgesprochen wird.

Auffallend auch hier wieder die Korpulenz der Angehörigen des Hauses Hannover und ihre Neigung zu entsprechenden Partnern – seien es Ehepartner oder Geliebte.

Abbildung Seite 113

82
THE NEW GERMAN WALTZ
DER NEUE DEUTSCHE WALZER

Lithographie, altkoloriert. – 381 x 263 mm. – Sek. bez. l. u. mit Bleistift: Cruikshank. – R. u. unleserliche sek. Beschriftung mit Bleistift
BM 12993, Cohn –, Reid –, Douglas –
Hannover, Wilhelm-Busch-Museum, KG 1559/81

Auf diesem Bild zeigt sich der hessische Landgraf wohlgelaunter. Er stemmt die schwergewichtige Prinzessin Elisabeth in einem wilden Tanz, dem »neuen deutschen Walzer«, in die Höhe (vgl. Kat.-Nr. 83). Dieser Prinzessin sagte man eine Reihe von Abenteuern nach. So läßt sie Cruikshank triumphierend hinter dem Kopf des neuen Ehemanns das Hahnrei-Zeichen machen. In ihrer Jugend soll sie ein Kind von einem Hoffriseur gehabt und sich, wie alle Kinder Georgs III., der selber nach strengen moralischen Grundsätzen lebte, einer beachtlichen Freizügigkeit erfreut haben.

Wardroper S. 65
Abbildung Seite 114

83
THE HOMBOURG WALTZ, WITH CHARACTERISTIC SKETCHES OF FAMILY DANCING!
DER HOMBURG-WALZER, TANZ DER MITGLIEDER DER KÖNIGLICHEN FAMILIE MIT CHARAKTERISTISCHEN HINWEISEN AUF DIE TÄNZER!

Radierung, altkoloriert. – 250 x 354 mm. – Bez. l. u.: Knahskiurc fec[t]; r. u.: London Published May 4 1818 / by G. Humphrey 27 St James's S[t] / Nephew & Successor to the late Mrs H. Humphrey
BM 12996, Cohn 1205, Reid 773, Douglas 828
London, Britisches Museum, 1859-3-16-131

Dies ist eines jener Blätter, mit denen Cruikshank vielschichtig Geschichte liefert, indem er die Affären einer bestimmten Klasse als Satire wiedergibt. Hier ist es eine Art Familientag des Hauses Hannover am 4. Mai 1818, ein Tanzabend im Hause der Königinmutter Charlotte (als Hutzelweibchen am rechten Bildrand) zu Ehren des jungvermählten Paares: des Landgrafen von Hessen-Homburg und der Prinzessin Elisabeth – daher der Titel des Bildes, daher die beiden als tanzendes Paar im Mittelpunkt des Ganzen.

Das Blatt ist mit erotischen Anspielungen gespickt. Der Walzer, der in jenen Jahren aufkam, galt als unsittlich. Er steht hier als Synonym für Beischlaf und wird in mehreren Gesprächen so angewendet. Jeder Erwachsene damals begriff die Doppelbödigkeit solcher Vokabeln. Aber sie war so listig angelegt, daß »ein junges Mädchen nicht erröten mußte«, wenn ihm ein solches Blatt in die Hände fiel.
Die Karikatur sollte voll die königliche Familie treffen. Denn nach dem Tod der Regenten-Tochter Charlotte kam es für die Geschwister des Regenten darauf an, wer den Thronerben stellte. Mit Ausnahme des Herzogs von York beeilten sich die Brüder, ihre illegalen Verbindungen gegen ebenbürtige Partnerinnen auszutauschen. Dem Herzog von Kent wurde 1819 eine Tochter mit dem Namen Victoria geboren. Sie bestieg nach dem Tode Williams IV. 1837 den englischen Thron und heiratete auch einen Deutschen, den Prinzen Albert von Sachsen-Coburg.
Das feiste Paar, der Landgraf und Prinzessin Elisabeth, verwandelt sich bei Cruikshank zu fast mitleiderregenden stampfenden Walrössern. Das daneben tanzende Paar, der Duke of Gloucester und Prinzessin Mary, zeichnet sich ebenfalls nicht durch besondere Anmut aus; hinter der Tür schwingt Cumberland seine Prinzessin Solms-Braunfels, die von der alten Queen nicht empfangen wurde. Der Regent, links hinter dem Pfeiler verborgen, tröstet den Herzog von Clarence, der noch keine Partnerin gefunden hat, während der Herzog von York bei den Musikern einen Schlager, »Paddy Carey«, bestellt und damit kundtut, daß er, anders als die anderen, seine Geliebte, Mrs. Carey, nicht abhalftern werde. Die Herzöge von Kent und Cambridge sind ebenfalls noch partnerlos und schauen zu.

Wardroper S. 64f.; Guttmann S. 243f.
Abbildung Seite 115

84
SALES BY AUCTION! – OR PROVIDENT CHILDREN DISPOSING OF THEIR / DECEASED MOTHER'S EFFECTS FOR THE BENEFIT OF THE CREDITORS!!
AUKTION!, ODER: SPARSAME KINDER VERFÜGEN ÜBER DIE HINTERLASSENSCHAFT IHRER VERSTORBENEN MUTTER ZUGUNSTEN DER GLÄUBIGER!

Radierung, altkoloriert. – 285 x 414 mm. – Bez. l. u.: Yedis inv[t]; G. C. fec[t]; r. u.: Pub[d] May 6th 1819 by / J Sidebotham N[o] 287 / Strand
BM 13229, Cohn 1950, Reid 889, Douglas 834
Hannover, Wilhelm-Busch-Museum, KG 1642/81

Nach dem Tode der Queen Charlotte ließ der Regent den Nachlaß seiner Mutter bei Christie's versteigern, da sie zwar eine Sammlung außerordentlich kostbaren Schmucks, aber kein Bargeld hinterließ. Schmuck war ihre Leidenschaft gewesen, und ihr Geiz war sprichwörtlich (vgl. das Bild an der Wand mit der Goldwaage). Reine Ironie auch der Hinweis auf ihre »Wohltätigkeit«. Der Auktionator ist der Regent persönlich. Als Schreiber fungiert der Herzog von York. Links vom Auktionator erkennt man die beteiligten Damen, die Königin von Württemberg und die Prinzessin von Hessen-Homburg, und hinter ihnen die Herzöge von Cumberland, Clarence und Kent. Der Nachlaß wurde versteigert, weil der Prinzregent wie auch seine Brüder in dauernden Geldschwierigkeiten steckten; alle hatten Schulden, die bezahlt werden sollten. Für Cruikshank besteht der ganze Nachlaß aus Plunder; das »zugunsten der Gläubiger« ist reiner Hohn und die »sparsamen Kinder« sogar doppelter.

George, C. P. P. S.; Bd. IX, S. 898f.
Abbildung Seite 116

85
THE MOUNTEBANKS, OR OPPOSITION SHOW BOX
Die Marktschreier, oder: Die Schaubude der Opposition

Radierung, altkoloriert. – 220 x 504 mm. – Bez. l. u.: Published February 1st 1812 by M Jones 5 Newgate Street / Nathaniel Noparty Esqr inv^{t}; r. u.: G Cruikshank sculp^{t} (erschienen in: *The Scourge, or Monthly Expositor of Imposture and Folly,* Bd. III, Febr. 1812, Abb. 14)
BM 11846, Cohn 732, Reid 151, Douglas S. 248
Hannover, Wilhelm-Busch-Museum, KG 1608/81

Als Prinz hatte Georg häufig gegen die Korruption in den hohen Ämtern der Regierung seines Vaters gewettert und sich für überfällige Reformen ausgesprochen. Als er dann Regent wurde und 1812 gewisse Beschränkungen seiner Regierungsgewalt entfallen waren, erwartete man, daß er sich von dem Tory-Kabinett seines Vaters trennen und aus dem Kreis seiner Freunde unter den Whigs eine neue Regierung mit Wellesley als Ministerpräsidenten bilden werde. Aber es wurde nichts daraus, und die alte Regierung blieb im Amt.
Cruikshank feiert hier jene Erwartungen. Das rassige Pferd Georg galoppiert mit Wellesley, nachdem die letzten Bande (»Einschränkungen«), die ihn mit der alten Regierung verbunden hatten, zerschnitten sind, dahin, während das alte Kabinett lamentierend auf einem wackeligen Holzgestell, der Schaubühne, versammelt ist. Den Ministern – Grenville, Perceval und Sheridan – werden ihre Verfehlungen vorgehalten: (großes) Einkommen, Abtrünnigkeit, Habsucht, Pfründe und (leere) Versprechungen. Dem armen John Bull, der nur noch ein Hemd am Leibe hat, verbindet ein Minister die Augen. Die Binde trägt die Aufschrift: »Catholic Emancipation«.

Abbildung Seite 118

86
Ins and Outs; or, Princely Consistency
Rein und Raus, oder: Fürstliche Beständigkeit

Radierung, altkoloriert. – 406 x 272 mm. – Bez. l. u. am Bildrand: G. Cruikshank Fec^{t}; r. u.: Published by J Johnston 98 Cheapsid
BM –, Cohn 1235, Reid 150, Douglas 780
Hannover, Wilhelm-Busch-Museum, KG 1609/81

Die beiden Gedichte beschreiben den Wankelmut des Regenten, der die Ratgeber seines Vaters zwar für korrupt und unfähig hält, aber bei der Übernahme der Regentschaft doch zögert, sie abzulösen, weil er noch glaubt, daß sich der Zustand des Königs bessern könne. Das Gedicht des Jahres 1812 enthält dann die lauten Versprechungen für eine neue Zeit der Reformen und die Ablösung der Regierung und Bildung einer neuen mit seinen alten Freunden (vgl. auch Kat.-Nr. 85). Als die Whigs dann Schwierigkeiten machen, regiert er mit der alten Mannschaft weiter; die Reformpläne bleiben in der Schublade. So scharen sich die (alten) Günstlinge unter seinen Königsmantel, während sich bei den Enttäuschten die Wut Luft macht.

Guttmann S. 240

87
PRINCELY PREDILECTIONS OR ANCIENT MUSIC AND MODERN DISCORD
Fürstliche Vorlieben, oder: Alte Musik und moderne Disharmonie

Radierung, altkoloriert. – 208 x 494 mm. – Bez. l. u.: Pub^{d} April 1st 1812 by / M Jones N° 5 Newgate Str^{t}; r. u.: G. Cruikshank fec^{t} (erschienen in: *The Scourge, or Monthly Expositor of Imposture and Folly,* Bd. III, April 1812, Abb. 16)

BM 11864, Cohn –, Reid 155, Douglas S. 248
Hannover, Wilhelm-Busch-Museum, KG 1611/81

Die Konzerte alter Musik, die in den »Hanover Square Rooms« stattfanden, wurden häufig von Mitgliedern der königlichen Familie und ihrem Gefolge besucht. Cruikshank konzentriert auf einem solchen Blatt gleich mehrere Aspekte seiner Kritik. Da ist einmal die Trunksucht des Regenten, der hier torkelnd Curaçao aus einer Flasche schlürft, die sein Sekretär Mac Mahon ihm an die Lippen hält; da sind andererseits seine Liebschaften: Lady Hertford hat ihn am Bändel, dessen Ende ein Cupido hält. Grimmig schaut der gehörnte Ehemann über ihre Schulter. Die Frau Mac Mahons – das riesige Geweih, das der Sekretär auf dem Kopf trägt, ist ein Zeichen, daß auch sie eine Geliebte des Regenten ist – stützt den Taumelnden. Lady Howe erkundigt sich nach den neuen Freunden des Prinzen. Ein Wortspiel macht klar, daß sie die Vorgängerin der Hertford war.
Während Cruikshank so die private Situation trifft, beschäftigt ihn aber gleichzeitig auch die politische: am linken Bildrand – wenn man will, schon »abgemeldet« – die Whig-Freunde, darunter Perceval mit dem berühmten »The Book« (vgl. Kat.-Nr. 59) vor den Füßen. Auf der rechten Seite befinden sich führende Torys, zu denen auch die Familie der Lady Hertford gehörte, deren Einfluß die politische Wende des Regenten stark befördert hat. Die hier weinende Tochter Charlotte (am Gängelband ihres Mentors, des Bischofs von Salesbury) hielt weiter zu den Whigs und ihren Führern, zum Beispiel Lord Grey, dem sie öffentlich ihre Sympathie bekundete, nachdem ihr Vater ihn in der Öffentlichkeit schlecht behandelt hatte. Darüber soll die Prinzessin in Tränen ausgebrochen sein, worauf Cruikshank hier anspielt und denen Byron sein Gedicht »Verse an eine weinende Lady« gewidmet hat. Auf dem Bild unter der Balustrade mit dem Orchester und der katzenköpfigen Sängerin ist Georg noch einmal dargestellt, reitend auf einem Faß Curaçao. Mit offenem Mund stiert John Bull auf seinen Regenten; ihm wird wieder einmal das Geld aus der Tasche gezogen.
Diese Karikatur erschien in der satirischen Zeitschrift »The Scourge« (Die Geißel). Der Regent hatte versucht, das Blatt aufzukaufen, damit es keine Verbreitung fände. Es gelang ihm nicht, wie diese Versuche offenbar nie gelungen sind, soviel man weiß. Diese Blätter waren bei allen Schichten der Bevölkerung außerordentlich beliebt.

George, C. P. P. S., Bd. IX, S. 96ff.; George, E. P. C., Bd. II, S. 135; Wardroper S. 37f.; Althaus S. 184f.
Abbildung Seite 119

88
THE PRINCE OF WHALES OR THE FISHERMAN AT ANCHOR
Der Fürst der Wale, oder: Der Fischer vor Anker

Radierung, altkoloriert. – 204 x 511 mm. – Bez. l. u.: Pub^d May 1st 1812 by M Jones / N° 5 Newgate Street; r. u.: G. Cruikshank Sculp. – Sek. bez. r. o. mit Bleistift: 3.5 (erschienen in: *The Scourge, or Monthly Expositor of Imposture and Folly,* Bd. III, Mai 1812, Abb. 17)
BM 11877, Cohn –, Reid 161, Douglas S. 248
Hannover, Wilhelm-Busch-Museum, KG 1612/81

Den Einfall zu diesem Blatt hatte der Dichter der Verse, die Cruikshank hier illustriert. »The Triumph of the Whale«, ein Spottgedicht von William Lamb, ebenfalls in »The Scourge« erschienen, nennt den Regenten einen fetten Wal (Wortspiel: Whales gleichklingend mit Wales) und läßt auch seine Umgebung der Meeresfauna angehören.
Der Wal hängt am Anker der »heiklen Nachforschungen« (vgl. Kat.-Nr. 58). Er stößt die berühmten Wasserstrahlen aus. Der eine, die »Lauge des Vergessens«, trifft die Whig-Politiker Grey (Schildkröte), Grenville (Seehund) und Sheridan (Nilpferd). Der andere Strahl, der »Tau der Gnade«, geht auf die Torys nieder: Perceval und sein Kabinett. Sie haben die Goldfische im Netz: »Sinecure« und »Archbishopric«. Natürlich dürfen auch Lady Hertford – als Sirene mit Leier – und ihr Mann – als gehörnter Triton – nicht fehlen; dazu Sekretär Mac Mahon, der sich als schmarotzender Schwertfisch in des Regenten Leib bohrt. Auch die erste Frau des Regenten, Mrs. Fitzherbert (vgl. Kat.-Nr. 58), erscheint als Meerjungfrau.

George, E. P. C., Bd. II, S. 135; Wardroper S. 39; Feaver, William: Masters of Caricature, London 1981, S. 63
Abbildung Seite 117

89
THE POLITICAL MEDLEY OR THINGS AS THEY WERE IN JUNE 1812
Politisches Durcheinander, oder: Die Zustände vom Juni 1812

Radierung, altkoloriert. – 221 x 514 mm. – Bez. l. u.: Pub^d July 1st 1812 by M Jones / N° 5 Newgate Street; r. u.: G Cruikshank fec^t. – Sek. bez. l. u. mit brauner Tusche: 41/697 913; r. u.: 41/291/913; verschiedene Beschriftungen mit Bleistift am unteren Blattrand (erschienen in: *The Scourge, or Monthly Expositor of Imposture and Folly*, Bd. IV, Juli 1812, Abb. 19)
BM 11885, Cohn –, Reid 163, Douglas S. 248
Hannover, Wilhelm-Busch-Museum, KG 1613/81

Wieder eines jener vielfigurigen, von Einfällen strotzenden Blätter Cruikshanks, mit denen er die verworrene politische Situation des Landes gewissermaßen auf einen einzigen Blick darlegt. Georg übernahm von seinem dem Wahnsinn verfallenen Vater ein Land in Elend und Aufruhr. Die Arbeiter wurden zu Maschinenstürmern. Harte Gesetze sollten dämpfen. Am 11. Mai 1811 wurde Minister-

präsident Lord Perceval erschossen. Sechs Wochen dauerte es, bis Georg eine neue Regierung unter Liverpool bilden konnte.
Das Bild demonstriert einen handlungsunfähigen Herrscher, ein kleines Männchen auf dem Schoß der Geliebten Lady Hertford, nach deren Pfeife er tanzt. Ihr gehörnter Ehemann einflußlos zu ihren Füßen. Ein Mitglied des Unterhauses schlägt mit einer Keule diverse Ministeranwärter in einen Abgrund hinein, aus dem der Tod sie wieder hochwindet, wenn sie nicht über Leitern selbst nach oben finden und dann die Protektion der Königinmutter gewinnen.
Ein Schotte kniet flehend vor dem Thronsitz; links davon versucht Lord Wellesley, ein loderndes Feuer mit viel schwarzem Qualm, in dem der Papst schmort, zu löschen: »Catholic Restrictions« sind gemeint. Canning treibt das Faß »Popularity« vor sich her. Grenville ist an den Trommler gefesselt. Harlekin Sheridan schläft im Schilderhaus, und Whitbread bietet den Hungernden Pilze statt Brot. Gläubiger beschaffen sich ihr Geld selbständig, und an ihnen vorbei fährt die Regenten-Kalesche mit Georg und der Lady dem Abgrund entgegen: »Rd. t. Ruin« steht auf dem Straßenschild.

George, E. P. C., Bd. II, S. 136; Guttmann S. 194ff.; Palmer S. 101ff.

90
ECONOMICAL HUMBUG OF 1816 OR, SAVEING AT THE SPIGGOT & LETTINGOUT AT THE BUNGHOLE
ÖKONOMISCHER BLÖDSINN VON 1816, ODER: EINSPAREN AM ZAPFHAHN UND IN VOLLEM STRAHL AUS DEM SPUNDLOCH FLIESSEN LASSEN

Radierung, altkoloriert. – 280 x 435 mm. – Bez. u. m.: Pub^{d} by SW Fores 50 Piccadilly April 28th 1816; r. u.: Des^{d} by an Amateur etch^{d} by G Cruikshank
BM 12762 Cohn 1080, Reid 576, Douglas 811
Hannover, Wilhelm-Busch-Museum, KG 1623/81

Nach Beendigung der Kontinentalsperre bei Kriegsende herrschte in England wirtschaftliches Chaos. Überproduktion, Arbeitslosigkeit und eine Mißernte ergaben unerträgliche Zustände. Der Fortfall der Einkommensteuer – unabdingbar nach Beendigung der Kriege gegen Napoleon –, aber mehr noch die Erhöhung der Zivil-Liste des Königs, Sinekuren, der Pavillon in Brighton, der königliche Luxus und schließlich die Armee – das ergab Löcher im Staatssäckel, die nur durch immer neue Steuern und Abgaben aller Art zu decken waren. Der Finanzminister, Lord Vansittard, war von unerschöpflicher Erfindungsgabe und außerordentlich fintenreich im Umgang mit Kritikern. Aber die Opposition beschloß bei der Parlamentseröffnung 1816, nun entschieden gegen die Verschwendung öffentlicher Gelder durch den Regenten vorzugehen. Da traten die Minister Liverpool, Castlereagh und Vansittard die Flucht nach vorn an und mahnten den Regenten schriftlich, seine Ausgaben einzuschränken.
Cruikshank geißelt diese Zustände, indem er demonstriert, wie die verschiedenen Steuerströme in ein Riesenfaß fließen, aber John Bull zu seiner Verwunderung für öffentliche Ausgaben nur ein dünnes Rinnsal erhält, während der Regent den Fluß der Goldmünzen auf seine Projekte und in seine Tasche zu lenken weiß.

Wardroper S. 57; Guttmann S. 212ff.
Abbildung Seite 120

91
THE PRIVY COUNCIL, OR NECESSARY ARRANGEMENTS TO SUPPLY A SUBSTITUTE FOR THE PROPERTY TAX!!!
DAS GEHEIMKABINETT, ODER: NOTWENDIGE VORBEREITUNGEN, UM DIE EINKOMMENSTEUER ZU ERSETZEN!

Radierung, altkoloriert. – 294 x 421 mm. – Bez. u. m.: London Pub^{d} by J. Sidebotham 96 Strand. –
U. m. verschiedene unleserliche sek. Beschriftungen mit Bleistift
BM 12757, Cohn 1873, Reid 571, Douglas 900
Hannover, Wilhelm-Busch-Museum, KG 1638/81

Unter Premier Pitt wurde zur Finanzierung des Krieges gegen Napoleon die »Property Tax« (Einkommensteuer) eingeführt, die nach dem Kriege wieder abgeschafft werden sollte. Die Regierung wollte sie 1815 dann beibehalten, wenn auch um 50 Prozent gesenkt, aber das Unterhaus spielte nicht mit. Die Gentry (der Landadel) und die unteren Klassen zogen diesmal an einem Strang.
Cruikshank glossiert hier die Ratlosigkeit der Regierung angesichts der zerrütteten Staatsfinanzen. Sie bereiten ihr Leibschmerzen. Cruikshank will das wörtlich verstanden wissen und setzt die Minister und den Regenten samt Sekretär auf veritable Nachtstühle, denn sie hatten ja allerlei zu verdauen. Dieser Prozeß des Verdauens mit allen dazugehörigen Vokabeln wird in den Sprechblasentexten in Form von Wortspielen benutzt (looseness = Unklarheit, auch Durchfall; intestines = Eingeweide, auch inner . . ., einheimisch; bowels = Gedärme, auch Mitte; purge = reinigen, sühnen, auch abführen). Staatsfinanzen und Fäkalien sind hier sprachlich grotesk vermischt.
Jeder der Minister hat einen anderen Vorschlag. Der

Finanzminister – hinter ihm türmen sich die verschiedenen Petitionen – will Steuern auf alles, was lebensnotwendig ist. Steuern auf alles, nur nicht auf Schnupftabak, meint Lord-Kanzler Eldon. Lord-Oberrichter Ellenborough: die Pfründe des obersten Gerichtes dürfen nicht beschnitten werden, eher solle man Napoleon auf St. Helena die Anerkennung als Fürst nehmen. Castlereagh verweist auf die »Dummheit und Ungeduld« des Volkes, das alle Schuld an ungewissen Zuständen (vor allem in Frankreich) England zumesse. Diese Konferenz bleibt ohne Folgen.

Guttmann S. 212ff.

92
LOYAL ADDRESS'S & RADICAL PETETIONS, OR THE R --- TS MOST GRACIOUS ANSWER TO BOTH SIDES OF THE QUESTION AT ONCE
TREUE ERGEBENHEITSADRESSEN UND RADIKALE EINGABEN, ODER: DES REGENTEN HULDVOLLE ANTWORT AUF DIE FRAGE AN BEIDE SEITEN ZUGLEICH

Radierung, altkoloriert. – 268 x 370 mm. – Bez. l. u.: G C; r. u.: London Pub Dec. 4th 1819 by T Tegg 111 Cheapside; r. o.: 373
BM 13280, Cohn 1705, Reid 925, Douglas 837
London, Britisches Museum, 1862-12-17-306

Die allgemeinen Unruhen gipfelten am 16. 8. 1819 in einer Arbeiterdemonstration auf dem St.-Peter-Feld (Manchester), die durch eine Reiterattacke blutig aufgelöst wurde, in die Geschichte eingegangen als »Peterloo« analog zu »Waterloo«. Das Verhältnis Volk – Regent wurde dadurch noch schlechter. Die Regierungsanhänger beeilten sich mit Ergebenheitsadressen und konnten sich nicht genug tun an Loyalitätserklärungen. Auf der anderen Seite intensivierten die Anhänger eines Reformkurses ihre Anstrengungen und bestürmten den Regenten mit Petitionen, die er kaltblütig ablehnte.
Mit unvergleichlicher Drastik setzt Cruikshank die Doppelstrategie ins Bild um: nach der einen Seite der aalglatte Herrscher, der sich gnädigst huldigen läßt: »Küssen Sie meine Hand«; auf der anderen der zynische Tyrann, der die Fordernden mit einer gewaltigen Blähung abfertigt und erklärt: »Leicht zu erraten, was die andere Seite küssen möge!«. » Die Kunst, zwei Vögel mit einem Stein zu erledigen«, nennt das Cruikshank auf dem Doppelblatt zu Füßen des Podestes.

George, C. P. P. S., Bd. IX, S. 935f.; Wardroper S. 81
Abbildung Seite 121

93
PANORAMA OF THE TIMES. / THE SIEUR KASTLEREE, / (THE CLEBRATED JUGGLER) / IS JUST ARRIVED FROM THE CONTINENT, WHERE HE HAS BEEN EXHIBITING IN THE CAPITALS OF ALL THEIR IMPERIAL AND ROYAL MAJESTIES, / THE SOVEREIGNS OF EUROPE. / THE CARAVAN HAS ENTERED LONDON DIRECT FROM GOLGATHA, AND THE EXHIBITION IS NOW OPEN
PANORAMA DER ZEITEN. DER HERR KASTLEREE (DER BERÜHMTE GAUKLER) IST GERADE VOM KONTINENT ZURÜCKGEKEHRT, WO ER IN DEN HAUPTSTÄDTEN ALLER KAISERLICHEN UND KÖNIGLICHEN MAJESTÄTEN, DEN HERRSCHERN EUROPAS, AUFGETRETEN IST. DER WOHNWAGEN IST DIREKT VON GOLGATHA IN LONDON ANGEKOMMEN UND DIE VORSTELLUNG IST NUN ERÖFFNET

Radierung, altkoloriert. – 435 x 281 mm. – (Printed and Published by T. DOLBY, 299, Strand, and 34, Wardour-street, Soho. – Price 1s. / Entered at Stationers' Hall.)
BM –, Cohn 1824, Reid –, Douglas 1354
Hannover, Wilhelm-Busch-Museum, KG 1644/81

Wir haben hier wieder ein Beispiel für die Erzählbegabung Cruikshanks. Das vorliegende Gedicht zieht gegen alles zu Felde, was dieser Regierung anzulasten ist: die Gesetze gegen die Volksverhetzung, die das Volk ohnmächtig machen sollen; die Familienangelegenheiten des Königs, vor allem die fatale Scheidung; die Lords, die falsche

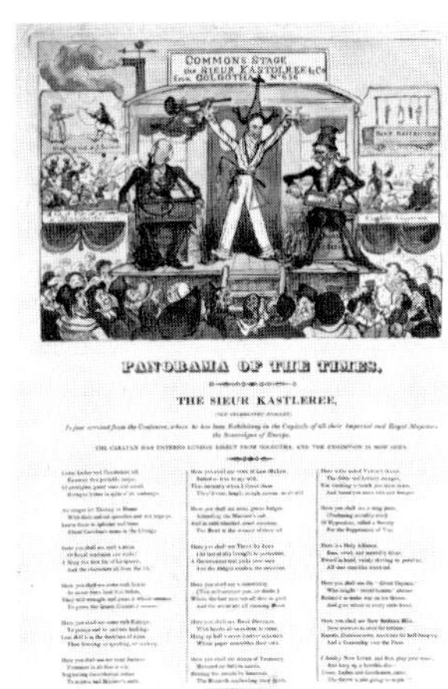

Anschuldigungen gegen Prinzessin Caroline erhoben hatten; die Bischöfe wegen ihrer Scheinheiligkeit und Eitelkeit; die Friedensrichter wegen ihrer Korrumpiertheit; die Richter wegen Rechtsbeugung; die Gemeinden wegen der Verrottung; die Bankdirektoren wegen ihrer Betrügereien; die Soldaten wegen ihrer Angriffe auf Wehrlose; die Bibelgesellschaft wegen ihrer Heuchelei und den Finanzminister wegen der ungerechtfertigten Steuererhöhung. Das alles enthält das Gedicht.
Cruikshank läßt es einen Jahrmarktsänger vortragen, von zwei Musikanten begleitet. Schaubilder zu beiden Seiten illustrieren die Kritik: links oben der Ehekrach des Regenten, darunter die Metzelei von Peterloo (vgl. Kat.-Nr. 102), rechts oben Galgen, die die Bankbeschränkungen symbolisieren, rechts unten wieder Georg, diesmal als Säufer und Zechbruder eines Bischofs.

94
Results of the Northern Excursion – or Strong Symtoms of the "Scotch Fiddle" –
An Ancestor of the Argyles was the firt who erected Road Posts in Scotland – the People of that Country were at a Coss for some time to comprehend / their intent, but their Sagacity (which is proverbial) soon discovered the Comfort & Utility to Travellers, & hence the common ejaculation at every rub / of "God Bless the Duke of Argyle"
Ergebnisse des Ausflugs in den Norden, oder: Heftige Anzeichen der »Schottischen Fidel«
Ein Vorfahr der Argyles war der erste, der in Schottland Wegweiser errichtete – die Leute des Landes waren für einige Zeit außerstande, ihren Sinn zu verstehen, aber ihr sprichwörtlicher Scharfsinn entdeckte bald deren Bequemlichkeit und Notwendigkeit für Reisende, und seitdem ist es allgemein üblich, bei jedem Reiben »Gott schütze den Herzog von Argyle« auszurufen«

Radierung, altkoloriert. – 301 x 483 mm. – Bez. l. u.: London Pub^{d} Septr 8th 1822 by J Fairburn Broadway Ludgate hill; r. u.: G. Cruik^{k}. – Sek. bez. r. o. mit Bleistift: 35
BM 14390, Cohn 1897, Reid 1093, Douglas 858
Hannover, Wilhelm-Busch-Museum, KG 1648/81

Es war Sir Walter Scott (1771–1832), der schottische Romancier, dem es gelang, 1822 König Georg IV. zu einem Besuch Schottlands zu bewegen. Er reiste zusammen mit Curtis (vgl. Kat.-Nr. 1 und 2). Beide werden von der schottischen Krankheit, der Krätze, befallen (wobei nicht auszumachen ist, ob Cruikshank hier nicht übertreibt). Den Kilt haben beide tatsächlich getragen, was ihrer Schönheit bei so viel Wohlbeleibtheit weiteren Abbruch tat. Die beiden fügen sich den Sitten und Gebräuchen des Landes und sind davon total erschöpft. John Bull legt ebensowenig Wert darauf, die Hand des Curtis zu berühren, wie die beiden Lords im Hintergrund Wert darauf legen, die Hand des Königs zu küssen.

George, E. P. C., Bd. II, S. 204ff.; Palmer S. 190ff.
Abbildung Seite 122

95
Mechanical Powers!!!
or the Wonderful invention
of the COCK=CRANE!!!
Mechanische Kräfte,
oder: Die wundervolle Erfindung
des »Hahnen-Kranes«!

Radierung, altkoloriert. – 213 x 478 mm. – Bez. l. u.: Etched by G. Cruikshank; r. u.: Pub^{d} May 11th 1814 by J. Wilson / N° 5 St Pauls Church Yard. – Sek. bez. l. u. mit brauner Tusche: W. H. Bird. Inv^{t}; o. m.: Butt De Berenger
BM –, Cohn 1721, Reid 327, Douglas 705
Hannover, Wilhelm-Busch-Museum, KG 1623/81

Die Karikatur behandelt die Affäre um Lord Cochrane, einen Seeoffizier, der sich in den Kämpfen gegen die französische Flotte ausgezeichnet hatte. 1809 vernichtete er auf der Reede von Aix einen Teil der französischen Flotte – ohne den Befehl dazu zu haben. Diese Eigenmächtigkeit ahndete die britische Admiralität mit Halbsold. Er wehrte sich heftig gegen diese Behandlung und schaffte sich dadurch viele Feinde.
1814 strengte man einen Prozeß gegen Lord Cochrane an, in dem man ihn als Drahtzieher einer Börsenspekulation anklagte. Er sollte falsche politische Nachrichten – unter anderem das Gerücht vom Tode Napoleons – in Umlauf gebracht haben, um so den Kurs des englischen Pfundes anzuheben. Trotz völliger Unschuld, die sich erst lange Zeit später herausstellte, wurde er zu Gefängnis verurteilt, verlor alle Ämter und sollte sogar an den Pranger gestellt werden, wovon man aber schließlich absah.
Die Bürger waren auf seiner Seite; sie wählten ihn, als er aus der Haft entlassen wurde, zu ihrem Vertreter im Parlament. Er ging 1818 in chilenische Dienste. Erst der Nachfolger Georgs IV., William IV., holte Cochrane wieder in die Heimat zurück, rehabilitierte ihn und ernannte ihn zum Admiral.
In dem Blatt spielt Cruikshank auf die Börsenspekulation an, denn der »Cock-Crane« (Hahnen-Kran = Cochrane) dient dazu, Staatsanleihen, Aktien und Wertpapiere in die Höhe zu hieven. Die Kutsche mit dem zerstückelten Napoleon in der Bourbonenfahne setzt das in Bewegung, indem

sie davonrast. Die komplizierte Seilkonstruktion würde auch einen Turm der Zitadelle von Dover einreißen, wenn sie stimmte. Cruikshank läßt keinen Zweifel daran, daß er von der ganzen Konstruktion nichts hält. Er macht die Verdächtigungen lächerlich, die gegen Cochrane gerichtet sind.

Cochrane, Thomas: Autobiography of a Seaman, 2 Bde., o. O. 1860; Cochrane, Thomas C.: Life of Lord Cochrane, 2 Bde., o. O. 1869 (beide zitiert nach: Meyers großes Konversationslexikon, Bd. 4, Leipzig und Wien 1906, S. 206f.)

96
REPRESESENTATION OF $\frac{E}{Y}$ GULL TRAP – & $\frac{E}{Y}$ PRINCIPAL ACTORS IN $\frac{E}{Y}$ NEW FARCE CALL'D $\frac{E}{Y}$ HOAX! – LATELY PERFORM'D WITH GREAT ECLAT ON $\frac{E}{Y}$ S[TOC]K X[CHAN]GE
DARSTELLUNG DER GIMPELFALLE UND DER HAUPTDARSTELLER DES NEUEN STÜCKES »DIE FALSCHMELDUNG«, DAS KÜRZLICH MIT GROSSEM ERFOLG AN DER BÖRSE AUFGEFÜHRT WURDE

Radierung, altkoloriert. – 280 x 400 mm. – Bez. l. u.:
G. H inv^{t} G Cruikshank fec^{t}; r. u.: Pub^{d} April 6th 1814 / by H. Humphrey St James's Street
BM 12212, Cohn 1896, Reid 308, Douglas 691
Hannover, Wilhelm-Busch-Museum, KG 1517/81

Das Blatt glossiert den Prozeß gegen Cochrane (vgl. Kat.-Nr. 95) und Berenger wegen Verbreitung falscher Nachrichten, insbesondere vom Tode Napoleons. Auf dem Blatt knallt Cochrane Napoleon mit einer Superpistole ab, auf lächerliche Weise von Berenger auf seiner Wippe gestützt. Die Wippe liegt auf einer Gerüchteküche, aus der finster brodelt, was Ausrufer bei heißen Meldungen von sich geben, hier gipfelnd in der Schlagzeile »Death of Buonaparte«. Eine Kutsche mit einem Kurier, der schon wieder neue Gerüchte bringt, rast heran. Auf der rechten Seite werden Geldsäcke zusammengetragen, offenbar die ersten Gewinne der Spekulanten.

97
GAMBLING IN THE STOCKS
GLÜCKSSPIEL IM PRANGER

Radierung, altkoloriert. – 222 x 375 mm. – Bez. l. u.:
G. Cruikshank fec^{t} (erschienen in: *The Satirist, or Monthly Meteor,* Bd. XIV, April 1814, Abb. 79, N. S., Nr. 21)
BM 12209, Cohn –, Reid 298, Douglas S. 247
Hannover, Wilhelm-Busch-Museum, KG 1621/81

Eine weitere Variation des Themas »Falschmeldungen über Napoleons Tod« und die damit verbundene Börsenspekulation (vgl. Kat.-Nr. 95): Die Angeklagten – Lord Cochrane, Baron Berenger, Mr. Butt und Mr. Cochrane-Johnston – sind zwar in einen Pranger-Stock eingeschlossen, spielen aber weiter um ihr Glück. Die Richter des Obersten Gerichtshofes sitzen auf einem Bänkchen (»Kings Bench«) davor, alle böse als kleine Tiere karikiert. Die Ehre geht dabei buchstäblich baden (unten rechts). Eine Kutsche donnert heran, von der herab ein Mr. Humbug (= Unsinn) Napoleons Tod verkündet. John Bull, diesmal wirklich als »bull« dargestellt, nimmt Napoleon auf die Hörner.

98
A DABBLER IN THE STOCKS
EIN STÜMPER IM BLOCK

Radierung, altkoloriert. – 247 x 321 mm.
BM –, Cohn 1035, Reid 343, Douglas 1266
Hannover, Wilhelm-Busch-Museum, KG 1524/81

Diese weitere Karikatur zum Fall Cochrane, der sich hier schamvoll das Haupt verhüllt, lebt von dem Wortspiel »stocks«, das einmal »Pranger« oder auch »Block« bedeutet, zum anderen aber auch Aktie, Staatsanleihe, Staatspapier heißen kann. Was also Seine Lordschaft mit »stocks« zu tun haben soll, begreift der brave Matrose nicht, sein Kamerad genauso wenig; ihm kommt allerdings die Eile der im Hintergrund links heranrasenden Kutsche verdächtig vor.

Abbildung Seite 123

99
THE SEVERE SENTENCE / ON / LORD COCHRANE & OTHERS, / TO STAND IN THE PILLORY, / IN THE FRONT OF THE / ROYAL= EXCHANGE, /FOR / A CONSPIRACY, / TO RAISE, BY FALSE REPORTS, THE PRICE OF THE PUBLIC FUNDS; / AS PRONOUNCED BY SIR SIMON LE BLANC, / IN THE COURT OF KING'S-BENCH, / ON TUESDAY, THE 21ST OF JUNE, 1814
DAS HARTE URTEIL FÜR LORD COCHRANE UND SEINE KOMPLIZEN FÜR EINE VERSCHWÖRUNG, DURCH DIE DER PREIS VON OBLIGATIONEN AUF GRUND VON FALSCHMELDUNGEN ANGEHOBEN WURDE, AM PRANGER VOR DER BÖRSE STEHEN ZU MÜSSEN; AUSGESPROCHEN UND VERKÜNDET AM 21. JUNI 1814 VON SIR SIMON LE BLANC AM GERICHT VON KINGS-BENCH

Radierung, altkoloriert. – 394 x 190 mm. – Sek. bez. r. o. mit Bleistift: 342
BM –, Cohn 1972, Reid 342, Douglas 1265
Hannover, Wilhelm-Busch-Museum, KG 1523/81

Zum Abschluß der Reihe Cruikshankscher Cochrane-Karikaturen die Illustration des Urteils von 1814 mit den Verurteilten Cochrane (in Matrosenhosen), Baron Berenger und Mr. Butt. Der Text des Urteils ist beigefügt: Wegen Manipulation der Börsenkurse seien sie zu Geldstrafen, Gefängnis und Pranger verurteilt ... Die Menge scheint das Schaustück nicht ohne Genuß zu konsumieren.

100
WILLIAM THE CONQUEROR, OR THE GAME COCK OF GUILDHALL
WILHELM DER EROBERER, ODER: DER KAMPFHAHN VON GUILDHALL

Lithographie, altkoloriert. – 248 x 324 mm. – Bez. l. u.: G Cruikshank fec!. – Sek. bez. r. o. mit Bleistift: 2738
BM 12980, Cohn 2106, Reid 2738, Douglas 1471
Hannover, Wilhelm-Busch-Museum, KG 1549/81

Die Volkserhebungen des Jahres 1817 machten die Regierung nervös. Sie gab einen Erlaß heraus, demzufolge jeder Friedensrichter Journalisten und Verleger ins Gefängnis werfen konnte, bevor noch Anklage erhoben war. Für kleinere Zeitungen und deren Redakteure bedeutete das den wirtschaftlichen Untergang. Der Erlaß stand in klarem Widerspruch zur Verfassung. Die öffentliche Meinung bekämpfte diesen Verfassungsbruch mit aller Vehemenz, so daß in allen Prozessen dieser Art unabhängige Richter und Geschworene die Angeklagten freisprachen.
Die wichtigste gerichtliche Auseinandersetzung dieser Art war wohl der Schwurgerichtsprozeß gegen einen der Verleger Cruikshanks, den radikalen Verleger und Buchhändler William Hone. Er war im Dezember 1817 wegen der Veröffentlichung von Schriften, die die Staatskirche parodierten, der Gotteslästerung bezichtigt worden. Der im Grunde schüchterne Mann hielt drei Tage lang eine so glühende Verteidigungsrede, daß die Geschworenen ihn freisprachen.
Mit gellendem »Kikeriki« (»Cock a doodle doo!!!«) feiert Hone bei Cruikshank seinen Triumph über den Oberrichter Lord Ellenborough und Richter Shephard. Die Kampfspuren – Blut und Federn – verraten die Härte der Auseinandersetzung.
Der Triumph war so weit wirkend, daß der Lord-Oberrichter bald nach der Entscheidung von seinem Amt zurücktrat.

Guttmann S. 224ff.
Abbildung Seite 125

101
COBBETT AT COURT; / OR, / ST. JAMES'S IN A BUSTLE. / (EXTRACTED FROM NO. III. OF "THE CENSOR")
COBBETT BEI HOFE, ODER: UNRUHE IN ST. JAMES (ÜBERNOMMEN AUS DER NR. III. DES »CENSOR«)

Radierung, altkoloriert. – 415 x 260 mm. – Bez. l. u. am Bildrand: G. Cruikshank del; u. m.: Published by Deans Catherin Str Strand Octr 16 1807. – (Printed by Deans & Co. Hart-street, Covent Garden.)
BM –, Cohn 999, Reid 30, Douglas 866
Hannover, Wilhelm-Busch-Museum, KG 1490/81

Unter den Vorkämpfern für Reformen war der Journalist William Cobbett einer der aktivsten und wirkungsvollsten. Mit seiner Wochenzeitung »Weekly Political Register«, die mit großem Echo im ganzen Land gelesen wurde, griff er alle Mißstände auf und prangerte sie schonungslos an: die Mißwirtschaft, die Steuerlast vor allem der Ärmeren, die Industriellen, als treuer Anglikaner die Dissenter – aber auch die Juden, und er bekämpfte auch die Einführung der Volksschule wie die Abschaffung der Sklaverei. Für die Regierung war er ein mehr als lästiger Störenfried. Sie versuchte, ihn 1810 durch einen zweijährigen Gefängnisaufenthalt zum Schweigen zu bringen. Später ging er, um neuer Strafe zu entgehen, für einige Jahre nach Amerika und machte das »Register« von dort aus weiter. Als dann endlich 1832 die »Reformbill« Gesetz wurde, wählte man ihn ins Unterhaus.

Cruikshank zeigt Cobbett in Aktion. Der Journalist entsteigt vor dem St.-James-Palast einer Kutsche, ein Bündel »Addresses« (Eingaben) unterm Arm. Das Volk begrüßt ihn, schwenkt die Hüte, andere machen sich lustig über ihn oder schauen finster drein. Die Trommler locken die Menschen herbei, und aus den Versen erfährt man, daß der Krach auch im Innern des St.-James-Palasts vom König und der Hofgesellschaft gehört worden ist und daß Cobbett sich vergeblich mit seiner Eingabe bemüht hat: Der »Mob« ließ ihn nicht durch. Er tröstete sich mit dem Gedanken, daß der ganze Auftritt eine gute Reklame für das »Register« gewesen sei.

Dieses Blatt des erst fünfzehnjährigen George Cruikshank ist seine erste politische Karikatur; sie trägt seine volle Signatur.

Guttmann S. 155ff.

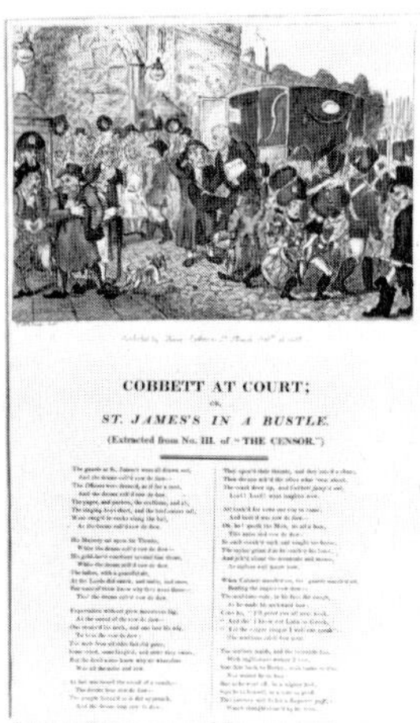

102
Massacre at St. Peter's or, "BRITONS STRIKE HOME"!!!
Das Massaker von St. Peter, oder: Briten, schlagt drauf los!

Radierung, altkoloriert. – 287 x 376 mm. – Bez. r. u.: London Pub[d] August 16th 1819 by / T Tegg 111 Cheapside; r. o.: 367
BM 13258, Cohn 1716, Reid 906, Douglas 928
London, Britisches Museum, 1876-5-10-980

Im August 1819 hatten die Vorkämpfer der Reformen die Arbeiter zu einer Versammlung auf dem Petersfeld in Manchester aufgerufen. Henry Hunt, einer der führenden Redner der Radikalen, wollte zu ihnen über die Reform, u. a. des Unterhauses, sprechen, dem in Zukunft auch Vertreter der Arbeiter angehören sollten. Die Gemeinde verbot die Veranstaltung. Man scherte sich nicht darum. So ließen dann die zuständigen Friedensrichter Miliz bereitstellen und reguläres Militär aufmarschieren. Als Hunt seine Rede vor 50 000 Zuhörern begann (manche behaupten 80 000), ritt die Miliz rücksichtslos in die Menge hinein, und als das nichts fruchtete, setzten die Friedensrichter zwei Husarenschwadronen ein, denen es gelang, die Menge zu zerstreuen. Elf Tote (manche sprechen von fünfzehn) und Hunderte von Verletzten (über 500, wird behauptet) waren das traurige Ergebnis. Ein Sturm der Entrüstung ging durch's Land über dieses furchtbare »Peterloo« (vgl. Kat.-Nr. 92).

Cruikshank erfaßt das Anreiten der Miliz. Er bewaffnet sie mit Fleischeraxt und Wetzstahl an ihren Koppeln: Schlächter in Uniform. Die Miliz setzte sich aus Kleinbürgern, Bauern und kleinen Fabrikanten zusammen, die einen Aufstieg des Vierten Standes um jeden Preis verhindern wollten: »Sie wollen uns unser Fleisch und unseren Pudding nehmen!« »Denkt daran: je mehr Ihr tötet, je weniger Armensteuer habt Ihr zu zahlen!« Und so betrieben sie denn, wie man sieht, ihr brutales und blutiges Geschäft. Im Hintergrund warten die Bajonette der Husaren.

Wardroper S. 79; Guttmann S. 228ff.; George, C. P. P. S., Bd. IX, S. 918; George, E. P. C., Bd. II, S. 181
Abbildung Seite 124

103
A FREE BORN ENGLISHMAN! / THE ADMIRATION of the WORLD!!! / AND THE ENVY OF SURROUNDINGS NATIONS!!!!!
Ein frei geborener Engländer! Gegenstand der Bewunderung der Welt und des Neides der umliegenden Nationen!

Radierung, altkoloriert. – 345 x 240 mm. – Sek. bez. l. u. mit Bleistift: R. 228
BM 13287 A, Cohn 1128, Reid 228, Douglas 883
London, Britisches Museum, 1865-11-11-2136

Dieses Cruikshank-Blatt erregte ungeheures Aufsehen. Es richtete sich gegen die sogenannten »Riot-Acts«, repressive Gesetze der Regierung, die nach »Peterloo« Gewaltakte der Bevölkerung fürchtete. Politische Organisationen und öffentliche Meetings wurden verboten, unbefugter Waffenbesitz wurde bestraft, die Prozeßordnung für politische Prozesse verschärft, politische Versammlungen wurden verboten; auf Wiederholungsdelikte stand Deportation nach Botany Bay. Zeitungen durften nicht unter sixpence verkauft werden, um den Erwerb durch die Ärmeren

zu verhindern (vor allem gegen Cobbetts »Register« gerichtet). Ein neuer Preisanstieg nach einer schlechten Ernte machte das Leben unerträglich.
So steht John Bull nun da: auf Gesetzen wie die »Magna Charta« und die »Bill of Rights«, die nicht mehr gelten: gefesselt, zerlumpt und abgemagert, den Mund in ein schweres Schloß geklemmt, die Hände auf den Rücken gebunden, die Todesvögel sitzen schon auf seinem kahlen Kopf. Die Häuser zerfallen, Säuglinge sterben, das Schuldgefängnis ist prall voll, und wer vorbeikommt, hat auch nur leere Taschen. Gallenbitter die Cruikshankschen Kommentare: »Wahlbetrug nur Ministern erlaubt!! Lord-Statthalter und andere örtliche Amtspersonen müssen Kreaturen der Regierung sein – für notwendige Zwecke benutze man kirchliche Beamte« oder: »Freie Rede – eine Farce« oder: »Pressefreiheit – Verbannung«. – So sah er um 1820 aus, der »frei geborene Engländer«.

Wardroper S. 82; Guttmann S. 234; George, E. P. C., Bd. II, S. 184
Abbildung Seite 126

104
The Radical's Arms
Die Waffen der Radikalen

Radierung, altkoloriert. – 369 x 267 mm. – Bez. l. u.: G. Cruikshank fec^{t}; r. u.: Pub Novr 13 1819 by G. Humphrey N.º 27 / St James's Street London. – Sek. bez. l. u. mit Bleistift: 171
BM 13275, Cohn 1884, Reid 920, Douglas 934
Hannover, Wilhelm-Busch-Museum, KG 1829/82

Mit der gleichen Drastik, mit der Cruikshank sich sonst gegen die Herrschenden wendet, beschreibt er hier die »Waffen« der Radikalen. Zwei heruntergekommene Galgenvögel, ein entlassener Sträfling und eine Säuferin, trampeln auf der Bibel, auf der »Magna Charta«, den Gesetzen, auf »Sozialer Ordnung« und »Tugend« herum. Kreuze, Kelch, Krone und Bischofshut liegen am Boden. Blut trieft aus der Guillotine, Blut trieft von den Äxten, der Globus steht in Flammen, Norden ist Süden, Süden ist Norden: das Chaos ist vollständig. Die Jakobinermütze krönt das Ganze, und die wehenden blau-weiß-roten Bänder tragen die Losung: »No God! No Religion!!« und »No King! No Constitution«. Da jubeln nur Halunken, lautet diesmal die Cruikshanksche Lehre.
Das Blatt offenbart des Künstlers eigene Anschauung. So scharf und hohnvoll ein empörter Cruikshank sein kann, so ist er doch kein Radikaler. Er teilt die Meinung der englischen Mittelklasse, daß »Reform« wohl schnell in »Revolution« übergehen könne, und daß davon nur die Unterwelt profitiere. Anders als zum Beispiel zur gleichen Zeit Shelley, der als Antwort auf »Peterloo« sein »Maskenfest der Anarchie« schrieb und seinem Verleger Hunt 1820 mitteilte: »Die bestehende Gesellschaftsordnung mit ihrem ganzen Überbau von Anschauungen und Formen muß von Grund auf zerstört werden«, wünschte sich Cruikshank Reformen des Systems, vor allem soziale Gerechtigkeit.

George, E. P. C., Bd. II, S. 183; Guttmann S. 220ff.
Abbildung Seite 127

105
Radical Parliament!!
Das radikale Parlament!

Aquatinta, altkoloriert. – 142 x 223 mm. – Bez. l. u.: G. Cruikshank fec^{t}; u. m.: London Published by G. Humphrey 27 St James's St May 1st 1821. – Sek. bez. l. u. mit Bleistift: 950
BM 13711 A, Cohn –, Reid 950, Douglas –
London, Britisches Museum o. Nr.

Die »Cato Street Conspiration« nannte man die Verschwörung einer Gruppe von Agrarkommunisten, die unter ihrem Anführer Arthur Thistlewood 1820 den Plan faßte, das ganze Kabinett bei einem Dinner, das sämtliche Minister vereinte, zu töten. Der Plan wurde verraten, und die Verschwörer wurden in ihrem Versteck in der Cato Street, einem kleinen Vorstadt-Gäßchen, verhaftet. Cruikshank scheint nicht viel für die Verschwörer übrig gehabt zu haben, wie die Physiognomien ausweisen. Bemerkenswert nur das von Fanatismus geprägte Gesicht des Anführers.

Guttmann S. 235ff.

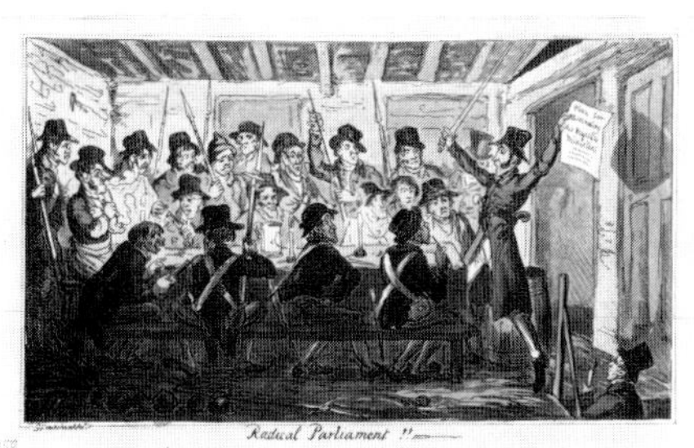

106
The CATO STREET CONSPIRATORS
on the Memorable Night of the 23^{d} *of Feb^{y}* 1820, *at the Moment when Smithers / the Police officer was stabbed; NB The Scene faithfully represented from the Description of Mr Ruthven, The View of the Interior correctly Sketched on the Spot*
Die Verschwörer von Cato Street
in der denkwürdigen Nacht des 23. *Februar* 1820, *in dem Moment, als der Polizeioffizier Smithers erstochen wurde. NB: Die Szene ist originalgetreu nach der Beschreibung von Mr. Ruthven wiedergegeben; der Innenraum genau an Ort und Stelle gezeichnet*

Aquatinta, altkoloriert. – 329 x 464 mm. – Bez. l. u.: Pub^{d} March 9th 1820 by / G. Humphrey N° 27 / St James's Street / London; r. u.: G. Cruikshank fec^{t}. – Sek. bez. r. u. mit Bleistift: 741
BM 13707, Cohn 977, Reid 941, Douglas 938
Hannover, Wilhelm-Busch-Museum, KG 1569/81

Diese Szene greift noch einmal das Thema der Cato-Street-Verschwörung auf. Drei Polizisten betreten das Versteck. Der erste wird erstochen. Die beiden anderen feuern in die Gruppe, die stark bewaffnet und in der Überzahl ist. Dennoch geben die ersten Verschwörer bereits Fersengeld. Wollte Cruikshank diese Anarchisten als Feiglinge brandmarken?
Beide Cato-Street-Blätter fallen aus dem Rahmen. Nichts auf ihnen erreicht die Vielfalt der Drastik, die Cruikshank sonst so vital entfaltet. Sein Wortreichtum verläßt ihn hier. Das hat zwei Gründe. Einmal war er gegen brutale Gewalt. Zum anderen war der Auftraggeber der konservative Verleger G. Humphrey. Es läßt sich nicht leugnen, daß die Blätter, die er für Verleger wie Hone, Fairburn oder Tegg herstellte, eine ganz andere Sprache sprechen. Auch zu Cruikshanks Zeit ging die Kunst nach Brot. Zwischen 1808 und dem Ende der zwanziger Jahre lebte er von den Karikaturen für die »print-shops«. Da wurden Verlegerwünsche leicht zum Befehl. Er selber gab sich da auch keinen Illusionen hin und bezeichnete diese Arbeiten ganz sachlich als sein »hand-to-mouth-work«.
Für dieses und das vorhergehende Blatt wählte Cruikshank die Technik der Aquatinta, die der düsteren Atmosphäre des Geschehens entgegenkommt.

Guttmann S. 235ff.; Palmer S. 171ff.
Abbildung Seite 129

107
RADICAL QUACKS GIVING A NEW CONSTITUTION TO JOHN BULL!
RADIKALE QUACKSALBER GEBEN JOHN BULL EINE NEUE KONSTITUTION!

Radierung, altkoloriert. – 289 x 399 mm. – Bez. l. u.: Designed by an Amateur / Etch^{d} by G Cruikshank; r. u.: Published by G. Humphrey / 27 St James's Street. Feby 4. 1821. – Sek. bez. l. u. mit Bleistift: DX 13714
BM 13414, Cohn 1885, Reid 971, Douglas 943
Hannover, Wilhelm-Busch-Museum, KG 1831/82

Auch dieses Blatt ist für den Verleger G. Humphrey angefertigt worden. Es zeigt einmal mehr die schlimmen Folgen, die entstehen, wenn man sich erst einmal mit den Reformern eingelassen hat. Nach der Cato-Street-Verschwörung wird alles in einen Topf geworfen: Alle Reformer werden dem kranken John Bull nur Schaden zufügen. Die auf diesem Blatt dargestellten »Ärzte«, Sir Francis Burdett, Abgeordneter von Westminster, und Hobhouse, beide Mitglieder des politischen »Hampden Club«, waren Whigs, und zwar entschiedene Reformer, aber alles andere als Revolutionäre, als die sie von der Regierung bewußt negativ eingestuft wurden. Reform des Wahlrechts, Reform des Unterhauses zugunsten des Bürgertums – das waren die Ziele dieser beiden Aristokraten, die später auch von der Arbeiterschaft übernommen wurden. In späteren Jahren, als die Zeiten sich geändert hatten, wurde Hobhouse Mitglied der Regierung.
Das Blatt, das wieder einmal ausführlich auch mit Worten erzählt, macht jene beiden zu radikalen »Quacksalbern«. Der amputierte John Bull sitzt auf einem primitiven Sessel. Seine schrecklichen Holzstumpen bestehen aus »allgemeinem Wahlrecht« und »Religionsfreiheit«; sein Kopf ruht auf den Kissen »Falsche Versprechungen« und »Reformer-Ansichten«, die Holzbeine auf dem »Zeitalter der Vernunft« und den »Menschenrechten«. Alles Übel beginnt mit der Jakobinermütze und der darauf verewigten Vokabel »Freiheit«. Burdett läßt den Patienten zur Ader, Hobhouse verabreicht ihm eine Pille in Gestalt einer blau-weiß-roten Kokarde. Der Sarg enthält John Bulls Beine »Kirche« und »Staat«, die »in der Gruft der St. Stephens Kapelle zu bestatten« (= Parlament) sind. Der ganze Raum ist vollgestopft mit Medizinen aller Art – alles Reformpläne im Detail. John Bull zweifelt, ob er je genesen werde, wenn man Kirche und Staat »begräbt« und statt dessen Religionsfreiheit und das allgemeine Wahlrecht einführt. Die Ärzte versichern ihm, daß seine Verfassung (Constitution = körperliche, aber auch staatsrechtliche Verfassung), wenn sie sich nach ihren Rezepten regeneriere, ihm nie wieder Schwierigkeiten bereiten werde.
Im Spiegel hinten links begafft sich ein französischer Laffe, der sich fragt, ob die antiliberale Propaganda in England wohl ebenso erfolgreich sein werde wie in Frankreich. Schlechte Zeiten für ein Land, wo man dem Wappen eine Jakobinermütze überstülpt und den »König« (Rex) durch »Geck« (Popinjay) ersetzt (über dem Spiegel) – so will Cruikshank hier gedeutet werden.

George, E. P. C., Bd. II, S. 190; George, C. P. P. S., Bd. X, S. 45ff.; Guttmann, S. 217ff.
Abbildung Seite 128

108
THE NEW UNION=CLUB / BEING A REPRESENTATION OF WHAT TOOK PLACE AT A CELEBRATED DINNER GIVEN BY A CELEBRATED – SOCIETY. – VIDE M^{r} M–R–T'S PAMPHLET ENTITLED "MORE THOUGHTS &C. &C."
DER NEUE UNIONS-CLUB. EINE DARSTELLUNG DESSEN, WAS SICH AUF EINEM BERÜHMTEN DINNER ABGESPIELT HAT, DAS VON EINER BERÜHMTEN GESELLSCHAFT GEGEBEN WURDE. SIEHE MR. MARRAYTS PAMPHLET MIT DEM TITEL »MEHR GEDANKEN« ETC. ETC.

Radierung, altkoloriert. – 258 x 457 mm. – Bez. l. u. mit einem stilisierten Anker (Zeichen f. Captn. F. Marryat) – G. Cruikshank sculp!; r. u.: Pub^{d} July 19th 1819 by G. Humphrey 27 St James's Street London
BM 13249, Cohn 1785, Reid 898, Douglas 1109
London, Britisches Museum, 1859-3-16-148

Ein großes Thema des 18. und beginnenden 19. Jahrhunderts war die Sklaverei. In England bekämpften bereits die »Dissenter« (vgl. Kat.-Nr. 109), jene freikirchlichen Gruppen des 17. und 18. Jahrhunderts, diese Form der Herrschaft von Menschen über Menschen. Der Kampf wurde verstärkt von den »Abolitionisten« aufgenommen, die es erreichten, daß in England 1807 der Sklavenhandel abgeschafft wurde, die Sklaverei in den britischen Kolonien allerdings erst 1832. Es waren die amerikanischen Abolitionisten, die Lincoln zur Präsidentschaft brachten, der dann in den Vereinigten Staaten 1863 die Sklaverei aufhob. Cruikshank stand auf seiten der Verteidiger der Sklaverei, der westindischen Pflanzer und der Afrika-Kaufleute. Er machte sich deren Überzeugung zu eigen, daß die Aufhebung der Sklaverei das Chaos bedeuten würde (es ging ihnen primär natürlich um billige Arbeitskräfte). Durch die Vorkommnisse in San Domingo auf Haiti wurden diese düsteren Prognosen bestärkt. Dort hatte eine schwarze Revolution 1804 die Befreiung vom französischen Kolonialherrn gebracht: sie war aber begleitet von Massakern an den ehemaligen weißen Herren.
Dieses Chaos nimmt Cruikshank vorweg. Das Blutvergießen hat noch nicht stattgefunden, kündigt sich aber an. Ein Neger verfolgt mit Knüppel und Fußtritten einen weißen Krüppel (vorn rechts). Stöcke wirbeln durch die Luft (hinten rechts), im übrigen ist eine Verbrüderungsorgie im Gange, die Cruikshanks Hang zur wilden Groteske bestätigt. Da übergibt sich ein Schwarzer über einem Weißen, schwarze und weiße Hände schütteln sich, Schwarze und Weiße küssen sich, Weiße und Schwarze knutschen miteinander... Cruikshank verzerrt mit einer gewissen Inbrunst. Er will Abscheu erregen vor dieser trunkenen Verbrüderungsorgie. Auch auf Mischlingskinder wird angespielt. Auf einem der Bilder (links), die die Wand bedecken, tragen schwarze Engel einen Weißen in den Himmel – ein finsterer Rassismus waltet hier und bestimmt die gesamte Bilderwand, auf der wir auch das Blatt »Puzzled which to Choose« (vgl. Kat.-Nr. 136) entdecken.

Guttmann S. 187f.; George, C. P. P. S., Bd. IX, S. 910ff.
Abbildung Seite 130

109
ROYAL METHODISTS IN KENT & SUSSEX – OR THE DISSENTERS TOO POWERFUL FOR THE ESTABLISHED CHURCH!!
KÖNIGLICHE METHODISTEN IN KENT & SUSSEX, ODER: DIE DISSENTER SIND ZU MÄCHTIG FÜR DIE STAATSKIRCHE!

Radierung, altkoloriert. – 291 x 481 mm. – Bez. u. m.: Pub^{d} Jany 14th 1816 by J Sidebotham N° 96 Strand
BM 12625, Cohn 1925, Reid 514, Douglas 809
Hannover, Wilhelm-Busch-Museum, KG 1631/81

Für das religiöse Leben Englands war die freikirchliche Bewegung der »Dissenter« auch politisch von größter Bedeutung. Das begann im 17. Jahrhundert als Gegnerschaft zur anglikanischen Staatskirche, ermattete dann, blühte im 18. Jahrhundert wieder auf, enthusiasmiert durch den Erfolg der Methodisten (seit 1738) unter John und Charles Wesley. Die allgemeine Erstarkung der Freikirchen setzte auch innerhalb der anglikanischen Kirche Erneuerungsbewegungen in Gang als »Evangelikalenpartei«, die auch bestrebt war, die Schranken zwischen Anglikanern und Dissentern zu beseitigen. Sie wurden dabei von den Herzögen von Kent, Sussex und Bedford unterstützt. Die Staatskirche war hoffnungslos erstarrt; sie war ein blindes Instrument der Regierenden. Politische und wirtschaftliche Interessen bestimmten das religiöse Leben. Bischofssitze und Pfründe der anglikanischen Kirche wurden von den Mitgliedern adliger Familien oder deren Schützlingen kassiert. Dieses ist der Zustand, den Cruikshank durch die Illustration der Attacken von Dissentern gegen die »Established Church« anprangern will. Lambeth Palace, der Sitz des Erzbischofs von Canterbury, wird gestürmt, mit Leitern von der einen, mit Rammböcken von der anderen Seite. Vor dem Portal werden dem Bischof von York Mitra und Umhang entrissen; mit der Mitra des Bischofs von Durham spielen die Angreifer bereits. Die Freikirchler prügeln mächtig auf die fliehenden Staatskirchler ein, während die Herzöge von Kent und Bedford dies mit Absingen von Chorälen begleiten. Der Bischof von London ist listig genug, seine Insignien freiwillig abzulegen und zu verhandeln, um zu überleben.

George, C. P. P. S., Bd. IX, S. 597; Reid S. 51; Guttmann S. 179ff.
Abbildung Seite 131

110
OLD THIRTY NINE SHAKING HANDS WITH HIS GOOD BROTHER THE POPE OF ITALY, OR COVERING UP, VERSUS SEALING UP THE BIBLE
DER ALTE NEUNUNDDREISSIG SCHÜTTELT SEINEM BRUDER, DEM ITALIENISCHEN PAPST, DIE HAND, ODER: DAS VERDECKEN GEGEN DAS VERSIEGELN DER BIBEL

Radierung, altkoloriert. – 271 x 415 mm. – Bez. l. u.: G. Cruikshank fec!; r. u.: Pub^{d} Novr 15 1819 by G Humphrey 27 St James's Street. – Sek.bez. r. o. mit brauner Tusche: No 19
BM 13276, Cohn 1808, Reid 921, Douglas 935
Hannover, Wilhelm-Busch-Museum, KG 1567/81

Eine der wichtigsten Figuren im kirchlichen Leben wäh-

rend der Regentschaft und des Königtums Georgs IV. war der Erzbischof von Canterbury, Charles Manners-Sutton (1805–1827), ein scharfer Gegner des Katholizismus, aber mit Verständnis für die protestantischen »Dissenter«. Er schrieb »39 articles of religion«, gewissermaßen sein Markenzeichen. Der umstrittene Mann verschaffte seiner Sippe erkleckliche Pfründe, förderte die kirchliche Erziehung für Arme, war aber gegen eine Schule, die nicht-konfessionelle Bibelunterweisung befürwortete.
Cruikshank steht ihm sehr kritisch gegenüber. Seine Pfründenjägerei quittiert er mit anbetenden Geistlichen vor einer Manners-Sutton-Statue in einer Nische, die mit »Tempel des Mammons« beschriftet ist. Auch seine Schulpolitik wird attackiert. Der armseligen allgemeinen Schule mit der Anspielung auf »Kommt alle her zu mir« [die ihr mühselig und beladen seid], steht der stolze Bau der »39er Schule« gegenüber: aber eben nur für »39er«.
Cruikshank stellt ihn neben den Papst (Pius VII.). Sie reichen sich die Hände, denn in einem sind sie sich – nach Cruikshank – einig: Die Bibel verschwindet – auf dem Bild sind für beide Parteien Teufel am Werk – unter Auslegungsfragen, Richtungsquerelen und Ergänzungstexten. Diese Texte sind der eigentliche Unterbau der herrschenden Kirchen. Daneben setzt Cruikshank so etwas wie eine Vision: Ein Engel mit goldenen Flügeln hält die Bibel dem Kuß einer mit Stern und Nimbus gekrönten Frau entgegen, der »göttlichen Wahrheit«.

George, C. P. P. S., Bd. IX, S. 931; Somervell, D. C.: Geistige Strömungen in England im 19. Jahrhundert, Bern 1946, S. 31; Dictionary of National Biography, London 1909, Bd. XII, S. 942ff.
Abbildung Seite 133

111

Preachee & Floggy too! or Hot & Cold, with the same breath, exemplified in the Clerical Magistrate!
Religion & the Laws – or – Mercy versus Justice
Prediger und Auspeitscher zur gleichen Zeit!, oder: Heiss und Kalt im gleichen Atemzug, dargestellt am Beispiel eines geistlichen Friedensrichters!
Religion und die Gesetze – oder – Gnade gegen Gerechtigkeit

Radierung, altkoloriert. – 288 x 454 mm. – Bez. r. u.: Lond^n Pub^d Decr 8th 1819 by T Tegg 111 Cheapside / G Cruik^k fec^t; r. o.: 374
BM 13281, Cohn 1862, Reid 926, Douglas 1117
Hannover, Wilhelm-Busch-Museum, KG 1568/81

»Peterloo« beschäftigte begreiflicherweise noch lange die englische Öffentlichkeit, die Karikaturisten eingeschlossen (Kat.-Nr. 92, 102). Es waren die Friedensrichter, die den Einsatz von Miliz und Militär gegen die Versammlung angeordnet hatten. Zwei von ihnen waren Geistliche, einer von ihnen der hier karikierte Charles Wicksted Ethelston. Cruikshank hat die beiden Funktionen dieses Mannes allein schon mimisch ebenso einfach wie böse charakterisiert. Auf der linken Seite den fromm salbadernden Kirchenmann, auf der rechten den niederträchtig belfernden Richter. Als Geistlicher psalmodiert er seinen »geliebten Brüdern« alle die hohen Worte der Christlichkeit vor: »Liebe deinen Nächsten wie dich selbst... Was du getan hast dem Geringsten meiner Brüder, das hast du mir getan... Vergib deinen Feinden, wie auch uns vergeben wird.« Dazu läßt er das Vokabular von Gnade, Opfer, Wohltätigkeit, brüderlicher Liebe mit fast geschlossenen Lidern auf die andächtige Gemeinde hinabtröpfeln, von der allerdings einige nicht sonderlich überzeugt dreinschauen.
Als Richter thront er mit brutal verzerrtem Gesicht über den verängstigten Delinquenten: Kinder sollen ausgepeitscht, Reformer erschossen oder aufgehängt werden. Wo die »Schurken« sich treffen, soll man sie mit dem Säbel auseinandertreiben. Der Schreiber muß Pfändungsurkunden ausstellen; Aufschub kann nicht gewährt werden. Ein Mädchen ist ins Sprechzimmer zu führen, damit er es dort »privat« verhöre. Dieses »private« Verhören weiblicher Gefangener beziehungsweise deren Bestrafung mit eigener Hand scheint eine besondere Vorliebe des Richters (und Pfarrers) Ethelston gewesen zu sein, denn sie wird auch in dem Diarium aufgeführt, das unter seinem Sessel hervorquillt, wo auch erwähnt wird, daß er sie sich gefügig zu machen gedenke. Das wechselt mit gesellschaftlichen Vergnügungen, Teilnahme an Exekutionen, und am Ende steht die Vorbereitung seiner Seele auf die Sonntagspredigt: eine geradezu plakative Schau christlicher Heuchelei!

Guttmann S. 230f.; George, E. P. C., Bd. II, S. 182
Abbildung Seite 132

112

Presbyterian Penance
Busse auf presbyterianisch

Radierung, altkoloriert. – 274 x 447 mm. – Bez. l. u.: Allan Del; u. m.: London Pub Jan^ry [1807] by T. Tegg 111. Cheapside; r. u.: Cruikshank SP; r. o.: 260
BM –, Cohn –, Reid 22, Douglas 1044
Hannover, Wilhelm-Busch-Museum, KG 1491/81

In strengem Gegensatz zur Sittenverderbnis des Hofes und der oberen Gesellschaftsschichten, aber auch zum »mob« (»mobile persons« = in die Stadt gezogene ehemalige Kleinpächter, denen von den Grundherrn aufgekündigt wurde und die nun arbeitslos in der Stadt verkommen), pflegten die Freikirchen eine äußerst strenge Moral. Hier handelt es sich um Presbyterianer, die sich untereinander, vom Prediger geleitet, überwachten. Moralische Verstöße wurden öffentlich verhandelt und geahndet.

Der Prediger beschwört in der voll besetzten Kirche einen Sünder, der offenbar ein Mädchen »in Schande gebracht« hat, was durch kopulierende Hunde angedeutet wird, die der Küster gerade vertreiben will. Das Mädchen hockt mit ihrem Säugling weinend unter der Kanzel, während die Mutter wütend dem Beklagten mit der Faust droht. Es fällt auf, daß das Publikum mit wechselndem Interesse der Verhandlung folgt. Die beiden Offiziere – der eine in schottischer Uniform – zeigen sogar eine gewisse Amüsiertheit – so als ob sie die puritanische Strenge denn doch für einigermaßen übertrieben hielten.

Guttmann S. 109ff. und S. 171ff.

113
INTERIOR VIEW OF / THE HOUSE OF GOD
“BELIEVE NOT EVERY SPIRIT, BUT TRY THE SPIRITS WETHER THEY ARE OF GOD; BECAUSE MANY FALSE PROPHETS ARE GONE OUT INTO THE WORLD.”
1 JOHN. CHAPTER IV. VERSE 1ST
DAS INNERE EINES GOTTESHAUSES
»GLAUBE NICHT JEDEM GEIST, SONDERN PRÜFE DIE GEISTER, OB SIE VON GOTT KOMMEN, DENN VIELE FALSCHE PROPHETEN SIND IN DIE WELT GEKOMMEN.«
JOHANNES 1, KAP. IV. VERS 1

Radierung, altkoloriert. – 254 x 410 mm. – Bez. l. u.: Published November 1st 1811 / by M Jones
N° 5 Newgate Street; r. u.: G. Cruikshank fec^{t}. – Sek. bez. l. u. mit brauner Tusche: 41/689 913; r. u.: 41/283/913 (erschienen in: *The Scourge, or Monthly Expositor of Imposture and Folly,* Bd. II, Nov. 1811, Abb. 11)
BM 11764, Cohn –, Reid 127, Douglas S. 248
Nienburg, Sammlung Heinrich

In »Carpenters Meeting House« traf sich die Gemeinde der »Prophetin« Johanna Southcote, einer religiösen Schwärmerin (vgl. Kat.-Nr. 133). Durch den Kauf von Ablaßzetteln, die angeblich von dem Engel Gabriel stammten und die von der Southcote gezeichnet waren, konnten die Gläubigen sich ihr Seelenheil erkaufen. Abgefallene Methodisten stellten das Gros der Gemeinde, aber die Menge ging auch aus Neugier hin, um den Prediger Carpenter zu hören. So erkennt man Andächtige im Publikum, aber auch Trinker, ein Paar liest im Erotikon »Fanny Hill«, andere unterhalten sich ungeniert, wieder andere scheinen sich zu amüsieren. – Die weißgekleidete, wohlbeleibte Frau in der Mitte vorn ist Johanna Southcote.
Das Blatt ist auch insofern interessant, weil sich Cruikshank (im blauen Rock) darauf zusammen mit seinem Verleger Jones, der diese Karikatur herausgebracht hatte, selbst darstellt. Hinter ihm steht sein Bruder, Isaac Robert Cruikshank (im grünen Rock) und unterhält sich mit dem Verleger Hone.

George, C. P. P. S., Bd. IX, S. 46f.

114
A LONG WIFE – SHORT HUSBAND / AND A LONG LOVE LETTER
EINE LANGE FRAU – EIN KURZER EHEMANN UND EIN LANGER LIEBESBRIEF

Lithographie, altkoloriert. – 343 x 267 mm
BM –, Cohn –, Reid –, Douglas –
Hannover, Wilhelm-Busch-Museum, KG 1596/81

Dieses Blatt – eine der seltenen Lithographien Cruikshanks – ist bisher in kein Werkverzeichnis aufgenommen worden. Unsigniert und undatiert, verrät es in der formalen und inhaltlichen Gestaltung doch Cruikshanks Hand. Es handelt sich bei dem reichlich seltsamen Paar um die Schauspielerin Miss Farren und Lord Derby, dessen Liaison aus einsehbaren Gründen seit 1781 immer noch einmal die Karikaturisten beschäftigte. Kurze Zeit nach dem Tode der Lady Derby, 1789, heiratete er Miss Farren, und die neue Lady Derby wurde sogar bei Hofe empfangen. Sie soll ihren Nunmehr-Ehemann ebenso betrogen haben wie vorher, als er noch ihr Liebhaber war. Der Liebesbrief, den der Künstler ihr zustecken läßt, spricht dafür, daß sie den körperlichen Verfall des Mannes schamlos ausnutzt.

George: Hogarth to Cruikshank, S. 110
Abbildung Seite 135

115
The Wedding BALL! or Ma'am'selle M. R. C. A. N. – D. O. T. – I's Highland Fling into High Life!!
Der Hochzeitsball, oder: Mamsell Mercandottis »Hochland-Tanz« ins vornehme Leben!

Radierung, altkoloriert. – 295 x 432 mm. – Bez. u. m.: Pub^{d} April 7th 1823 by J Fairburn Broadway Ludgate hill; r. u.: GC^{k}
BM 14550, Cohn 2100, Reid 1182, Douglas 1033
Hannover, Wilhelm-Busch-Museum, KG 1586/81

Die Primaballerina im Ballett des King's Theatre, Maria Mercandotti, galt als uneheliche Tochter Lord Fifes. Als sie am 18. März 1823 nicht zur Vorstellung erschien, ergaben Nachforschungen, daß sie urplötzlich mit dem reichen Mr. Hughes Ball »auf und davon« war. Das Paar heiratete in Schottland, wo Ball den Besitz Oatlands dem Herzog von York abgekauft hatte. Nachdem das Vermögen durchgebracht war, endete die Ehe mit einer Scheidung.
Das Bild schildert in schottischer Umgebung den Triumphtanz der Ballerina, dem der Ehemann (»Ehe-Schlinge« liest man auf dem blauen Band, das ihn fesselt) hingerissen zusieht, mit zwei Schlegeln auf seine Geldsäcke trommelnd, was den barfüßigen Lord Fife kommentieren läßt: »Die Musik Deiner Geldsäcke würde selbst den Teufel tanzen lassen«. – Die Tänzerin jauchzt über ihren »Sweet Golden Ball«: »Jetzt, wo ich Dich sicher habe, liefer' ich Dir einen prächtigen Tanz.«

Gronow, Reminiscences and recollections of Captain Gronow 1810–1860, Bd. II, S. 181 und Bd. III, S. 112 und 117; Harriette Wilson, Memories of H. W., written by herself, Bd. II, S. 151f.; The News 1823 S. 91 (laut handschriftlichem Vermerk von Minto Wilson)
Abbildung Seite 134

116
KANG & COB – Practising for the ensuing Season
Kang und Cob üben für die kommende Saison

Radierung, altkoloriert. – 203 x 484 mm. – Bez. l. u.: Sketched by an Amateur / Etch^{d} by G. C; r. u.: Pub^{d} Jany 22 1824 by / G Humphrey / 27 St James's Str^{t}/ London
BM 14688, Cohn 1274, Reid 1240, Douglas 1141
Hannover, Wilhelm-Busch-Museum, KG 1588/81

Ein Verhältnis mit einer Tänzerin, und zwar mit Miss Cobb von der Oper, leistete sich auch Sir Henry Cooke, viele Jahre Adjutant und Geheimsekretär des Herzogs von York, ein stadtbekannter Londoner Stutzer. Wegen seines hüpfenden Gangs nannte man ihn Känguruh-Cooke. Daß der Tanz im Schlafzimmer geprobt wird, macht die Situation eindeutig. Neben dem zierlichen Persönchen der Tänzerin wirkt der langbeinige Partner ziemlich ungeschickt. Er dankt ihr für den »hübschen Tanz«. Das sei »noch gar nichts«, meint die Schöne, sie werde ihn schon noch »an der Nase führen«. Die Bilder an der Wand sind Anspielungen auf die Namen der beiden, das starke, kurzbeinige Pferd (»cob«) auf ihren, das Känguruh dagegen auf seinen Spitznamen.

Abbildung Seite 137

117
LONGITUDE & LATITUDE of S^{T} PETERSBURGH
Länge und Breite von St. Petersburg

Radierung, altkoloriert. – 255 x 357 mm. – Bez. l. u.: Pub^{d} May 18th 1813 by / H. Humphrey St James's Street; r. u.: G. Cruikshank fec^{t}
BM 12047, Cohn 1329, Reid 235, Douglas 787
Hannover, Wilhelm-Busch-Museum, KG 1502/81

Die Gesellschaftskolumne gehörte zu Cruikshanks Zeit selbstverständlich zur Aufgabe des Karikaturisten. Der Anlaß mochte gering sein. Der Rang der Personen bestimmte das Interesse der Gesellschaft. Man mokierte sich mit Vergnügen, wenn man selber nicht betroffen war. – Auf diesem Blatt tanzen die Prinzessin Lieven, die Frau des russischen Botschafters, die in der Londoner Gesellschaft eine große Rolle spielte, und der russische Diplomat Prinz Pierre Kozlovsky. Die Szene soll sich so in Devonshire House abgespielt haben. Die Anmut tanzt hier mit der Plumpheit, die Elfe mit dem Tolpatsch. Das ist so ergiebig nicht. Was an diesem Blatt fesselt, sind die Physiognomien der Hintergrundsfiguren. Was sich hier an Tücke, übler Nachrede, Perfidie und Hochnäsigkeit auf den Gesichtern abspielt, ist ein mimisches Schauspiel von besonderem Rang.

H. Montgomery Hyde, Biography of Princess Lieven, S. 74; Wilhelm Dorow, Fürst Kozlovsky (laut eingeklebtem Brief von Gleb Struve in: George, C. P. P. S., Bd. IX, Exemplar der Bibliothek des Prints- and Drawings-Room im Britischen Museum); George: Hogarth to Cruikshank, S. 163
Abbildung Seite 136

118
BEARING & FORBEARING
Tragen und Ertragen

Radierung, altkoloriert. – 277 x 419 mm. – Bez. l. u.: London Pub^{d} May 21st 1824 by / G Humphrey 24 St James's St^{t}; r. u.: Igo
BM 14705, Cohn 911, Reid 1247, Douglas 1297
Hannover, Wilhelm-Busch-Museum, KG 1589/81

Ein weiteres Blatt aus der chronique scandaleuse der Londoner Gesellschaft der zwanziger Jahre des 19. Jahrhunderts. Damals zählten die Barings (deutsch-holländischer Abkunft) zu den bekanntesten Bankiers in London. Der Name kam ins Gerede, als Mrs. Baring 1824 ihren Mann verließ. Wenn man der Zeichnung glaubt, war der Grund ein Offizier namens Webster, denn Cruikshank, der gern mit Wortspielen arbeitet (siehe Baring = bearing = tragen, ertragen), benutzt den Namen, um den Mann in der Kutsche auf der rechten Seite seufzen zu lassen: »We are entangled in a pretty webb« (wir sind in ein nettes Gespinst verwickelt).
Auf dem linken Bild wird der gehörnte Ehemann bloßgestellt. Alte Liebesbriefe, ein goldenes Geweih, aber auch ein Sparbuch fallen aus der Schatulle, die der Beamte für Konterbande erklärt. Es sei Konterbande, räumt der Bankier ein, aber solche, die allein ihn angehe. Auf dem rechten Bild wird die Dame gefeuert: »Komm mir niemals mehr unter die Augen!« Immerhin hat sie es geschafft, die Schatulle und ein Säckchen mit »Nadelgeld« davonzutragen, was sie in die Lage versetzt, ihrem Mann mit zweimaligem »ha! ha! ha!« noch zu versetzen, daß sie sehr gut auch ohne ihn auskommen könne.

Guttmann S. 334

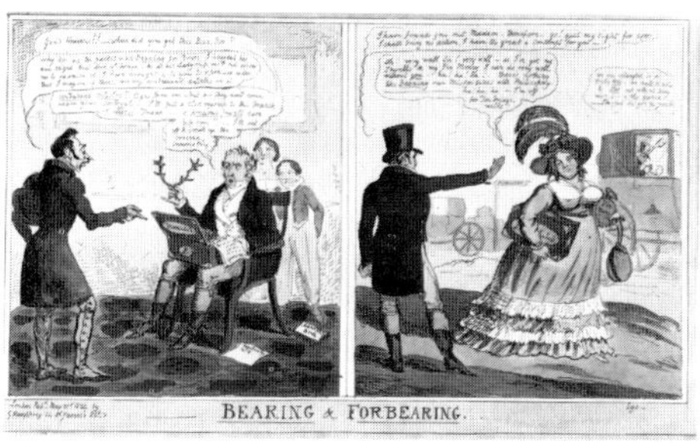

119
Plucking a Goose!!!
Eine Gans rupfen!

Radierung, altkoloriert. – 301 x 482 mm. – Bez. l. u.:
Pub.^{d} by J Fairburn Broadway Ludgate Hill Jany 1st 1825
BM 14856, Cohn 1854, Reid 5121, Douglas 1035
Hannover, Wilhelm-Busch-Museum, KG 1595/81

Ein anderes Skandalon: Hier geht es um den Prozeß der Schauspielerin Miss Foote gegen einen Mr. Hayne wegen gebrochenen Eheversprechens. Sie wollte natürlich soviel Geld wie möglich dabei herausschlagen – ein unsterbliches Thema.
Hayne ist hier die goldene Gans, die von allen Seiten gerupft wird: von dem Mädchen, deren Eltern, den Ratgebern, den Richtern. Gauner bedauern, daß sie sich nicht beteiligen können. Aus der Festung im Hintergrund wird auf beide geschossen, auf das federrupfende Mädchen wie auf den goldenen Gänserich.

Reid S. 341
Abbildung Seite 138

120
Idolaters Worshiping the GOLDEN CALF!!!
Götzenanbeter vor dem goldenen Kalb!

Radierung, altkoloriert. – 283 x 433 mm. – Bez. r. u.:
Pub^{d} as the Act deserves / & sold in Sweetings Alley
BM 13387, Cohn 1223, Reid 845, Douglas 1284
Hannover, Wilhelm-Busch-Museum, KG 1560/81

Das ist eine jener herrlich bösen Karikaturen, die Cruikshank zu seinem Ruhm verhalfen. Sein Zorn gilt der Verlogenheit bigotter Christen, die die Gebote der Bibel und Geldgier zynisch in sich vereinen konnten. Man sagte diese Geisteshaltung damals vor allem den Methodisten nach. Hier geht es um eine Miss Clayton, Tochter eines Methodistenpredigers, der zeitweise auch ein Ministeramt bekleidete. Sie heiratete einen schon ältlichen Quäker, der allerdings dafür die ganze Familie finanzieren mußte.
Das Mädchen liebkost ihr geldschweres Kalb, und die Familie, der Vater an der Spitze, liegt vor ihm im Staube und kämpft um Morgengabe, um Versicherungen seiner Söhne – und das alles in fünfstelligen Pfundzahlen. Die Bilder an der Wand – wie so oft erweiternde Bedeutungsträger – spielen hier auf Jason und das goldene Vlies an (links) und auf Methodisten, die ein Goldenes Kalb umtanzen.

George, C. P. P. S., Bd. IX, S. 971

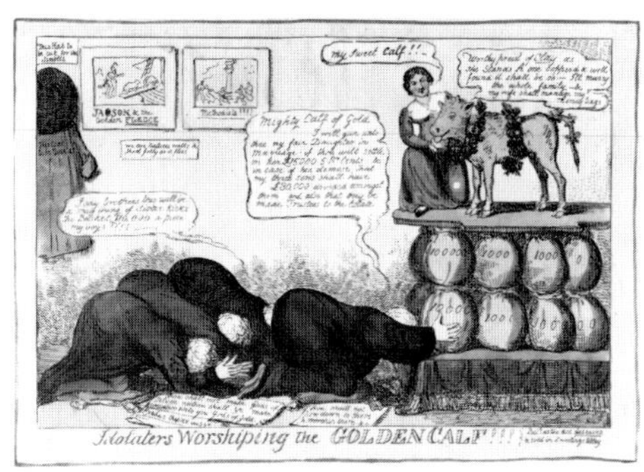

121
Fashionable Luxury – or – A New-Gent, at Mother xxx's – with his Favorite Irish Dickey Birds
Luxus, wie er heute modern ist, oder: Ein neuer Geck bei Mutter X mit seinen bevorzugten irischen Vögelchen

Radierung, altkoloriert. – 280 x 425 mm. – Bez. l. u.: Miss Frances Hill inv^{t} / Etched by A. MacNaughton; r. u.: London Pub^{d} by G. Humphrey 24 St James's S^{t} (Restbeschriftung unleserlich)
BM 14689, Cohn 1106, Reid 1264, Douglas 1298
Hannover, Wilhelm-Busch-Museum, KG 1593/81

Auch ohne Signatur ist dieses Blatt eindeutig Cruikshank zuzuordnen. Das »MacNaughton« der Signatur ist der Name seiner Mutter. Die Zeichnung war für den Verleger Humphrey bestimmt, der ja ein überzeugter Gillray-Verehrer war und eine gewisse Annäherung an dessen Stil auch von anderen Karikaturisten erwartete, wobei Cruikshank ihm entgegenkam.
Gegenstand dieser Karikatur ist Lord Nugent (= gesprochen: new gent), ein irischer Peer, Mitglied des Unterhauses, ein Whig mit extrem liberalen Ansichten, der während seiner Laufbahn auch mehrere hohe Regierungsämter innehatte.
Drei Huren umzärteln ihn. Irischer Whiskey steht bereit. Selbstverständlich sind auch die Damen aus Irland: »Irish Dickey Birds« (Irische Dessous-Vögelchen). Auf dem Boden liegt ein Schlagertext, und aus dem Zylinder ragt eine Schrift »Über die Freiheit des Subjekts und das Allgemeine Wahlrecht«. Hinter dem Vorhang die Bordellwirtin, die auf das Geld wartet, und eine weitere Kandidatin für diesen »Beruf«.

Wardroper S. 112; George, C. P. P. S., Bd. X, S. 436
Abbildung Seite 139

122
The Commercial Dandy & his Sleeping Partners
Der Dandy aus dem Geschäftsleben und seine Schlafgenossinnen

Radierung, altkoloriert. – 300 x 378 mm. – Bez. l. u.: D^{r} E, D fec^{t}; r. u.: Pub^{d} Novr 1st 1821 by G Humphrey 27 St James's St London. – Sek. bez. r. u. mit Bleistift: Heath
BM 14273, Cohn 1007, Reid 1037, Douglas 1290
Hannover, Wilhelm-Busch-Museum, KG 1578/81

Auch dieses Blatt spielt im Bordell, auch dieses ist für Humphrey gemacht, auch dieses erschien unter Pseudonym. Es ist wiederum ein Dandy, um den es geht, und zwar der Journalist Thomas Raikes, der wöchentlich eine Klatschspalte mit Text versorgte, also das tat, was mit zeichnerischen Mitteln auch einen Teil der Tätigkeit Cruikshanks ausmachte.
Über dem Kopf des Dandys hängt ein Bild, das mit dem Namen Raikes als »The Rake's Progress« (»Leben eines Wüstlings«) spielt, dem Titel eines berühmten Gemäldezyklus (um 1733), der dann als Kupferstichfolge ab 1735 weite Verbreitung fand. William Hogarth (1697–1764) geißelte mit ihr die Sitten seiner Zeit, die offenbar so verschieden von denen, die Cruikshank vorfand, nicht waren. Der Tisch ist üppig bestellt: Wein, Pfirsich, Ananas; die lange Rechnung verrät, daß man nicht schlecht gelebt hat, und die Mehrfachvokabel »bed« besagt, daß man auch auf diesem Gebiet nicht sparsam war.
Interessant der Verweis auf Geschlechtskrankheiten, für die solche Etablissements schließlich bekannt waren. Es handelt sich um die Merkur-Statue; Merkur war das Metallzeichen für Quecksilber, mit dem man damals Geschlechtskrankheiten zu Leibe ging. »The Rake's Progress« war von Hogarth auch als Satire auf ein großes puritanisches Erbauungsbuch »The Pilgrim's Progress« von John Bunyan (1628–1688) gedacht.

Abbildung Seite 141

123
The WEBB entangled – or Philanthropy at Brighton
The WEBB unravelled – !
Das verhedderte Spinnennetz, oder: Menschenfreundlichkeit in Brighton
Das Spinnennetz nicht entwirrt!

Radierung, altkoloriert. – 421 x 296 mm. – Bez. r. u.: Pub^{d} May 12th 1823 by G Humphrey 27 St James's S^{t} and / 74 New Bond Street
BM 14548, Cohn 2099, Reid 1184, Douglas 1296
Hannover, Wilhelm-Busch-Museum, KG 1587/81

Cruikshank prangert einmal mehr die Sittenverderbnis, verbunden mit scheinheiliger Tugendhaftigkeit an. Sein Angriff gilt diesmal einem bekannten Philanthropen, Lord Webb, der in Wahrheit ein lüsterner Bursche war, dem der Sinn nur nach Mädchen stand, die noch Kinder waren. Zwei solcher Kind-Mädchen sitzen im oberen Bild auf seinem Schoß. Die Geldbeutel in ihren Händen wie auch in denen des kranken Mädchens (oben links) künden an, daß sie keine Erstlinge sind. – Alle nennen das Geld »Almosen«, und auf den Geldsäcken zu seinen Füßen steht dann auch »Wohltätigkeitsfonds«. – Webb lobt die Bordellmutter, Mrs. Robinson, die damals ein bekanntes Haus in Brighton unterhielt: »Ihr seid die rührigste Agentin, die ich habe. Ihr seid entschlossen, mich mit genügend Objekten für meine Wohltätigkeit zu versorgen. Bald müßt Ihr nach einem frischen Satz Ausschau halten – ah, das ist ein niedlicher Leckerbissen, den Ihr da habt – wie alt ist sie?«
Die Alte führt ihm das Kind zu: »Sie ist erst zehn Jahre, Euer Ehren, und ganz frisch, noch unberührt, und ich bin sicher, Euer Ehren wird ebenso gütig zu ihr sein, wie Sie es zu meinen anderen Mädchen gewesen sind. Komm, Betsy, zu Seiner Ehren und schäme dich nicht, Kind.« Die Kleine hat auf jeden Fall schon eine Ahnung vom Geschäft, denn sie sagt sich ganz kühl: »Ich bin gespannt, was er mir wohl geben wird.« Rechts, in der halb offenen Tür, erscheint ein Polizist

mit Begleitung, der er zuraunt: »Jetzt hab ich endlich den Herrn und die alte Katze – und, so wahr ich lebe, die Elende führt ihm sogar ihr eigenes Kind zu.«
Der zweite Teil der Geschichte findet im Gerichtssaal statt. Vor dem Richter, Sir Daniel Scott, erscheinen Webb und die heulende Mrs. Robinson mit ihren »Kindern« – immerhin elf läßt Cruikshank hier erscheinen. Auf die Vorwürfe des Richters reagiert der Angeklagte mit zynischer Arroganz: In den letzten vier Jahren habe er mehr als £ 70 000 für solche Zwecke ausgegeben, eigentlich müsse er zu den größten Wohltätern der Menschheit gehören. »Tugend und Menschenfreundlichkeit sind Unsinn. Weshalb soll ich mich schämen? Ich habe nur das Beispiel einer ›Respektsperson‹ vor Augen, außerdem sind solche Dinge in London durchaus üblich ...«
Die »Respektsperson« ist natürlich eine Kernvokabel in seinem Plädoyer, denn damit spielt er auf Georg IV. und die ihn umgebende Clique an, die ja jeder kannte. Er liefert aber noch eine weitere Pointe. Hinter der Schranke verfolgen zwei Damen der Gesellschaft den Prozeß. Den Mißbrauch von Kindern erwähnen sie nicht einmal in ihrem Gespräch. Sie finden es nur nicht richtig, daß er zwei Mädchen zur gleichen Zeit benutzt habe, und meinen, man sollte ihn doch vielleicht einmal zu »conversation parties« einladen, aber es möchte vielleicht zu aufregend für sie werden ... Man muß übrigens wissen, daß das Mindestalter für Dirnen in England um 1823 – in diesem Jahr entstand die Karikatur – zwölf Jahre betrug. Die Robinson ging noch darunter und »engagierte« bereits Zehnjährige.

George, C. P. P. S., Bd. X, S. 385; Mitchell, R. J. / Leys, M. D. R.: A History of London Life (hier: Penguin Books), Harmondsworth 1963, S. 241
Abbildung Seite 140

124
SYMPTOMS OF MISCONDUCT, – OR – DETECTION, – ACCUSATION, – AND – CONVICTION
A LOLLIPOP – ALLY CAMPAGNE – A BULL'S EYE AND A BRANDY BALL
ANZEICHEN SCHLECHTEN BENEHMENS, ODER: AUFSPÜREN, ANKLAGEN UND VERURTEILEN
EIN DAUERLUTSCHER, EIN KREMHÜTCHEN, EIN SIRUPBONBON UND EINE COGNAC-BOHNE

Radierung, altkoloriert. – 250 x 304 mm. – Bez. l. u.: [T. C.] del^{t} / G C sculp^{t}; r. u.: Pub^{d} by Thos Mc Lean, 26. Haymarket / Augt 1st 1835
BM 14444, Cohn 2018, Reid 1070, Douglas 1292
Hannover, Wilhelm-Busch-Museum, KG 1832/82

Bei dem vorliegenden Blatt handelt es sich um einen bürgerlichen Sittenspiegel: Ein sogenanntes »gefallenes Mädchen« (die Bilder über den Figuren geben die deutenden Hinweise) muß sich beschämt der Hochnäsigkeit der braven Hausfrau und der Moralpredigt einer alten Jungfrau stellen, und die alte Vettel, die ihr von rechts dreckig zublinzelt, kann der Armen auch nicht zum Trost gereichen, denn Schnapsflasche und Zechgelage (auf dem Bild) und Instrument lassen ahnen, daß sich Abtreibung anbietet. Das bedeutet »Verurteilung«.
Cruikshank formuliert hier eine komplizierte Wort- und Bildkonstruktion. Jeder Person sind drei Attribute zugeordnet, eins davon eine damals modische Süßigkeit: der Gefallenen »Dauerlutscher«, der Braven »ally Campagne«, der Megäre »a Bull's Eye« und der Vettel »a Brandy Ball«. Die Oberbezeichnungen auf dem Bildrand besagen: Symptome eines Fehlverhaltens, Entlarvung, Anklage und Verurteilung. Ein bürgerliches Trauerspiel läuft ab.
Diese zuzüglichen Kennzeichen auf dem Bildrahmen finden sich nur auf einer zweiten Version, eine erste enthielt sie nicht. Das Blatt stammt aus dem Jahre 1822 und ist bei Humphrey verlegt. Dreizehn Jahre später begann der Verleger McLean, vergriffene Blätter von Cruikshank neu von den Originalplatten abzuziehen und nach der Vorlage kolorieren zu lassen. Zunächst behielt er auch das Impressum der Erstausgabe, änderte es aber dann zugunsten des eigenen Unternehmens wie bei dem vorliegenden Blatt.

Vogler S. 133
Abbildung Seite 143

125
MIDDLING HEAT IN THE WEST INDIES
DIE ÜBLICHE HITZE IN WESTINDIEN

Radierung, altkoloriert. – 270 x 339 mm. – Bez. r. u.: Pud by SW Fores 50 Piccadilly London / Decr 16th 1817
BM 17948, Cohn 1730, Reid 708, Douglas 1081
Hannover, Wilhelm-Busch-Museum, KG 1545/81

Ein Blatt, das sich weder durch besonderen Witz noch gar durch kritische Analyse auszeichnet. Aber es dokumentiert die Weite der Interessen der Zeit und Cruikshanks. Er zeigt eine Kolonialgesellschaft in Westindien: luftige Räume, weiter Strand, glühende Hitze, um die sich die Gespräche zu drehen scheinen. Der Witz des Blattes ist ziemlich grob und erklärt sich aus der dort gebräuchlichen Sprache, einem primitiven Englisch, das auch in der Aussprache reichlich nachlässig ist. Wenn also einer »airy« = luftig ausspricht wie hairy = behaart und dabei die Hand auffallend tief in der Hosentasche hat, dann liegt eine Zweideutigkeit vor, die nicht sonderlich amüsiert, aber doch auch nicht unterschlagen werden sollte.

Abbildung Seite 142

126
THIS BRAZEN IMAGE WAS ERECTED BY THE LADIES, IN HONOR OF PADDY CAREY O'KILLUS, ESQ. THEIR MAN O'METAL!!!

Back[side] & Front View of the Ladies Fancy-Man, Paddy Carey – / O'Killus Esq. &c &c – Erected in Hide Park, in Honor of the "Waterloo Man" & his Soger Men.
Note: Supposed to be Erected by his / Country women for the releif of his / Starving Country men
DIESE BRONZENE STATUE WURDE VON DEN DAMEN ZU EHREN PADDY CAREY O'KILLUS', IHREM IDOL, ERRICHTET!
Rück-[seite] und Vorderansicht des von den Damen bewunderten Mannes Paddy Carey O'Killus. Errichtet im Hyde Park zu Ehren des Helden von Waterloo und seiner Soldaten.
Bemerkung: Sie soll errichtet worden sein von den englischen Damen zur Unterstützung seiner hungernden Landsleute

Radierung, altkoloriert. – 301 x 483 mm. – Bez. l. u.: J. Pxxxy inv^{t} G. Cruik^{k} fec^{t}; r. u.: Pub^{d} by J Fairburn Broadway Ludgate Hill July 20 1822
BM 14376, Cohn 901, Reid 1084, Douglas 1135
Hannover, Wilhelm-Busch-Museum, KG 1583/81

Das O'Killus des Bildtitels ist eine Verballhornung des Namens Achilles. Es war eine Achilles-Statue, die im Hyde Park zu Ehren Wellingtons und seiner Soldaten 1822 errichtet wurde, gestiftet von Frauen, die Wellington verehrten, gegossen aus dem Metall erbeuteter französischer Kanonen. Dieser nackte Achill war die erste total entblößte Freiplastik in England. Breite Teile der Bevölkerung fanden sie unschicklich, in allen möglichen Abstufungen dieser Vokabel. Sehr schnell erhielt der nackte Achill den Spitznamen »Waterloo Man«, ein Kennwort, das dem konservativen Wellington schrill ins Ohr drang, denn es erklang im Lager seiner politischen Gegner. Kein Wunder, daß Wellington nicht gerade besonders glücklich über dieses Präsent ist, das ihm eine Dame des Denkmal-Komitees auf dem Bilde links vorführt. Sittliche Entrüstung war nicht der einzige Kommentar zu diesem Gebilde. Witze und Zoten aller Art beschäftigten sich mit diesem Monument.
Mit einigem Vergnügen hat Cruikshank die Stimme des Volkes erlauscht und sie in einem Übermaß an Volksstimme wiederzugeben versucht. Das Zweideutige feiert hier Triumphe besonderer Weise. Hinter- wie Vorderteil geben hinreichende Gelegenheit zu erotischen Anspielungen jeder Art. Vor allem das Feigenblatt hat es den Frauen angetan – an der Besichtigung der Vorderfront sind nur sie beteiligt.

Wardroper S. 106; George, E. P. C., Bd. II, S. 204
Abbildung Seite 144

127
MAKING DECENT!!
This Print Commemorative of Anglo-French BRASS & true British Chastity is inscribed with veneration to that worthy Man / Mr Willbyforce, who with saintlike regard for the Morals of his Country, has undertaken to make the above fig. Decent, from 10 in the M.^{g} till Dusk
DER ANSTAND WIEDERHERGESTELLT!
Dies Gedenkblatt, das an englisch-französische Bronze und wahre britische Keuschheit erinnern soll, ist mit Verehrung dem achtbaren Mr. Willbyforce gewidmet, der es mit bigottem Blick für die Moral seines Landes unternommen hat, diese Figur von 10 Uhr morgens bis zur Dämmerung sittsam zu machen

Radierung, altkoloriert. – 384 x 273 mm. – Bez. l. u. neben unkenntlich gemachtem stilisierten Anker (?): inv^{t} G Cruik^{k} fec^{t}; r. u.: Pub^{d} by G Humphrey 27 St James's St London / August 8th 1822
BM 14383, Cohn 1713, Reid 1087, Douglas 1136
London, Britisches Museum, 1868-8-8-8555

William Wilberforce war das Haupt der sehr konservativen Reformer im Parlament. Er wollte die Reform des Unterhauses, hielt allerdings die Wähler für noch verderbter als die, die dann gewählt werden sollten. Er war es vor allem, dem die »sittliche Hebung« des Volkes am Herzen lag. So betrieb er dann auch die Verhüllung des Anstößigen.

Guttmann S. 186f.

128
GAMBOLS ON THE RIVER THAMES. FEB.^{Y} 1814
VOLKSBELUSTIGUNG AUF DER THEMSE IM FEBRUAR 1814

Radierung, altkoloriert. – 263 x 419 mm. – Bez. l. u.: G. Cruikshank fec^{t}; r. u.: Pub^{d} Feby 1814 by T. Tegg / 111 Cheapside London; r. o.: 312. – Sek.bez. l. o. mit brauner Tusche: 57
BM 12341, Cohn 1145, Reid 287, Douglas 1264
Hannover, Wilhelm-Busch-Museum, KG 1514/81

Einmal mehr spielt Cruikshank hier den Reporter mit der Radiernadel, einen Reporter allerdings, der in jedem Gesicht die Fratze entdeckte – nur gelegentlich macht er bei der einen oder anderen Frau eine Ausnahme. Da sieht er dann plötzlich Liebreiz und läßt uns daran teilnehmen. Das wirbelige Volksfest, dem wir hier beiwohnen, hatte einen ungewöhnlichen Anlaß. Im Winter 1814 war die Themse vom 31. Januar bis zum 6. Februar so hart gefroren, daß man sie zu Fuß überqueren konnte. Schnell waren ein paar Buden und Zelte aufgeschlagen, und man konnte das Ereignis fröhlich feiern. Zwischen der London- und Blackfriars-Bridge vergnügte man sich mit Trinken, Tanzen, Kegeln, Gaffen. Selbstverständlich prügelt man sich auch (im Zelt rechts), rutscht man auf dem Eis aus und reißt andere mit, und es muß ein Krüppel sein, der mit seinem Holzbein einbricht, damit das Verrückte dieser Welt sichtbar gemacht werde. Vorn links verkauft ein Drucker seine neusten Flugblätter. Das Ganze ist überwölbt von der London Bridge mit ihrem Verkehr und ihren Passanten, die mit Neugier auf das Treiben unter ihnen hinabstarren.

George, C. P. P. S., Bd. IX, S. 456; Reid S. 31
Abbildung Seite 145

129
BAGS NODLE'S FEAST; / Or, The Partition and Re-union of Turkey! A New Ballad; founded on Fact
"And ye Turkeycock burst right in twain" – see Ballad / "On ye half that was hot – The raw half fast & closely I tied" – see Bal.^{d}
Richter Nudels Fest, oder: Teilung und Wiedervereinigung eines Truthahns. Eine neue, auf Tatsachen beruhende Ballade.
»Und der Truthahn brach genau in zwei Teile« – vgl. Ballade »An der Hälfte, die heiß war, band ich die rohe fest« – vgl. Ballade

Radierung, altkoloriert. – 446 x 283 mm. – Bez. im oberen Bild m.: G. Cruikshank fec^{t}; im unteren Bild r. u.: G. C^{k} fec^{t}. – (PUBLISHED BY W. HONE, 55, FLEET STREET, AND 67, OLD BAILEY, THREE DOORS FROM LUDGATE HILL. – Price 2s. – 1817. / Printed by MacDonald and Son, Cloth Fair, London.)
BM 12883, Cohn 902, Reid 618, Douglas 1338
Hannover, Wilhelm-Busch-Museum, KG 1546/81

Wir haben hier ein bezeichnendes Beispiel für die Cruikshanksche »Klatschspalte« und für die Arbeitsweise der Verleger. Der Lord-Kanzler Lord Eldon, übrigens Sohn eines Kohlenschiffers, lud eines Tages ohne Wissen seiner Frau einen Anwalt zu sich ein, Hugh Leicester. Die Eldons waren für ihren Geiz berüchtigt. Dem Anwalt war nicht wohl dabei. Immerhin bekam er einen Puter vorgesetzt (nach einer Suppe aus Heringsabfällen) und ließ es sich nicht nehmen, den Vogel zu tranchieren. Dabei geriet er mit dem Messer an einen Draht, und plötzlich zersprang der Puter in zwei Teile und flog auf den Boden – willkommene Beute für Hund und Katze.

Mit hohem Genuß hat Cruikshank die Szene ins Bild gebracht: die zeternde Lady, der entsetzte Lord, der kreuzunglückliche Besucher, dem die Tranchiergabel aus der Hand fällt, selbst der Gerichtsdiener schreit auf. – Das untere Bild demonstriert die Vorgeschichte. Die Lady hatte einen halben Puter fertig gebraten. Als nun der unerwartete Gast kam, band sie mit einem Draht die andere Hälfte dazu, damit sie einen ganzen Puter servieren konnte. Diesen Plan hatte nun der übereifrige Leicester gründlich zerstört. Er verließ den Ort seines Ungeschicks, tief die Armut seiner vermögenden Gastgeber bedauernd.
Für den Verleger, William Hone, war das sofort ein Anlaß, die Geschichte von einem Versemacher in Balladenform bringen und diese dann von Cruikshank illustrieren zu lassen. Wer gemeint war, wußte in der Gesellschaft jeder sofort. Der Name im Titel war kaum getarnt: Nodle = Eldon von hinten gelesen; außerdem erkennt man ihn an seinen Insignien, zum Beispiel dem Kanzlerstab, der in der Küche als Schürhaken benutzt wird. Cruikshank weidet sich an der vorgegebenen Armut der beiden. Der Ofen wird mit Gerichtsakten geheizt. Die Lady, ihre Köchin, selbst Hund und Katze und Maus sind spindeldürr. Die Schränke tragen Riesenschlösser, damit auch gar nichts verschwinden kann, und der »Speisezettel einer Lady« (neben dem Ofen) zählt auf: Eier, Knochensuppe, Knorpel mit Bohnen. Im Nachwort heißt es: »Diese Ballade beruht auf einem Geschichtchen, das der feinen Welt großes Vergnügen bereitet hat.« Bild-Klatsch-Journalismus 1817.

White, Reginald J.: Waterloo to Peterloo (hier: Penguin Books), Harmondsworth 1968, S. 91

130
The NOBLE PEDLAR! or the late CHANCE-SELLOR & present BROOM-SELLER!! / "To what base purposes may we not return Horatio – why may we not trace the noble Lord Chancellor of England as a Hawker of Brooms!!" /

NEW SONG. -- THE BONNY BROOMS (TUNE – THE BROOM OF COWDENKNOWS)
DER VORNEHME BETTLER!, ODER: DER FRÜHERE LORD-KANZLER HEUTE EIN BESENVERKÄUFER. »WIE NIEDRIG MAN DOCH SINKEN KANN, HORATIO – WARUM SOLLTEN WIR NICHT DEN VORNEHMEN LORD-KANZLER VON ENGLAND ALS BESENVERKÄUFER AUFSPÜREN!«
NEUES LIED – DIE SCHÖNEN BESEN (MELODIE – DER BESEN VON COWDENKNOWS)

Radierung, altkoloriert. – 316 x 420 mm. – Bez. u. m.: Pub^{d} by J Sidebotham 96 Strand; r. u.: G C^{k} fec^{t} (E. Sprogg, Printer, Bow-street, Covent-garden; London: Published by I. Sidebotham, 96, Strand.)
BM 12716, Cohn 1790, Reid 563, Douglas 897
Hannover, Wilhelm-Busch-Museum, KG 1534/81

Ein anderer »Skandal« wäre für unser heutiges Empfinden wohl kaum einer gewesen. Die Figur, um die es geht, Lord Erskine, war von 1806–1807 Lord-Kanzler im Kabinett des liberalen Premiers William Grenville gewesen, mußte aber nach dessen Sturz ebenfalls abtreten. Er war Peer von Schottland und gehörte stets der liberalen Opposition an. Er schwor auf die Prinzipien der Französischen Revolution und tat sich bei der Verteidigung verfolgter demokratischer Publizisten hervor. Er trat für die irischen Katholiken ein, und die Abschaffung des Sklavenhandels lag ihm am Herzen.
Er hatte sich in Sussex den Besitz Holmbush gekauft und war dadurch hoch verschuldet. Er begann eine Produktion von Reisigbesen und ließ sie in den Straßen von London anbieten. Einer seiner Verkäufer wurde ohne Händlerlizenz erwischt und vor Gericht gestellt. Noch vor dem Urteil erschien der Lord und händigte dem Richter sechzehn Lizenzen aus. Damals war ein solcher, für einen Lord unüblicher Broterwerb ein Skandalon.
Auf dem Bild – wiederum mit Versen verbunden – zieht Erskine mit hochbeladenem Besenkarren durch die Straßen; mit ihm drei Lakaien und eine Köchin, die ihr »Buy a Broom« ausrufen. Auf einem Plakat ist zu lesen: »Öffentliches Amt, Bow Street. Warnung an Adelige! Hier wurde Lord Erskine zu einer Strafe von £ 10 wegen unerlaubten Hausierens und Verkaufens von Reisigbesen verurteilt. Alle Prinzen und Adeligen werden gewarnt, nicht zu Straßenverkäufern zu werden, ehe sie die Lizenzgebühr bezahlt haben!«
Der Verleger spekulierte wohl mit der Unbeliebtheit des Reformers in gewissen Kreisen.

Guttmann S. 97 und 147; Meyers Konversationslexikon, Bd. 5, Leipzig 1886, S. 819f.
Abbildung Seite 147

131/132
IRISH DECENCY!!! N° 1 / N° 2
IRISCHE SCHAMHAFTIGKEIT! N° 1 / N° 2

131
Radierung, altkoloriert. – 234 x 345 mm. – Bez. l. u.: Pub^{d} August 25 1819 by T. Tegg 111 Cheapside London; r. u.: Etched by G Cruik.; r. o.: 364
BM 13397, Cohn 1244, Reid 908, Douglas 1111
Hannover, Wilhelm-Busch-Museum, KG 1565/81

Die Leiden der Iren unter der englischen Oberschicht erregten auch einen Cruikshank. Er benutzt dafür einen eigenartigen Fall. Der Mayor (Bürgermeister) von Dublin, Sir Thomas Mac Kenny, erfährt von einem seiner Konstabler, daß im Königlichen Kanal nackte »irische Halunken« badeten, so daß keine Dame dort noch spazierengehen könne. Die Umgebung des Mayors bestätigt eifrig den Befund. Eine der beiden Damen hat es »selbst gesehen«. . . Der Mayor ordnet an, daß ihm am nächsten Tag solche Badenden nackt vorgeführt werden sollen. Das bedeutet, daß diese Iren nackt durch die Straßen geführt werden müssen, was nicht nur ihr Schamgefühl hart treffen wird, sondern sich auch boshaft gegen den Katholizismus der Iren wendet.
Drei nackte Männer müssen sich nun verantworten. Sie bangen um ihre zerlumpten Kleider. Der Bürgermeister läßt sich vernehmen: »Ihr Halunken, wie könnt ihr es wagen, Euch im Königlichen Kanal abkühlen zu wollen??!! Niemand in diesem Land hat das Recht, mit dem Königtum in Kontakt zu kommen! Nun, ich denke, ich habe gegen weitere Unanständigkeiten vorgesorgt.«

132
Radierung, altkoloriert. – 240 x 343 mm. – Bez. l. u.: Pub^{d} Augt 30th 1819 by T Tegg 111 Cheapside London; r. u.: Etch^{d} by G Cruik.; r. o.: 362
BM 13389, Cohn 1244, Reid 909, Douglas 1112
Hannover, Wilhelm-Busch-Museum, KG 1566/81

Standen auf dem ersten Bild zwei armselige Iren in der Tür, die bitter bemerken, daß sie ja nur badeten, um sich von ihrem Hunger abzulenken, stehen auf dem zweiten Bild zwei Damen im Türausschnitt, wobei die eine findet: »Welch ein Anblick!!!!!!«, und die andere: »Ich meine, dies hier ist eine größere Schande als vorher – ich bin bestürzt, so etwas zu sehen«. Um das zu interpretieren, muß man wissen, daß die drei auf der Druckplatte tatsächlich nackt sind. Die Kleidung ist erst nachträglich mit Tusche aufgemalt, ob auf Initiative des Verlegers oder des Koloristen, bleibt ungewiß.

133
THE IMPOSTER, OR, OBSTETRIC DISPUTE. VIDE – JOHANNA SOUTHCOTE AND / THE PUBLIC DISPUTATIONS
DIE SCHWINDLERIN, ODER: DISPUT ÜBER GEBURTSHILFE
SIEHE: JOHANNA SOUTHCOTE UND DIE ÖFFENTLICHEN DEBATTEN

Radierung, altkoloriert. – 253 x 358 mm. – Bez. u. m.: Pub^d Septr 1814 by T. Tegg – 111 Cheapside London
BM 12337, Cohn 1228, Reid 362, Douglas 1268
Hannover, Wilhelm-Busch-Museum, KG 1525/81

Der Fall der religiösen Schwärmerin Johanna Southcote erregte einiges Aufsehen (vgl. Kat.-Nr. 113). Seit 1790 machte sie sich einen Namen mit ihren Prophezeiungen. Trotz ihrer 64 Jahre wollte sie 1814 auf geheimnisvolle Weise schwanger geworden sein und im Oktober gebären. Die Bevölkerung war in Anhänger und Ungläubige gespalten. Die Ärzte stritten sich über ihren Zustand. Der Oktober kam, und nichts geschah. Sie war einer Selbsttäuschung erlegen. Drei Monate später starb sie in geistiger Umnachtung. Sie hatte sich unsterblich gewähnt.
Cruikshank karikiert die Hochschwangere, wie sie gegen einen ihrer Widersacher mit hocherhobenem Besen losgeht. »Heb dich hinfort, Satanas, oder ich banne Dich.« »Ich sage Dir, Deine Prophezeiungen sind verdammte Lügen!«, kreischt der kleine Schuster ihr entgegen und findet damit Beifall. – Die drei Ärzte diskutieren über den Fall, für Cruikshank ein Anlaß, nebenbei auch den Ärzten eins auszuwischen, indem er einen Lorgnonträger sich mokieren läßt: »Welche Schrullen mögen die Doktoren nun wieder geboren haben!!!?« – Cruikshank, aber auch Thomas Rowlandson haben diese Schwärmerin mehrfach zum Gegenstand ihrer Zeichnungen gemacht.

George: Hogarth to Cruikshank, S. 212
Abbildung Seite 149

134
EXAMINATION AT BOW STREET.
THE "BISHOP & THE SOLDIER"! – OR "TOO-TOO" & "CLARGY" STANDING UP FOR THE HONOR OF "THE CLOTH"
VIDE BOW STREET / POLICE REPORT / JULY 28TH
VERHANDLUNG IN BOW STREET
DER »BISCHOF UND DER SOLDAT«!, ODER:
»TOO-TOO« UND »CLARGY« STEHEN FÜR DIE EHRE DER GEISTLICHKEIT EIN.
SIEHE: POLIZEIBERICHT VON BOW STREET VOM 28. JULI

Radierung, altkoloriert. – 245 x 347 mm. – Bez. l. u.: G C; u. m.: Pub^d August 4th 1822 by J. Fairburn Broadway Ludgate Hill
BM 14381, Cohn 1097, Reid 1086, Douglas 1294
Hannover, Wilhelm-Busch-Museum, KG 1584/81

Mit diesem Bild dokumentiert Cruikshank ganz besonders listig, wie verhaßt und verachtet die anglikanische Kirche und ihre Geistlichkeit im Volke waren. Jeder wußte, daß der stärkste Widerstand gegen jede Art von Reformen von dieser Kirche ausging.
Den Vorfall las Cruikshank im »Register« (vgl. Kat.-Nr. 101). Eine Frau aus dem Volke hatte einen Soldaten angerempelt, der wieder gegen einen Schornsteinfeger prallte. Da hat dann die Frau ausgerufen: »Der Bischof und der Soldat«. Der Schornsteinfeger war es gewohnt, als »Clargy« (= Clergyman = Geistlicher) benannt zu werden. Aber beide sind hell empört über diese Wortverbindung und klagen gegen die Frau. Er dient seit 36 Jahren in der Armee; noch nie sei er einer Berührung mit der Geistlichkeit bezichtigt worden – so der Soldat. Der Schornsteinfeger hat sich zwar an das »Clargy« gewöhnen müssen, aber »Bischof« – das gehe ihm doch zu weit: schließlich sei er ein Mann, der den Lebensunterhalt für seine Frau und seine Kinder durch seiner Hände Arbeit ehrlich verdiene, und der Richter möge ihn vor einer solch niederträchtigen Kennzeichnung (»Bischof«) schützen. Es liegt auf der Hand: Die gute Frau wollte sich einen Jux machen ... Vielleicht ist das Ganze nur eine Erfindung des »Register«-Journalisten. Aber Cruikshank machte sie sich zunutze.

George, C. P. P. S., Bd. X, S. 301

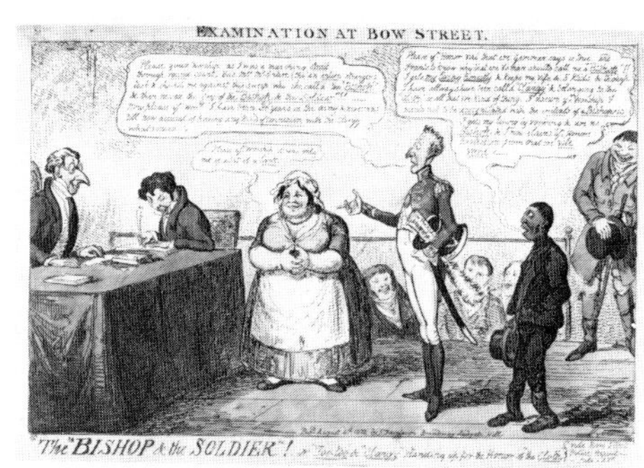

135
CHARIOTEER SNIP ON RISING GROUND
Wagenlenker Schneider auf dem Weg nach oben

Radierung, altkoloriert. – 274 x 235 mm. – Bez. l. u.: Priscilla Groote inv^{t}; r. u.: G. Cruikshank sculp; l. o.: 527. – (Published, October 18th, 1813, by / JAMES WHITTLE and RICHARD HOLMES LAURIE, No. 53, Fleet Street, London.)
BM 12168, Cohn 985, Reid 261, Douglas 1315
Hannover, Wilhelm-Busch-Museum, KG 1508/81

Jede Zeit hat ihre Emporkömmlinge und Neureichen. Cruikshank nimmt sich einen Schneider vor, der mit seinem Reichtum prahlt und es den Stutzern gleichtun will. Eine Reihe von Emblemen hat Cruikshank zusammengetragen: Der Kutscher sitzt auf einem Kohlkopf = cabbage = im Slang »gestohlene Kleider«. Seine Füße stützt er auf einem Stoffballen. Sein Lakai steht auf einem Nadelkissen. Die Radspeichen werden von Scheren gebildet. So rasen die vier Gänse dahin mit der protzigen, wohlgenährten Frau im Fond an einem Paar vorbei, das die wirklich bessere Gesellschaft darstellt und dessen weiblichem Teil unser Kutscher-Schneider seinen Hut verächtlich ins Gesicht wirft. Als sie fassungslos fragt (in den beigegebenen Versen): »... why who can that be?«, antwortet er: »Der Schneider, Madame, der Ihre Gewänder macht.«

Draper Hill: Fashionable Contrasts, S. 157 (laut handschriftlichem Vermerk von Ernst Heinrich)
Abbildung Seite 146

136
Puzzled which to choose!! or, The King of Tombuctoo offering one of his daughters in marriage to Cap$^{\underline{T}}$ – anticipated result of $\frac{E}{Y}$ African Mission
Wen soll er wählen!, oder: Der König von Timbuktu bietet eine seiner Töchter dem Hauptmann zur Heirat an – vorweggenommenes Resultat der afrikanischen Mission

Radierung, altkoloriert. – 306 x 443 mm. – Bez. l. u. mit einem stilisierten Anker (Zeichen für Cpt. Marryat); r. u.: Capt E. T. del^{t} /; G. Cruikshank sculp^{t}; oberhalb davon: Pub^{d} Octr 1818 by G Humphrey 27 St James's Street
BM 13043, Cohn 1880, Reid 781, Douglas 1092
Hannover, Wilhelm-Busch-Museum, KG 1554/81

Auch ein Cruikshank entkommt nicht immer den Fesseln seiner Zeit. Was er hier zeigt – den sich vor dem schwarzen König verbeugenden Abgesandten der britischen Krone, dem die Wahl zwischen drei der königlichen Töchter freigestellt wird, mit aufgespießten Totenköpfen als Dekoration –, entlarvt ein Grundverhalten, das weißen Hochmut gegen die nackten Wilden setzt, mit denen man gewinnträchtigen Handel treibt, aber keinerlei menschliche Berührungspunkte teilt. Die abstrusen schwarzen Wesen, die Cruikshank uns hier anbietet, haben sogar eine gewisse Parallele in seinen anderen Arbeiten. Wenn er »Volk« zeichnet, fällt das sehr häufig einmal grober, brutaler, hemmungsloser aus, als wenn er »Gesellschaft« karikiert: Da hat er gewisse Hemmungen, die ihn »gedämpftere« Töne anschlagen lassen.

Alexandre, Arsène: L'Art du Rire et de la Caricature, Paris o. J., S. 139
Abbildung Seite 148

137
Landing the Treasures, or Results of the Polar Expedition!!!
Die Schätze werden an Land gebracht, oder: Ergebnisse der Polar-Expedition!

Radierung, altkoloriert. – 225 x 549 mm. – Bez. l. u.: G. Cruikshank fec^{t}; r. u.: Pub$^{\underline{d}}$ Jan$^{\underline{y}}$ 18 1819 by G Humphrey 27 S$^{\underline{t}}$ James's Street London
BM 13194, Cohn 1303, Reid 868, Douglas 1101
Hannover, Wilhelm-Busch-Museum, KG 1561/81

Ein Blatt, das eigentlich englischen Forscherdrang feiern sollte, wird hier zu einem kritischen Dokument, das die Meinung der englischen Öffentlichkeit widerspiegelt, die solchen Expeditionen völlig verständnislos gegenüberstand. Es zeigt die Rückkehr des Arktisforschers Sir John Ross, der an der Spitze seiner Mannschaft mit der Ausbeute seiner Reise zum Britischen Museum marschiert. Allem voran wird ein toter Eisbär geschleppt, gefolgt von Kisten mit Seetieren und Vögeln; das Ende des Zuges bildet ein Eskimo – beziehungsweise ein Wesen, das Cruikshanks Phantasie entsprungen ist und einen Eskimo darstellen soll. Den Forscher präsentiert Cruikshank mit Stechschritt, Hohlkreuz und einem besonders langen Nasenschutz – auch die Mannschaft weist starke Frostschäden auf – als eine lächerliche Figur. Obwohl die Menge die Hüte hochreißt und die Museumsleute begeistert auf der Terrasse des Britischen Museums herumtanzen, hält John Bull eine solche Nordpolexpedition für völlig überflüssig – und Cruikshank mit ihm.

Wardroper S. 72
Abbildung Seite 150

138
The Elgin Marbles! or John Bull buying Stones at the time his numerous Family want Bread!!
Der Elgin-Marmor, oder: John Bull kauft Steine, während seine zahlreiche Familie nach Brot schreit!

Radierung, altkoloriert. – 269 x 362 mm. – Bez. l. u.: Yedis Inv.t; u. m.: Pub.d by Sidebotham, 96 Strand London.; r. u.: G. Cruikshank fec.t. – Sek. bez. u. m. mit brauner Tusche: Purchase Money voted 10 June 1816; r. u.: 10 June 1816
BM 12787, Cohn 1086, Reid 565, Douglas 1280
London, Britisches Museum, 1868-8-8-12833

Die »Elgin Marbles« – Skulpturen, Hoch- und Flachreliefs, Kapitelle, Gesimse, Friese und Säulen, vornehmlich des Parthenon – im Britischen Museum gehören zu den stärksten Magneten dieses riesigen Schatzhauses. Als sie 1816 Lord Elgin, englischer Botschafter an der Heiligen Pforte, von den Türken, die in jener Zeit in Griechenland herrschten, für £ 74 000 gekauft hatte und sie für nicht einmal die Hälfte, für £ 35 000, der englischen Regierung anbot, hatte diese Regierung die allergrößten Schwierigkeiten, diesen unvergleichlichen Erwerb zu tätigen. »Schafft die Steine zurück zu den Türken, wir brauchen sie nicht in diesem Land«, das war die Meinung des Volkes, ergänzt von der harten Parole: »Wir brauchen keine Steine, wir brauchen Brot.« – Cruikshank demonstriert uns den Unwillen der Bevölkerung, die in solchen Zeiten der wirtschaftlichen Depression einfach nicht begreifen konnte, daß für »Steine« so viel Geld hinausgeworfen werden sollte. Der Außenminister, Lord Castlereagh, plädiert für den Erwerb. John Bull ist von dieser Idee nicht sehr erbaut und schaut finster drein. Nun hat Cruikshank allerdings auch ein Figurenarsenal hingezeichnet, das gewiß nicht für einen Erwerb warb. Es ist nicht anzunehmen, daß er die »Marbles« zu diesem Zeitpunkt, 1816, gesehen hat.

Palmer S. 147; George, E. P. C., Bd. II, S. 171f.
Abbildung Seite 151

139
THE FOUR MR PRICES – FOUR GENTLEMEN OF THE NAME OF PRICE, ALL OF VERY DIFFERENT / DIMENSIONS, ARE THUS DISTINGUISHED BY THEIR FRIENDS – THE TALL ONE, IS / CALLED. "HIGH PRICE" – THE SHORT ONE LOW PRICE, THE FAT ONE FULL PRICE & THE THIN ONE HALF PRICE / – EXAMENER –
DIE VIER HERREN PREIS – HIER SIEHT MAN VIER HERREN MIT NAMEN PREIS, DIE NACH IHREN UNTERSCHIEDLICHEN KÖRPERMASSEN VON IHREN FREUNDEN FOLGENDERMASSEN GENANNT WERDEN: DER GROSSE WIRD »HOHER PREIS« GENANNT, DER KLEINE »NIEDRIGER PREIS«, DER DICKE »HÖCHSTPREIS« UND DER DÜNNE »HALBER PREIS«

Radierung, altkoloriert. – 274 x 388 mm. – Bez. l. u.: George Cruikshank del.; r. u.: G & E M C sculp.; l. u.: London Pubd Jany 5th by G Humphrey / 24 St James's Street
BM 14910, Cohn 1122, Reid 1286, Douglas 1152
London, Britisches Museum, 1862-12-17-281

Ob das verwirrende Preisgefüge der damals so unstabilen englischen Wirtschaft die Anregung zu diesem Blatt gab, ist nicht gewiß, aber anzunehmen – eher jedenfalls als die Möglichkeit, daß Mr. Stephen Price, ein Manager des Drury Lane Theatre, der den Spitznamen »Half Price« trug, Cruikshank inspiriert habe.
Uns bleibt, die zeichnerische Kunst des Karikaturisten zu bewundern, den körperlichen Umgang mit »Hoch«, »Niedrig«, »Höchst« und »Halb«. Physiognomien und Gestus sind von souveräner Beherrschung der Mittel.

Vogler S. 134
Abbildung Seite 152

140
A GENERAL PORTRAIT
DAS PORTRÄT EINES GENERALS

Radierung, altkoloriert. – 296 x 213 mm. – Bez. l. u.: T. L. R. Esqr delt; u. m.: Pubd by J J Stockdale No 41 Pall Mall Novr 5th 1817; r. u.: G Cruikshank sculp
BM 12912, Cohn 1151, Reid 702, Douglas 1373
Hannover, Wilhelm-Busch-Museum, KG 1544/81

Ob diesem Porträt ein von Cruikshank so geliebter Doppelsinn zuzumessen ist – General als militärischer Rang und »general« im Sinne von gewöhnlich –, ist kaum zu entscheiden. Allenfalls könnte der ungewöhnliche, ganz unmilitärische Hut so etwas vermuten lassen. In der Cruikshank-Literatur – so zum Beispiel bei George und im Werkverzeichnis von Reid – handelt es sich um einen ganz bestimmten Heerführer, nämlich um den General Sir Robert Wilson.
Es ist die Frage, ob man bei einem solchen Profil, das durchaus auch realistisch wiedergegeben sein kann, schon oder noch von Karikatur reden kann.

Abbildung Seite 153

141
SIGNIOR CLARIONETO
HERR KLARINETTE

Lithographie, altkoloriert. – 354 x 289 mm. – Sek. bez. r. o. mit brauner Tusche: 151
BM –, Cohn –, Reid –, Douglas –
Hannover, Wilhelm-Busch-Museum, KG 1575/81

Hier ist der Begriff Karikatur als Zerrbild eindeutig gegeben. Der Einfall, die Nase des »Herrn Klarinette« in dieses Instrument münden zu lassen, ist typisch für Cruikshank, wiewohl diese Lithographie wie die meisten der wenigen Arbeiten, die er in dieser Technik ausgeführt hat, weder signiert ist noch ein Impressum besitzt. Das Spiel des Herrn scheint nicht besonders faszinierend zu sein, denn manche der Zuschauer unterhalten sich ungeniert. Er spielt ohnehin nicht nach Noten, das Notenblatt steht auf dem Kopf.

Abbildung Seite 154

142
CONSTANTINE
KONSTANTIN

Radierung, altkoloriert. – 378 x 265 mm. – Bez. l. u.: Egroeg Knahskiurc fect; r. u.: London Pub^{d} Jany 12th 1826 by G Humphrey / 24 St James's Street
BM 15111, Cohn 1013, Reid 1334, Douglas 1389
Hannover, Wilhelm-Busch-Museum, KG 1601/81

Dargestellt ist der russische Großfürst Konstantin, der ältere Bruder der Zaren Alexander und Nikolaus, der zugunsten Alexanders auf den Thron verzichtet hatte, aber nach dessen Tod 1825 seine Ansprüche wieder anmeldete, allerdings vergebens. Er galt als ausgemachter Schurke, so daß auch die Russen nichts mit ihm im Sinne hatten und, wie man sieht, Cruikshank auch nicht. Daß er Leute »von Stand« mimisch so ausdrucksvoll mit Niedertracht ausstattet, ist bei ihm selten. Der Großfürst scheint erbost auf einen Rekruten loszugehen, der schlecht gegrüßt hat.

143
MOULINÈT / ELEGANCIES OF QUADRILLE DANCING
MOULINÈT – ANMUT BEI DER QUADRILLE

Radierung, altkoloriert. – 254 x 292 mm. – Bez. l. u. mit einem stilisierten X -Esqr inv^{t} / G. Cruikshank fec^{t}; r. u.: Pub^{d} April 11th 1817 by / H. Humphrey 27 St James's S^{t}; l. o.: P. 4
BM 12926, Cohn 1765, Reid 670, Douglas 1177
London, Britisches Museum, 1859-3-16-127

Cruikshank hat vier Blätter zum Thema »Quadrille« radiert, und zwar auf Anregung eines Amateurs. Die Quadrille wurde in Frankreich und Deutschland seit dem Ende des 18. Jahrhunderts getanzt. Schon 1781 berichtete der spätere Herzog von York in einem Brief an seinen Bruder Georg aus Hannover von diesem »neuen Tanz«, den er ihm »beibringen« wolle. Aber es dauerte bis 1816, ehe der Tanz durch Lady Jersey offiziell auf einem Ball bei Allmack's (Ballräume in London, in denen die großen Feste stattfanden) eingeführt wurde. Dieser Tanz, der ebenso wie der kurz vorher aus Deutschland übernommene Walzer großes Aufsehen erregte, hatte eine Fülle von Karikaturen im Gefolge. – Auf diesem Blatt sieht man die vier Paare (»Quadrille«) in einem Raum tanzen, der ganz in der China-Mode jener Zeit ausgestattet ist. Cruikshank scheint sein Mütchen vor allem an den Dandys kühlen zu wollen, denen er mit ihren Spinnenbeinen und den ohrenhohen Krägen ein fast insektenhaftes Aussehen verleiht.

144
LES GRACES / INCONVENIENCES IN QUADRILLE DANCING
DIE GRAZIEN – UNZULÄNGLICHKEITEN BEIM TANZ EINER QUADRILLE

Radierung, altkoloriert. – 263 x 313 mm. – Bez. l. u. mit einem stilisierten X – Esqr inv^{t} / G Cruikshank fec^{t}; r. u.: Pub^{d} April 9th 1817 by / H Humphrey 27 St James's S^{t}; l. o.: P. 3.
BM 12925 A, Cohn 1316, Reid 669, Douglas 1176
Hannover, Wilhelm-Busch-Museum, KG 1539/81

Dieses zweite Blatt aus der Quadrille-Folge lebt von dem Witz der körperlichen Mißverhältnisse, die ja bei einem Gruppentanz eher auffallen als beim Paartanz, wo man sich auf den Partner einstellen kann. Hier macht sich der ganze Salon lustig über das Mißverhältnis zwischen den körperlich wohlgeratenen Damen und dem zwergigen Greislein – ein Mißverhältnis, das umgekehrt wieder vorhanden sein wird, wenn das unterwüchsige Mädchen rechts, das sich jetzt noch sichtbar amüsiert, an die Reihe kommt. Cruikshank siedelt die Quadrille offenbar zwischen dem klassischen Ballett und dem Bauerntanz an, wie auf den Bildern links und rechts zu sehen ist.

George: Hogarth to Cruikshank, S. 172

145
VIS À VIS / ACCIDENTS IN QUADRILLE DANCING
VIS À VIS / UNFÄLLE BEIM TANZEN DER QUADRILLE

Radierung, altkoloriert. – 260 x 312 mm. – Bez. l. u. mit einem stilisierten X – Esqr inv^{t} / G. Cruikshank fec^{t}; r. u.: Pub^{d} April 15th 1817 by / H. Humphrey St James's Street; l. o.: P. 2
BM 12927, Cohn 2084, Reid 671, Douglas 1175
Hannover, Wilhelm-Busch-Museum, KG 1540/81

Für den Spötter Cruikshank war ein solcher Unfall beim Tanz eine schöne Gelegenheit, seine physiognomischen »Tänze« vorzuführen: Schrecken, Staunen, Angst, Entsetzen, offenes und verhohlenes Vergnügen – all das spielt sich auf den Gesichtern der Tanzgesellschaft ab. Anmerkenswert ist vielleicht, daß die Begleitung hier aus einem Streichinstrument und einer Harfe besteht, während auf dem Bild Kat.-Nr. 144 zum Klavier getanzt wurde.

146
INCONVENIENT PARTNERS IN WALTZING
UNGLEICHE PAARE BEIM WALZER

Radierung, altkoloriert. – 257 x 370 mm. – Bez. l. u.: Cruikshank fec^{t}; r. u.: London Pub: by T. Tegg. Cheapside.; r. o.: 185
BM 12931, Cohn 1231, Reid 99, Douglas 1173
Hannover, Wilhelm-Busch-Museum, KG 1547/81

Wie die Quadrille mußte auch der Walzer in der ersten Zeit immer noch einmal Stoff für die Karikaturisten liefern. Offiziell wurde er durch die Frau des russischen Botschafters, die Prinzessin Lieven – ebenfalls auf einem Ball bei Allmack's (vgl. Kat.-Nr. 143) – eingeführt. Aber der Prince of Wales tanzte ihn in seinem Brighton-Pavillon schon 1805, wenn auch nur in kleinem Kreis. Man hielt den Tanz für unmoralisch, weil sich – zum ersten Mal in der Geschichte des Tanzes – beide Partner umarmten, so daß zunächst einmal auch für Cruikshank »waltzing« ein Synonym für Kopulieren war (vgl. Kat.-Nr. 82 und 83). Offiziell bei Hofe zugelassen wurde er erst 1816 unter schärfstem Widerspruch der Öffentlichkeit. Die »Times« schrieb:». . . es war ein obszönes Schauspiel« und: ». . . diese Neuheit verdient, ernsthaft verurteilt zu werden, und wir glauben, daß sie niemals in einer moralischen englischen Gesellschaft geduldet werden wird«.
Cruikshank attackiert hier nicht die »Unmoral« des neuen Tanzes, sondern die Torheit der Menschen, sich durch verfehlte Partnerwahl in groteske Situationen zu bringen und damit zum Gespött ihrer Umgebung zu werden. Dieses »klein zu groß« und »fett zu dünn« muß ihn in seiner Lächerlichkeit fasziniert haben.

George: Hogarth to Cruikshank, S. 172; Ladies, Lords und Lumpenpack, Englische Karikaturen 1780–1830 (Ausstellungskatalog), Kunstsammlung der Universität Göttingen 1975, S. 91
Abbildung Seite 155

147
WAITING ON THE LADIES
WIE MAN DEN DAMEN AUFWARTET

Radierung, altkoloriert. – 270 x 420 mm. – Bez. l. u.: Cruikshank fec^{t}; r. o.: 186
BM 12937, Cohn 2088, Reid 58, Douglas 1049
Hannover, Wilhelm-Busch-Museum, KG 1543/81

Dürre Beine, krumme Beine, fette Beine – das ist für Cruikshank das Ergebnis der neuesten Mode, die Beine und Busen freigab. Die drei Damen, denen hier aufgewartet wird, zeichnen sich nicht gerade durch körperliche Vorzüge aus. Cruikshank betont, daß die neue Mode entlarvend wirkt, und will damit abschrecken. Darüber hinaus aber stellt er seine Darstellung der Situationskomik auch in den Dienst der Kritik am Benehmen der Dandys. Der Busengucker wie der Galan, der Beinberührung sucht, John Bull mit vollgestopftem Mund und der Dandy, der seine Höflichkeit so übertreibt, daß er den Lakaien in den Raum schleudert, der seinerseits wieder eine Dame mit ihrem Stuhl umwirft und zusätzlich noch das Kleid mit Wein beschüttet – das alles sieht nicht nach guter Kinderstube aus. Cruikshank hat offensichtlich keine Sympathien für diese Emporkömmlinge.

Abbildung Seite 156

148
"MONSTROSITIES" OF 1816 SCENE, HYDE PARK
MODETORHEITEN VON 1816, SZENE IM HYDE PARK

Radierung, altkoloriert. – 296 x 481 mm. – Bez. l. u.: Pub^{d} by H. Humprey, 27 St James's S^{t} / March 12th 1816; r. u.: G. Cruikshank fec^{t}
BM 12840, Cohn 1748, Reid 570, Douglas 1164
Hannover, Wilhelm-Busch-Museum, KG 1535/81

In einer Serie von acht Blättern beschäftigte sich Cruikshank mit den Modetorheiten seiner Zeit. Man darf dabei nicht übersehen, daß es damals nicht anders war als heute: An den Extremen der Mode nimmt nur eine schmale Schicht teil. Man holte sich die Anregungen aus Frankreich; man konnte ja wieder reisen. Aber was man dort gesehen hatte, übertrieb man ins Lächerliche und nahm sich dabei ernst. Die Frauen zeigten so viel Bein und Busen wie selten vorher, und die Kleidung der Männer verweiblichte bis ins Groteske. Während die Frauen die Taille aufgaben, betonten die Männer sie im Übermaß. Bodenlange Überröcke, weite Pumphosen; hochgezogene »Vatermörder« bei den Männern, Tiefdekolleté und kniekurz bei den Frauen ergaben eine Tracht, die im Volke kein Echo fand, dafür aber einiges an Verachtung hervorrief.

Wardroper S. 54; George: Hogarth to Cruikshank, S. 163ff.
Abbildung Seite 157

149
DANDIES OF 1817 / & MONSTROSITIES OF 1818
DANDYS VON 1817 UND MODETORHEITEN VON 1818

Radierung, altkoloriert. – 272 x 377 mm. – Bez. l. u.: Pub^{d} Octr 3^{d} 1818 by G. Humphrey. 27 St James's Str^{t}; r. u.: G. Cruikshank fec^{t}; l. o.: P^{t} 2
BM 13055 A, Cohn 1749, Reid 780, Douglas 1165
Hannover, Wilhelm-Busch-Museum, KG 1553/81

Dieses weitere Monstrositäten-Blatt zeigt noch einmal Nachmittagsspaziergänger im Hyde Park. Hier scheint es Cruikshank vor allem auf die Kopfbedeckungen anzukommen: Von den Helmen der Offiziere mit ihren Federbüschen oder den tellerflachen Hüten der Männer bis zu den irrwitzigen Schuten der Frauen wird jede Narretei riskiert. Das Absurde feiert Triumphe bis in die Art des Gehens hinein: Man tritt zuerst mit der Fußspitze auf und muß daher, um das zu schaffen, stark nach vorn geneigt einhergehen. Ganz links am Rand erinnert Cruikshank daran, wie es einmal war: ein Mann in der Kleidung des späten 18. Jahrhunderts.

George: Hogarth to Cruikshank, S. 163ff.

150
HUMMING-BIRDS – OR – A DANDY TRIO – !!!
ZWITSCHERNDE VÖGEL, ODER: EIN DANDY-TRIO!

Radierung, altkoloriert. – 269 x 371 mm. – Bez. l. u.: JS. Esqr del – G. Cruik^{k} etch'd; r. u.: Pub^{d} July 15. 1819 by G Humphrey 27 St James's Street
BM 13446, Cohn 1216, Reid 895, Douglas 1192
Hannover, Wilhelm-Busch-Museum, KG 1563/81

Der »Dandy« war eine Figur im ersten Viertel des 19. Jahrhunderts, auf die kein Karikaturist verzichten konnte. Schon im ausgehenden 18. Jahrhundert entwickelte sich innerhalb der begüterten Schichten Englands dieser Typ des raffiniert elegant gekleideten Stutzers, der sich auch in der Haltung durch Gewandtheit, vor allem aber Zynismus und Arroganz aufzufallen bemühte. Narzistisch nur mit sich selbst beschäftigt, verachteten sie ihre Umwelt, die sie ihrerseits als Drohnen, Nichtstuer, Schmarotzer und oft genug als Homosexuelle bewertete.
Dieses Bild dokumentiert ihre Modebesessenheit vom Beinkleid bis zum Haarschnitt, wobei Cruikshanks satte Ironie auch das modisch zurechtgestutzte Hündchen nicht vergißt. Die Geziertheit des Stils setzt sich auch in Sprache um, und so darf man als Thema dieses Dandy-Terzetts entgegennehmen: »Unsere trillernden Töne und elfenbeinernen Laute sollen jedes Ohr entzücken.« Sie sind rückwärtsgewandt – die Bilder mit einem Paar aus dem 16. Jahrhundert verraten es. Sie sind eitel – der Narziß auf dem Bilde unten rechts bezeugt es. Die faul hingestreckte Dame Vacuna, eine alte sabinische Göttin des beschaulichen

Landlebens, verdeutlicht ihr genießerisches Nichtstun. Ihre äffische Gestik und Mimik entspricht der Verachtung, die Cruikshank diesem Typus gegenüber hegt.

George: Hogarth to Cruikshank, S. 163ff.; Fuchs, Eduard: Die Karikatur der europäischen Völker, Bd. II, München 1921, nach S. 272
Abbildung Seite 158

151
MONSTROSITIES OF 1822 – P[T.] 5
MODETORHEITEN VON 1822 – PLATTE 5

Radierung, altkoloriert. – 270 x 407 mm. – Bez. l. u.: G. Cruikshank fec[t]; r. u.: Pub[d] by Tho[s] M[c] Lean, 26 Haymarket. Aug[t] 1st 1835
BM 14438, Cohn 1754, Reid 1094, Douglas 1168
Hannover, Wilhelm-Busch-Museum, KG 1579/81

Dieses »Monstrositäten«-Blatt von 1822 ist sechs beziehungsweise vier Jahre nach den Blättern Kat.-Nr. 148 und 149 entstanden und präsentiert eine schon wieder völlig veränderte Mode – gleichermaßen monströs. Die Damen haben ihre Taillen neu entdeckt und wirken nun wie Eieruhren. Die Röcke sind wieder lang geworden, werden aber gerafft, damit die schlanken Beine gezeigt werden können. Die Riesenschuten sind verschwunden. Bei den Herren hat sich offenbar der Zylinder durchgesetzt, aber die Hosen und Fräcke sind noch üppiger geworden. Die Kragen wuchern übers Kinn und verdecken womöglich das ganze Gesicht.
Dieses Blatt, von Cruikshank für den Verleger Humphrey gefertigt, wurde dreizehn Jahre später von Thomas McLean für seine »Cruikshankiana« als Neudruck von den Originalplatten hergestellt. Er ersetzte im Impressum Humphrey durch McLean.

Abbildung Seite 161

152
"MONSTROSITIES" OF 1824 – P[T] 7
MODETORHEITEN VON 1824 – PLATTE 7

Radierung, altkoloriert. – 328 x 438 mm. – Bez. l. u.: J, – Etched b G Cruikshank; Pub[d] by Tho[s] M[c] Lean, 26 Haymarket. Aug[t] 1835
BM 14725, Cohn 1754, Reid 1255, Douglas 1170
Hannover, Wilhelm-Busch-Museum, KG 1594/81

Die Monstrositäten zwei Jahre später hat Cruikshank als Damenhüte-Modenschau aufgezogen. Bei den Herren ist, abgesehen von einem größeren Angebot an Hosen-Variationen, nicht viel an Änderungen zu verzeichnen. Dagegen haben die Damenhüte eine neue strotzende Fülle an Formen, Farben, Accessoires gewonnen. Phantastische Gärten, Kolibris und Paradiesvögel wuchern üppig auf den Häuptern der Schönen, die es übrigens nach wie vor fein finden, den Erdboden zuerst mit der Fußspitze zu berühren.

Abbildung Seite 160

153
ANCIENT MILITARY DANDIES OF 1450 – / SKETCH'D BY PERMISSION FROM THE ORIGINALS IN THE / GRAND ARMORY AT THE GOTIHC HALL PALL = MALL / MODERN MILITARY DANDIES OF 1819 / – SKETCH'D WITHOUT PERMISSION FROM THE LIFE
ALTE MILITÄRISCHE DANDYS VON 1450 – MIT GENEHMIGUNG GEZEICHNET NACH DEN ORIGINALEN IN DER GROSSEN WAFFENSAMMLUNG IN DER GOTISCHEN HALLE IN PALL MALL – MODERNE MILITÄRISCHE DANDYS VON 1819 – OHNE GENEHMIGUNG NACH DEM LEBEN GEZEICHNET

Radierung, altkoloriert. – 345 x 490 mm. – Bez. u. m.: Pub[d] Feb[y] 8th 1819 by G Humphrey 27 S[t] James's Street London; r. u.: Etched by G Cruikshank
BM 13202, Cohn 884, Reid 869, Douglas 1186
Hannover, Wilhelm-Busch-Museum, KG 1562/81

Georg IV. hatte sich als Prince of Wales das Carlton House in London zu einer luxuriösen Residenz ausbauen lassen. Der beherrschende Raum darin war das »Gothic Conservatory«, das vielfach bewundert wurde. Cruikshank wendet sich hier vordergründig gegen die militärischen Dandys, die es ja auch gab, bedenkt aber gleichzeitig den verschwenderischen Regenten, dessen ewige Schuldenlast vom Parlament durch immer neue Bewilligung höherer Bezüge gedeckt werden mußte, mit einem Seitenhieb. Er läßt zwei extrem hochnäsige Offiziere seiner Zeit in einem »Gothic«-Saal vor zwei Rüstungen auftreten, denen sie alle denkbare Verachtung entgegenbringen. Den Ritter, der in einer der beiden Rüstungen steckt, versieht Cruikshank mit einem Gesicht, das höchst übellaunig reagiert.

Guttmann S. 239; Palmer S. 29f.; Redman S. 142

154
THE RIVAL ROMEOS OR COATES & MATHEWS
DIE RIVALISIERENDEN ROMEOS, ODER: COATES UND MATHEWS

Radierung, altkoloriert. – 208 x 137 mm
(erschienen in: *The Meteor, or Monthly Censor,* Nr. 3, Januar 1814)
BM 12327, Cohn –, Reid 306, Douglas S. 252
Hannover, Wilhelm-Busch-Museum, KG 1512/81

Der Karikaturist Cruikshank war, wie wir wissen, oft auch als Illustrator von Tagesereignissen, als Berichterstatter mit der Radiernadel tätig. Ein solches Blatt liegt hier vor. Der Schauspieler im Romeo-Kostüm ist der reiche junge Romeo Coates aus Westindien, der 1808 plötzlich in der englischen Gesellschaft auftauchte und durch seine exzentrischen Launen und Einfälle die »elegante Welt« amüsierte. Man nahm ihn nicht ernst. Mit ungeheurem Heiterkeitserfolg trat er eines Tages auf der Bühne in Bath als Romeo auf und wiederholte diese Vorstellung später noch einmal im Haymarket Theatre in London, wo sich unter den Zuschauern auch Charles Mathews, Hauptdarsteller des Lyceum Theatre und selbst häufiger Romeo-Darsteller, befand. Während dieser Vorstellung spielt sich die dargestellte Szene ab, in der Coates sein Spiel unterbricht, um den großen »Kollegen« zu begrüßen und sich zum größten Vergnügen des Publikums wortreich für dessen Beifall zu bedanken.

Gronow S. 321; Lord Glenveric, Memoiren, Bd. II, S. 52 (laut handschriftlichem Vermerk von Minto Wilson)
Abbildung Seite 159

155
THE THEATRICAL ATLAS
DER ATLAS DES THEATERS

Radierung, altkoloriert. – 366 x 263 mm. – Bez. l. u.: Pub^d May 7th 1814 by / H. Humphrey St James's Street; r. u.: G. Cruikshank fec^t. – Sek. bez. r. u. mit Bleistift: most rare
BM 12325, Cohn 2029, Reid 326, Douglas 980
Hannover, Wilhelm-Busch-Museum, KG 1519/81

Hier war nicht der Journalist Cruikshank am Werk, sondern der Glossenmaler. Er zeigt den Schauspieler Edmund Kean als Richard III., der auf seinem Rücken die berühmte Shakespeare-Bühne, das Drury Lane Theatre, trägt. Bevor er dort auftrat, war dieses Theater total verschuldet, dann brannte es 1809 ab. Es war einem reichen Brauer, Whitbread, zu danken, der Subskriptionen organisierte, daß es wieder aufgebaut werden konnte. Die Neueröffnung fand 1812 statt. Über die sehr schlichte Fassade spottete der Volksmund: »Whitbreads Brauerei«. Die wirtschaftlichen Schwierigkeiten waren damit noch nicht verschwunden. Das geschah erst mit dem Engagement von Edmund Kean, der das Publikum anzog, so daß er tatsächlich das Theater »trug« wie Atlas den Globus. – Die Theatersituation in London war damals besonders interessant, da im Covent Garden Theatre der Schauspieler Young in den gleichen Shakespeare-Rollen auftrat, so daß eine Dauerkonkurrenz zwischen den beiden Theatern wie den beiden Mimen gewährleistet war. – Cruikshank hat den verdienstvollen Brauer auf den Stufen des Theaters verewigt.

George: Hogarth to Cruikshank, S. 203ff.; Vogler S. 131
Abbildung Seite 162

156
MANAGEMENT – OR – BUTTS & HOGSHEADS
GESCHÄFTSFÜHRUNG, ODER: BRAUFASS UND RAMMBOCK

Radierung, altkoloriert. – 239 x 500 mm. – Bez. l. u.: Published December 1st 1812 by W N Jones. 5 Newgate Str^t; r. u. G. Cruikshank Scul. – Sek. bez. l. u. mit brauner Tusche: '41/702 913; r. u.: '41/296 913; am ganzen unteren Blattrand mit Bleistift (erschienen in: *The Scourge, or Monthly Expositor of Imposture and Folly,* Bd. IV, Dez. 1812, Abb. 24)
BM 11940, Cohn –, Reid 182, Douglas S. 248
Hannover, Wilhelm-Busch-Museum, KG 1499/81

Es sind diese figuren- und wortreichen Gebilde Cruikshanks, die es uns schwer machen, sein Werk in all seinen Nuancen nachzuempfinden. Was wir hier vor uns sehen, ist eine Reportage großen Stils mit den sarkastischen Anmerkungen eines scharfäugigen und scharfsinnigen Kritikers, der alle Irrungen und Wirrungen des menschlichen Geschlechts durchschaut.
Cruikshank berichtet über die Drury-Lane-Affäre. Die Subskriptionsgelder gehen in ein Riesenfaß; heraus kommt nur wenig, wie der am Boden sitzende John Bull betrübt feststellt. Das liegt daran, daß es dem Vorbesitzer noch gelingt, beachtliche Summen für sich abzuzweigen: der Harlekin über John Bull. Die Subskribenten tragen im wahren Sinne des Wortes das »New Drury«. Eine Unzahl von Nebenszenen, die alle bestimmte Situationen des Theaters beziehungsweise der Schauspieler, besonders deren Liebesbeziehungen, darlegen, füllt das Blatt. Es ist zu weiten Teilen wieder Klatschspalte: Selbstmorde und Selbstmordversuche, alberne Eifersüchteleien zum Thema »Wer soll den Prolog schreiben?« – Lord Byrons Text wurde gewählt. Daher jagt ihm der gewissermaßen »vereidigte« Prologschreiber Dr. Busby zusammen mit seinem Sohn einen Rammbock ins Gesäß. – Alle diese großen Details kannte der Zeitgenosse und genoß die verschiedensten Anspielungen: daß zum Beispiel der Herzog von Norfolk ein Verhältnis mit einer Schauspielerin hatte oder die Countess of Buck[ingham] ein solches mit dem Schauspieler Elliston. Nachricht und Klatsch gehen hier eine Mischung ein, die den Zeitgenossen tief befriedigt haben muß.

George: Hogarth to Cruikshank, S. 203ff.
Abbildung Seite 163

157
MR KEAN, / in the Character of Richard the Third
Mr. Kean als Richard der Dritte

Radierung, altkoloriert. – 430 x 280 mm. – Bez. l. u.: Sketch'd from ye Life by I. R. Cruikshank; r. u.: Etch^d by G. Cruikshank; unterhalb des Titels: Pub.^d 22. March, 1814, by S. Knight 3, Sweetings Alley, Royal Exchange. – Sek. bez. l. u. mit brauner Tusche: 1840/1134 113; r. u.: 1840/287 113; links daneben mit Bleistift: very rare original und verschiedene Buchstaben und Ziffern
BM –, Cohn 1279, Reid 290, Douglas 977
Hannover, Wilhelm-Busch-Museum, KG 1516/81

Noch einmal eine Rollenstudie des Schauspielers Edmund Kean, wieder als Richard III. Von Karikatur kann nicht die Rede sein; die Künstler (die Zeichnung zu der Radierung stammt in diesem Fall von I. R. Cruikshank, dem Bruder George Cruikshanks) übernehmen hier die Rolle des Theaterzeichners, da die Fotografie noch nicht erfunden war, die das sogenannte Szenenfoto liefert. Zeitungen von Rang zogen noch bis tief in unser Jahrhundert hinein die Theaterzeichnungen dem Szenenfoto vor.

George: Hogarth to Cruikshank, S. 203ff.

158
OSTEND Packet – in a SQUALL
Fährboot nach Ostende bei einem Sturm

Aquatinta, altkoloriert. – 323 x 455 mm. – Bez. l. u.: J del^t Etched by G. C^k; r. u.: Pub^d June 15th 1824 by G. Humphrey 27 St James's St London. – Sek. bez. r. o. mit Bleistift: 1254
BM 14700, Cohn 1816, Reid 1254, Douglas 1148
Hannover, Wilhelm-Busch-Museum, KG 1590/81

Es ist immer der Mensch in seiner Unvollkommenheit als biologisches Wesen wie als Charakter, dem Cruikshanks bohrendes Interesse gilt: hier dargestellt in aller Wehrlosigkeit gegenüber der Natur. Das Fährschiff nach Ostende ist in einen Sturm geraten und scheint den Elementen hilflos ausgeliefert. Für Cruikshank ist das eine Gelegenheit, mit boshafter Feder menschliche Ohnmacht zu demonstrieren.

Abbildung Seite 165

159
An Interesting scene on board an East-Indiaman, showing the Effects of a heavy Lurch, – after dinner
Eine interessante Szene an Bord eines Handelsschiffes nach Ostindien, die die Wirkungen eines schweren Seegangs nach dem Mittagessen zeigt

Radierung, altkoloriert. – 291 x 386 mm. – Bez. l. u. mit einem stilisierten Anker (Zeichen f. Cpt. F. Marryat) auf den gelöschten Worten »Captn M. M. inv^t«
G. Cruikshank fec^t; r. u.: Pub^d Novr 9th 1818 by
G Humphrey 27 St James's St^t London
BM 13044, Cohn 1238, Reid 785, Douglas 1094
Hannover, Wilhelm-Busch-Museum, KG 1557/81

Als Angehöriger einer seefahrenden Nation hatte Cruikshank begreiflicherweise eine besondere Beziehung zum Wasser mit seinen Gefahren. Ein Thema wie Sturm auf einem Ostindien-Fahrer vermag ihn zu inspirieren. Die kompositorische Gestaltung in der erzählenden Abfolge der Ereignisse zeugt von hoher Inszenierungskunst. Sicherlich hat das Blatt keine besondere »Aussage«, aber es kommt der naiven Schadenfreude am Unglück anderer sehr entgegen – zumal wenn sie, wie hier, offenbar den »besseren Ständen« angehören.
Die Anregung zu diesem Blatt erhielt Cruikshank von Captain Frederick Marryat; da er es aber mit »fecit« gezeichnet hat, ist er wohl an der Komposition nicht unbeteiligt gewesen.

Vogler S. 132; Wardroper S. 67
Abbildung Seite 164

160
A Party of Pleasure – Dedicated to the "Funny Club"
Eine Vergnügungsfahrt – dem Funny Club gewidmet

Radierung, altkoloriert. – 299 x 420 mm.
Bez. l. u. mit einem stilisierten Anker (Zeichen f. Cpt. F. Marryat) – Etched by G Cruik^{k}; r. u.: Pub^{d} June 25th 1822 by G Humphrey / 27 St James's Street / London
BM 14447, Cohn 1828, Reid 1081, Douglas 1134
Hannover, Wilhelm-Busch-Museum, KG 1582/81

Ein Vergnügungsausflug auf der Themse ist hier offensichtlich »ins Wasser gefallen«, und wieder zeichnet Cruikshank mit makabrer Schadenfreude die menschliche Ohnmacht gegenüber den Elementen. Auch dieses Blatt ist nach einer Zeichnung des Captain Marryat entstanden, aber der Schwung der bewegten Szene zeigt, daß Cruikshanks Hand zweifelsohne beteiligt ist, denn selten hat ein Karikaturist es so verstanden, die verschiedenen Körper in solch wildem Durcheinander individuell zu erfassen und sie gleichzeitig der Gesamtkomposition unterzuordnen. Auch hier fehlt es nicht an derben Einzelheiten.

Abbildung Seite 166

161
The Advantages of Travel; – or – "A little Learning is a dangerous thing". – Plate 1
Comment se porte mon amie? – Moi – I am jost come from de England – A ha your vas jost come from de England! Den how you / like de Bif? – Le Bif roté is charmant à Londres! Yase dat is vrai – bote je prefare le Rum-Tek!, –Le Rum-Tek! vat / is de Rum Tek? – Voyez vous – it is toujours de Bif Tek – Mais bote day-call it Rum Tek – ba-cause day pote de Rum in de Sauce
Die Vorzüge des Reisens, oder: »Geringe Kenntnisse sind gefährlich« – Blatt 1

Radierung, altkoloriert. – 285 x 375 mm. – Bez. l. u.: J, – etched by G Cruikshank.; r. u.: London Pub^{d} June 14th 1824 by G Humphrey 24 St James's Street
BM 14723, Cohn 869, Reid 1252, Douglas 1146
Hannover, Wilhelm-Busch-Museum, KG 1591/81

Nach dem Kriege erwachte die Reiselust wieder. Es waren zunächst wohlhabende Engländer, die den Kontinent, vor allem Frankreich, aufsuchten. Aber bald fanden die Reisen auch in umgekehrter Richtung statt. Hier glossiert Cruikshank das Gespräch zweier Franzosen, von denen der eine gerade aus England zurückgekehrt ist, stolz seinen englischen Schirm präsentiert und mit englischen Sprachbrokken um sich wirft. Der andere will nicht nachstehen, aber seine Kenntnisse sind nicht größer, und so entspinnt sich ein Gespräch um – mißverstandene – englische Küche, in dem »Rum[p]steak« mit dem gleichlautenden »Rum« verwechselt wird.

Wardroper S. 115; George: Hogarth to Cruikshank, S. 217ff.; Gronow S. 167ff.

162
The Advantages of Travel – or – "A little Learning is a dangerous thing" – Plate 2
Ah' Jack – 'How are ye? – Devilish well just crost the water – been to Paris! – Well & how did'ye like the Cooking? – Confounded / good – 'pon my soul – Liked their Harrico-Blongbest – What's Harrico Blong? – What's Harrico Blong! Why you know what Harrico is dont'ye? / To be sure – Its Mutton chops & carrots & Turnips – with wedgables – Very well then! That's it – & Blong you know's the name o' the first Cock as made it / – Oh – aye – so it is – I remember now!!
Die Vorzüge des Reisens, oder: »Geringe Kenntnisse sind gefährlich« – Blatt 2

Radierung, altkoloriert. – 277 x 380 mm. – Bez. l. u.: J, etched by G Cruikshank; r. u.: London – Pub^{d} June 14th 1824 by G Humphrey 24 St James's Street
BM 14724, Cohn 869, Reid 1253, Douglas 1147
Hannover, Wilhelm-Busch-Museum, KG 1592/81

Dieses Blatt wiederholt die Szene des vorhergehenden Blattes. Jetzt sind es zwei Londoner, die sich unterhalten und sich gegenseitig mit ihrer »Kenntnis« der französischen Küche zu imponieren suchen. Der hochgekommene, aber wenig gebildete Mittelstand macht jetzt auch die Reisen, die vorher dem Adel vorbehalten waren, und protzt begreiflicherweise damit.
Auf beiden Blättern stellt Cruikshank die Armen dane-

ben – den Veteran und den Betteljungen – und erinnert damit an das Elend, das der Krieg in beiden Ländern hinterlassen hat. Dazu notiert er hier auch die modisch gewordene »Französelei«: »Patissier et Confisseur« firmiert der Laden neben »Bullock's Eating House«.

George: Hogarth to Cruikshank, S. 217ff.; Gronow S. 167ff.

163
ANGLO PARISIAN Salutations' – or Practice – par excellence! / "Commong porty wous Munseer? – O Oui – il est un tres belle your"!
Englisch-Pariser Begrüssung, oder: Beispielhafte Übung! »Wie geht es Ihnen, mein Herr? – Oh, ja – es ist ein sehr schöner Tag«!

Radierung, altkoloriert. – 259 x 352 mm. – Bez. l. u.: J GC^{k} sculp; r. u.: Pub^{d} June 10th 1822 / by G. Humphrey / 27 St James's Stre^{t} London
BM 14441, Cohn 888, Reid 1080, Douglas 1133
Hannover, Wilhelm-Busch-Museum, KG 1581/81

Die Paris-Reisen reich gewordener Engländer sind ein dankbares Objekt Cruikshankscher Satire, obgleich er selbst anscheinend eine gewisse Schwäche für die französische Lebensart hegte. Die Franzosen in diesen Reise-Karikaturen sind stets in Haltung, Kleidung und Physiognomie seinen Landsleuten gegenüber sichtlich bevorzugt. Hier stellt er einen fetten Engländer einem alerten Franzosen gegenüber, der sich das französische Kauderwelsch seines Gegenübers anhört, ohne ein Wort zu verstehen. –
Die Franzosen nehmen auf eine besondere Weise Rache an den siegreichen Engländern. Die Theater, wie die Anschläge auf der rechten Wand bezeugen, scheinen nur antienglische Stücke zu spielen.

George: Hogarth to Cruikshank, S. 217ff.
Abbildung Seite 168

164
ANGLO-GALLIC Salutations in LONDON — or Practise makes perfect / "Gode a Morning Sare, did it rain towMorrow? – "Yase it vas"
Englisch-französische Begrüssung in London, oder: Übung macht den Meister – »Guten Morgen, mein Herr, hat es morgen geregnet? – »Ja, so war es«

Radierung, altkoloriert. – 262 x 351 mm. – Bez. l. u.: J GC^{k} scul^{t}; r. u.: London, Pub^{d} June 6th / 1822 by G Humphrey / 27 St James's Street
BM 1440, Cohn 887, Reid 1079, Douglas 1132
Hannover, Wilhelm-Busch-Museum, KG 1580/81

Hier dreht Cruikshank den Spieß um. Diesmal soll sich ein Pariser in London durch sein komisches Englisch blamieren. Er radebrecht sein »Gode a Morning Sare, did it rain tow Morrow?« (Guten Morgen, mein Herr, hat es morgen geregnet?). Der Engländer lallt spöttisch zurück: »Yase it vas« (Ja, so war es). Laut lachend hat die Umgebung den Dialog mitgehört.

George: Hogarth to Cruikshank, S. 217ff.
Abbildung Seite 169

165
Traveling in France – or, Le depart dela diligence
Reisen in Frankreich, oder: Die Abfahrt der Postkutsche

Radierung, altkoloriert. – 298 x 463 mm. – Bez. l. u.: Etched by G. Cruikshank; r. u.: Pub^{d} Octr 19th 1818 by G. Humphrey 27 St James's Street. – Sek.bez. am unteren Blattrand mit Bleistift: Cruikshank Rare; am oberen Blattrand: 1818
BM –, Cohn 2043, Reid 782, Douglas 1093
Hannover, Wilhelm-Busch-Museum, KG 1555/81

Wir haben eine jener treffsicheren Genre-Karikaturen, die Cruikshanks Beobachtungsgabe hervorragend demonstrieren. Wie ein Postkutschenwechsel irgendwo zwischen der Küste und Paris vonstatten geht, ist köstlich akribisch wiedergegeben mit den wohlhabenden Engländern und den nach dem Kriege noch ausgehungerten Franzosen, die auf diesem Blatt in Gestalt eines Kriegsversehrten, einer bettelnden Frau und eines greinenden Jungen in Erscheinung treten.
Cruikshanks Blick entdeckte aber auch, daß nicht alle hungerten. Der Postillon und der Wirt sehen wohlgenährt und sehr zufrieden aus. Sie wußten die Zeichen der Zeit zu nutzen und erklecklichen Gewinn aus der englischen Reiselust zu ziehen.

George: Hogarth to Cruikshank, S. 217ff.
Abbildung Seite 167

166
The Comforts of a Cabriolet! or, The Advantages of Driving Hoodwink'd!!
Die Bequemlichkeiten eines Cabriolets, oder: Die Vorzüge, mit Scheuklappen zu fahren!

Radierung, altkoloriert. – 261 x 419 mm. – Bez. l. u.: Etched by G Cruikshank / from a Drawing by M. E. Esqr; r. u.: Pub^{d} March 21 1821 by G Humphrey 27 St James's / Street, London
BM 14309, Cohn 1003, Reid 977, Douglas 1125
Hannover, Wilhelm-Busch-Museum, KG 1577/81

Diesmal ist es eine »Katastrophe« im Hyde Park, die Cruikshank zu einem schwungvollen Blatt mit bewegter Situationskomik angeregt hat. Seine Satire richtet sich gegen die aus Frankreich eingeführten »Cabriolets», die sich rasch größter Beliebtheit erfreuten, deren weit vorgezogene Verdecke aber die Sicht stark behinderten. Vor allem war die Seitensicht nahezu unmöglich. Deshalb stattete man die Gefährte später mit einem vorgezogenen Kutschbock aus, und so fuhren sie dann als Mietdroschken, »Cabs«, das ganze Jahrhundert hindurch. Gleich drei sind hier ineinandergefahren. Pferde stürzen oder steigen, Körper wirbeln durch die Luft und fallen zu Boden. Wenn Cruikshank auf den mißlichen Bau dieser Kutschen aufmerksam machen wollte, dann ist ihm das temperamentvoll gelungen.

Wardroper S. 105
Abbildung Seite 170

167
THE PICCADILLY NUISANCE! DEDICATED TO THE WORTHY, ACTING MAGISTRATES OF THE DISTRICT
ÄRGER IN PICCADILLY! GEWIDMET DER EHRENWERTEN, RÜHRIGEN VERWALTUNG DES DISTRIKTS

Radierung, altkoloriert. – 278 x 404 mm. – Bez. l. u.: G Cruikshank sculp[t]; r. u.: Pub[d] Dec[r] 29 1818 by G. Humphrey 27 S[t] James's S[t] London
BM 13048, Cohn 1841, Reid 789, Douglas 1098
Hannover, Wilhelm-Busch-Museum, KG 1558/81

Auf diesem Blatt präsentiert sich noch einmal die hohe Inszenierungskunst Cruikshanks, wenn es gilt, Massenszenen zu gestalten. Was er hier an »Masse Mensch« unterbringt, wie er sie charakterisiert und was er an Detailbeobachtungen festhält, ist erstaunlich. Lust an der Darstellung der Katastrophe und kritische Absicht haben sich verbündet, um dieses von prallem Leben erfüllte Blatt zu schaffen. Cruikshank mokiert sich hier über die turbulenten Zustände, die sich täglich vor den Poststationen abspielten – in diesem Fall in Piccadilly, wo sich die Hauptstation aller in westliche Richtung fahrenden Kutschen befand.
Der Magistrat war nicht in der Lage, dem täglichen Chaos Einhalt zu gebieten, das entstand, wenn die Kutschen überfüllt waren, die Gäste sich um die Plätze stritten, die Kutscher um die Standorte kämpften, wenn die Pferde scheuten...
Das alles ist auf diesem turbulenten Blatt festgehalten, mit allem, was dazu gehört, mit Straßenhändlern, Lastenträgern, Zeitungsverkäufern, Bürgern, die auf Ankommende warten, Bürgern, die sich einen Platz erkämpfen – auch wenn die Kutsche schon zu stürzen droht und die ersten Unfälle bereits programmiert sind: man gerät unter die Pferde oder stürzt vom Kutschendach.

Wardroper: S. 66; George: Hogarth to Cruikshank, S. 220; Jerrold, Blanchard: The Life of George Cruikshank, Bd. I, London 1882, S. 211ff.
Abbildung Seite 171

168
INCONVENIENCES OF A CROWDED DRAWING ROOM
DIE UNBEQUEMLICHKEITEN EINES ÜBERFÜLLTEN EMPFANGS

Radierung, altkoloriert. – 272 x 375 mm. – Bez. l. u.: G. Cruikshank fec[t]; r. u.: Pub[d] May 6th 1818 by G. Humphrey 27 S[t] James's S[t]. – Sek.bez. l. u. mit Bleistift: IP. 114. 1st state
BM 13046, Cohn 1229, Reid 774, Douglas 1087
London, Britisches Museum, 1895-3-16-138

Dieses Blatt, eine der berühmtesten Cruikshank-Karikaturen, geißelt die Eitelkeit der Gesellschaft, deren höchstes Ziel es zu sein scheint, an einem Empfang bei der Königin Charlotte teilzuhaben. Seine Abneigung gegen diese oberflächliche Betriebsamkeit verwandelt die Gesichter der Personen »von Stand« in lauter Visagen – von »menschlichem Adel« ist kaum etwas zu spüren.
Die Empfänge bei der Königin Charlotte im Buckingham-Palast fanden drei- bis viermal im Jahre statt, und die Teilnahme daran war außerordentlich begehrt. Scheußliches Gedränge mit allen absurden und lächerlichen Folgen war das Ergebnis. Die Pracht der Kleider und Uniformen steht in abstoßendem Gegensatz zur grotesken Aufführung der »Spitzen der Gesellschaft« – ein Jahrmarkt der Eitelkeit.

George: Hogarth to Cruikshank, S. 166; Vogler S. 134; Wardroper S. 62; Hofmann, Werner: Die Karikatur von Leonardo bis Picasso, Wien 1956, S. 99
Abbildung Seite 172

169
PLEASURES OF A FINE DAY AT BRIGHTON
As two London Bucks were lounging at Brighton one day / Some very gay beauties came riding that way. / When one of the asses began plunging & kicking away / And seen on the ground the fair rider did lay/
"See! there's Lady Somerset" cried one, "pray Tom look"! / Then Tommy his quizzing glass instantly took. / And cried where! where!, is she to be seen"? / Why that's her he replyd who's ass is cover'd with green.
VERGNÜGUNGEN AN EINEM SCHÖNEN TAG IN BRIGHTON

Radierung, altkoloriert. – 198 x 266 mm. – Bez. am Bildrand: G Cruik. fec[t]; l. o.: 2
BM –, Cohn 1300, Reid 447, Douglas 1070
Hannover, Wilhelm-Busch-Museum, KG 1527/81

Gegen Ende des 18. Jahrhunderts wurde es in der »elegan-

ten Welt« Mode, die Sommermonate an der See zu verbringen. Unter den Seebädern nahm Brighton eine bevorzugte Stellung ein, da der Regent seit 1787 die Sommer dort in seinem »Pavillon« verbrachte. Zu Beginn des 19. Jahrhunderts kam als Attraktion für Damen bei einem solchen Seeaufenthalt das Reiten auf Eseln in Mode. Hierbei konnte es dann zu Unfällen der geschilderten Art kommen. Aus den Versen geht hervor, daß es sich um eine echte »Klatschspalten-Karikatur« handelt, denn es war der Sturz der Lady Somerset, der hier festgehalten ist.
In den Katalogen von Douglas und Cohn ist dieses Blatt unter dem Titel »Lady Somerset at Brighton« verzeichnet. Offenbar kamen Cruikshank später Bedenken, so daß er den Titel durch Weglassen des Namens entschärfte.

George: Hogarth to Cruikshank, S. 149; Douglas S. 171; Cohn S. 296

170
A little Music à la Françoise – Les Savoyards
Eine kleine Musik à la française – Die Savoyer

Radierung, altkoloriert. – 291 x 406 mm. – Bez. l. u.: G. Cruikshank fec^t; r. u.: London Published Septr 18 1818 by / G Humphrey nepew & successor to the late / Mrs H. Humphrey. 27 St James's Street. – Sek. bez. r. u. mit Bleistift: D 1091
BM 13047, Cohn 1323, Reid 779, Douglas 1091
Hannover, Wilhelm-Busch-Museum, KG 1552/81

Die fremdartige Aufmachung dieser Straßenmusikanten aus Savoyen scheint hier Cruikshanks Aufmerksamkeit erregt zu haben. In einer Londoner Straße mit Leuten aller Stände finden sie Interesse bei jung und alt, arm und reich. Die Dame am Fenster ist von einer mitleidigen Regung ergriffen und der Herr daneben greift bereits zur Brieftasche. – Die Region Savoyen war ein sehr armes Land, und ihre Bewohner waren häufig gezwungen, sich in den Sommermonaten ihr Brot im Ausland zu verdienen.

Abbildung Seite 173

171
A HIT at BACKGAMMON
Ein Treffer beim Backgammon

Lithographie, altkoloriert. – 239 x 342 mm
BM 13129, Cohn 1202, Reid 2772, Douglas 1510
Hannover, Wilhelm-Busch-Museum, KG 1598/81

Wir haben hier eine jener Grotesk-Karikaturen, mit denen Cruikshank nur demonstrieren will, wie abstoßend der Mensch sein kann, wenn er die Herrschaft über sich selbst verliert. Er übersteigert – für eine Karikatur durchaus legitim – die Häßlichkeit des Menschen ins Überdimensionale.
Dabei ist der Vorfall – die Dame verliert offenbar das Spiel – läppisch. Wie so oft im Alltag haben kleine Ursachen große Wirkungen.

Abbildung Seite 174

172
NORFOLK DUMPLINGS or [His] GRACE before MEAT
Dickerchen aus Norfolk, oder: Sein Dankgebet vor der Mahlzeit

Lithographie, altkoloriert. – 230 x 295 mm. – Bez. r. u.: G. Cruikshank fect
BM 12337, Cohn 1793, Reid 2730, Douglas 1461
Hannover, Wilhelm-Busch-Museum, KG 1533/81

Dargestellt ist der Herzog von Norfolk in gemeiner Häßlichkeit zusammen mit drei völlig verkommenen und zerlumpten Weibern vor einer Kneipe, die ihren Gin anpreist. Die ekelerregende Szene zeugt von Cruikshanks Kampf gegen den Alkoholismus, der im damaligen England in allen Schichten weit verbreitet war und eine hohe Sterblichkeitsrate verursachte.
Diese Abbildung, abschreckend in der Scheußlichkeit der Dargestellten, beinhaltet vor allem einen Hieb gegen den Herzog von Norfolk, einen der »ruhmreichsten« Lebemänner der Zeit und bekannt dafür, daß er – wie auch der Regent – »High life below stairs« (Vergnügungen mit dem Personal) besonders schätzte.
Die Vokabeln sind wieder zu jedem Wortspiel geeignet: »Dumpling« bedeutet »Fleischkloß«, kann aber auch »Dickerchen« heißen; »Grace« heißt »Anmut«, aber auch »Dankgebet vor dem Essen«; »His grace« heißt »Seine Gnaden«; »meat« bedeutet »Fleisch«, auch »Mahlzeit«. Immer klingen obszöne Anspielungen mit.

Vogler S. IX; George, M. Dorothy: London Life in the Eighteenth Century (hier: Penguin Books), Harmondsworth 1965, S. 51 und 281ff.; Mitchell, R. J./Leys, M. D. R.: A History of London Life (hier: Penguin Books), Harmondsworth 1963, S. 241; Buchanan-Brown,

John: The Book Illustrations of George Cruikshank, Newton Abbot 1980, S. 9
Abbildung Seite 175

173
A Visit to my Uncle & A Visit to my Aunt
Ein Besuch bei meinem Onkel & Ein Besuch bei meiner Tante

Lithographie, altkoloriert. – 261 x 347 mm. – Sek. bez. u. m. mit Bleistift: G C
BM –, Cohn 2086, Reid 2765, Douglas 1503
Hannover, Wilhelm-Busch-Museum, KG 1597/81

Nicht ohne Behagen beschäftigte sich der Gesellschaftskritiker Cruikshank mit der Halbwelt, wobei nicht selten das Vergnügen des Bilderzählers die Oberhand über die beabsichtigte Schärfe gewann. Hier sehen wir eine Frau, die eine Herrenuhr versetzt, um den Erlös wenig später in Brandy zu verflüssigen. In der Kneipe liegt zu ihren Füßen ein Zettel, der uns aufklärt, was es mit der Karikatur auf sich hat. Es ist ein Eintrittsbillett für das Drury Lane Theatre, dessen Foyer als Treffpunkt der Halbwelt bekannt war. Hier waren die Prostituierten tätig, und das Dämchen versetzt wohl die Uhr eines Freiers. Ob sie sie gestohlen oder als Honorar erhalten hat, läßt Cruikshank offen.

George: Hogarth to Cruikshank, S. 203; George, M. Dorothy: London Life in the Eighteenth Century (hier: Penguin Books), Harmondsworth 1965, S. 281f.; Mitchell, R. J. / Leys, M. D. R.: A History of London Life (hier: Penguin Books), Harmondsworth 1963, S. 194f.
Abbildung Seite 176

174
The Head ache
Kopfschmerzen

Radierung, altkoloriert. – 210 x 255 mm. – Bez. l. u. mit einem stilisierten Anker (Zeichen für Cpt. F. Marryat) G. Cruikshank fec^{t}; r. u.: Pub^{d} Feby 12th 1819 by H. Humphrey 27 St James's S^{t}. – Sek. bez. l. u. mit Bleistift: R 871
BM 13439, Cohn 1186, Reid 871, Douglas 1200
London, Britisches Museum, 1859-3-16-147

Zwischen 1819 und 1825 verfertigte Cruikshank eine Reihe »medizinischer« Karikaturen: sechs Blätter, die Krankheiten als Teufelswerk brandmarken. Es sind die wilde Gestik und die diabolische Tücke, die hier wirken. Das Kopfschmerzblatt wurde von dem schon mehrfach erwähnten Captain F. Marryat angeregt. Es gehört zu den Arbeiten Cruikshanks, die im Stil am stärksten von Gillray beeinflußt sind, und ist wohl das berühmteste Blatt dieser Reihe. »The Headache« und »The Cholic« wurden 1833 von Daumier kopiert und unter dem Titel »L'Imagination« im »Charivari« veröffentlicht.

Vogler S. 135
Abbildung Seite 177

175
The Cholic
Die Kolik

Radierung, altkoloriert. – 230 x 285 mm. – Bez. l. u. mit einem stilisierten Anker (Zeichen für Cpt. F. Marryat) G. Cruikshank fec^{t}; r. u.: Pub^{d} Feby 12 1819 by G. Humphrey, 27 St James's S^{t}. – Sek. bez. l. u. mit Bleistift: 870
BM 13438, Cohn 995, Reid 870, Douglas 1201
London, Britisches Museum, 1862-12-17-511

Cruikshank verläßt sich auch hier auf die Wirkung einer übertriebenen Mimik. Es geht um den Nachweis von Ursache und Wirkung – in diesem Falle um die Folgen übermäßigen Alkoholzuspruchs, wie das Bild an der Wand zeigt: Die Dame war in besseren Zeiten einem Schlückchen nicht abhold.

Vogler S. 133
Abbildung Seite 178

176
Jealousy
Eifersucht

Radierung, altkoloriert. – 232 x 284 mm. – Bez. l. u.: A. Crowquill Esqr inv^{t} G Cruikshank fec^{t}; r. u.: Pub^{d} November 1st 1825 by S Knight Sweetings Alley Ry^{l} X'Change
BM 14905, Cohn 1251, Reid 1314, Douglas 1204
Hannover, Wilhelm-Busch-Museum, KG 1838/82

Eifersucht zählt Cruikshank zu den Krankheiten, und sie ist, wie die anderen auch, Teufelswerk. Es ist bei diesem Blatt von besonderem Reiz, die Phantasien abzuschreiten, die im Hirn eines Eifersüchtigen entstehen: Da ist die Geliebte in den Armen eines Offiziers, dort hängt der Betrogene sich verzweifelt auf; hier fällt sie in die Arme des Verführers, dort fällt er beim Duell mit dem Nebenbuhler. Die »weiterführenden« Bilder an der Wand zeigen das gleiche Thema: Othello mit Desdemona und eine »Hornfair«, ein ländliches Fest, auf dem das größte Geweih prämiert wird.
Bei dieser »Krankheit« arbeitet Cruikshank mit wesentlich subtileren Mitteln als bei den körperlichen Versehrtheiten. Die Nebendarstellungen sind trotz ihres Miniaturcharakters voller Lebensnähe. Literarische Bezüge – der linke

Ellenbogen ruht auf Goethes »Werther« – geben der Karikatur eine Dimension, die bei den Darstellungen körperlicher Krankheiten nicht zu finden ist.
Die Anregung zu diesem Blatt ging von Cruikshanks Freund Alfred Forrester (Pseudonym A. Crowquill) aus. Das Blatt war für den Verleger Knight bestimmt und reicht mit seiner sublimen Qualität sogar an die Arbeiten heran, die er für den anspruchsvollen Humphrey fertigte.

Wardroper S. 109
Abbildung Seite 179

Abbildungsnachweis

Kat.-Nr. 1, 2, 3, 4, 5, 6, 7, 8, 9, 10, 11, 12, 13, 14, 15, 17, 18, 19, 21, 22, 23, 24, 25, 26, 28, 30, 32, 35, 36, 37, 38, 39, 40, 41, 43, 44, 45, 48, 49, 50, 51, 53, 54, 55, 56, 57, 58, 59, 60, 61, 62, 63, 64, 65, 66, 67, 68, 69, 70, 71, 72, 73, 75, 76, 77, 78, 80, 81, 82, 84, 85, 86, 87, 88, 89, 90, 91, 93, 94, 95, 96, 97, 98, 99, 100, 101, 104, 106, 107, 109, 110, 111, 112, 113, 114, 115, 116, 117, 118, 119, 120, 121, 122, 123, 124, 125, 126, 128, 129, 130, 131, 132, 133, 134, 135, 136, 137, 140, 141, 142, 144, 145, 146, 147, 148, 149, 150, 151, 152, 153, 154, 155, 156, 157, 158, 159, 160, 161, 162, 163, 164, 165, 166, 167, 169, 170, 171, 172, 173, 176: Wilhelm-Busch-Museum Hannover

Kat.-Nr. 16, 20, 27, 29, 31, 33, 34, 42, 46, 47, 52, 74, 79, 83, 92, 102, 103, 105, 108, 127, 138, 139, 143, 168, 174, 175: Britisches Museum London

Abbildungen Seite 7, 51 und 52 aus: Buchanan-Brown, John: The Book Illustrations of George Cruikshank, Newton Abbot 1980

Abbildungen Seite 21, 25 und 30 aus: Clarke, John: The Life and the Times of George III, London 1972

Abbildungen Seite 34, 37, 39 und 49 aus: Draper Hill: Mr. Gillray, the Caricaturist, London 1965

Abbildungen Seite 48 und 49 aus: George, M. Dorothy: Hogarth to Cruikshank. Social Change in Graphic Satire, London 1967

Abbildung Seite 13 aus: Jerrold Blanchard: The Life of George Cruikshank, Chicheley 1971

Abbildungen Seite 35 und 45 aus: Krumbhaar, E. B.: Isaac Cruikshank, Philadelphia 1966

Abbildungen Seite 41, 42 und 45 aus: Ladies, Lords und Lumpenpack. Englische Karikaturen 1780–1820 (Ausstellungskatalog), Kunstsammlung der Universität Göttingen 1975

Abbildungen Seite 15, 21, 22, 23, 24, 26, 27 und 31 aus: Palmer, Alan: The Life and the Times of George IV, London 1972

Abbildung Seite 36 aus: Sitwell, Sacheverell: Narrative Pictures, London 1969

Abbildungen Seite 49 und 53 aus: Vogler, Richard A.: Graphic Works of George Cruikshank, New York 1979

Abbildung Seite 48 aus: Wardroper, John: The Caricatures of George Cruikshank, London 1977